JULIA PEGLOW

WIR INTERNET-KINDER

Vom Surfen
auf der Exponentialkurve
der Digitalisierung
und dem Riss
in der Wirklichkeit
einer Generation

verlag hermann schmidt

Zwischen 1943 und 1973 lagen 30 Jahre.
30 Jahre nach 1973 war das Jahr 2003.

1969 was 24 years away from 1945.
24 years back from now is 1993.

Now 1981 is as long ago,
as the end of World War II was in 1981.

Vor acht Jahren war das Jahr 2009.
In acht Jahren wird das Jahr 2025 sein.

Wolfgang Tillmans,
Today Is The First Day, 2017

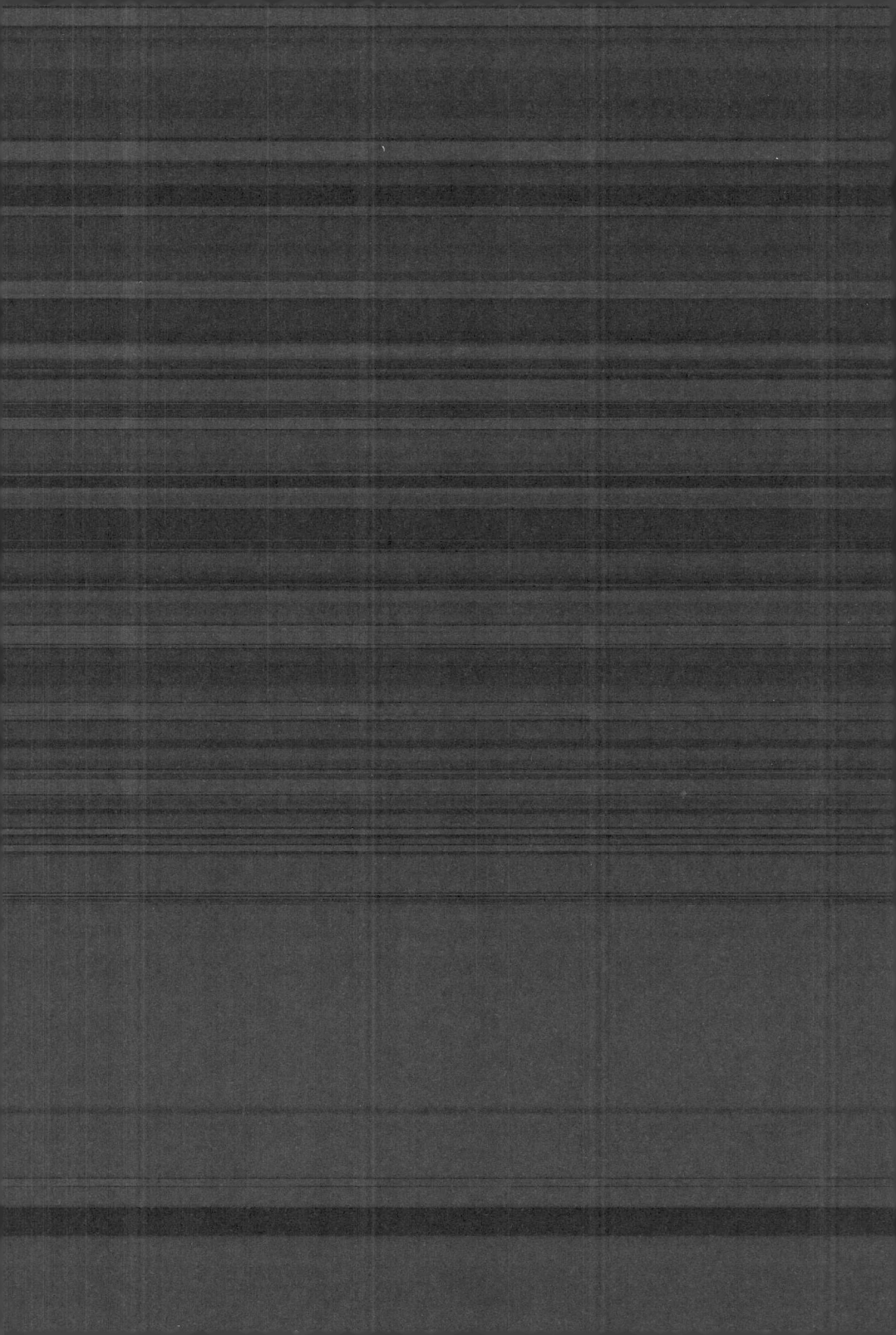

Inhalt

SEDIMENT-SCHICHTEN AUS ZEIT

München, 2020

Kennst du das Gefühl, wenn du im Sommer in einem See badest und ein Stückchen weiter hinausschwimmst? An der Oberfläche ist das Wasser warm, aber manchmal streifen dich tiefere, deutlich kältere Wasserschichten; und du merkst, dass das Wasser nicht nur *eine* Temperatur hat, sondern viele verschiedene. Insgesamt jedoch empfindest du eine »gefühlte« Wärme, und wenn du aus dem Wasser kommst und dich deine Begleitung fragt, wie das Wasser ist, wirst du sagen: »angenehm« oder »nicht kalt«. Ähnlich ist es mit der »gefühlten« Zeit, die uns umgibt. Zeit ist nie nur eine Zeit. In Wirklichkeit sind es viele verschiedene Zeiten, Schicht über Schicht, die alle nicht unterschiedlich warm, sondern unterschiedlich alt sind, ein bisschen wie die Querschnittsaufnahmen von Sedimentgestein, mit verschiedenen ocker-, braun- und beigefarbenen Tönungen.

Diese Zeitschichten sind durchsichtig – fast unsichtbar. Wir können uns darin bewegen, ohne uns dessen bewusst zu sein. Und ähnlich wie nach unserem Bad in einem See im Sommer empfinden wir dabei immer nur – Gegenwart. Das Jetzt. Das Heute.

Ich interessiere mich für die Zeitschichten der Vergangenheit. Das hilft mir, die Gegenwart besser zu verstehen. Denn diese tieferen Schichten aus älteren Zeiten umgeben und beeinflussen uns.

Eine Zeit lang habe ich mich sehr für die Römer interessiert. Ich wollte diese alte Zeitschicht, die solide, kulturelle Basis für ganz Europa, besser verstehen: Die Zeit der Römer findet sich bis heute in unserer Schrift, unserer Sprache, in der Grundlage des Zivilrechts, der Philosophie, der Architektur und in der grundsätzlichen Idee der Stadt wieder.

Die alte Zeit spiegelt sich auch in den Namen, die Menschen den Dingen gegeben haben. In Ortsnamen ragen oft frühere Bedeutungen in unsere Zeit und konservieren damit die Vergangenheit, so wie einige Straßen in meiner Heimatstadt München: »Am Einlass«, eine schmale Straße hinter der Schrannenhalle am Viktualienmarkt, war einst eine kleine Pforte in der Stadtmauer, durch die man auch nach neun Uhr abends gegen einen Obolus in die Stadt gelangen konnte. »Holzstraße« und »Baumstraße« in der Isarvorstadt heißen bis heute so, weil dort die Leute die Holzstämme, die sie isaraufwärts in den Bergen in den Fluss geworfen hatten, aus der Isar zogen, um sie in den anliegenden Sägemühlen weiterzuverarbeiten.

Es gibt unendlich viele solcher Zeitsedimentschichten, und ich habe die Angewohnheit entwickelt, sie zu *sammeln*, wie andere Leute Kronkorken. Das führt dazu, dass ich keinen neuen Ort, keine Stadt und kein Unternehmen besuchen kann, ohne mich sofort so tief wie möglich in die unterschiedlichen Zeitschichten hineinzufräsen. Ich will diese gestreifte Querschnittsperspektive des Sedimentgesteins vor Augen haben – um den Ort und die Menschen dort zu verstehen. Ich will herausfinden, wie die Dinge angefangen haben – denn den Initialgedanken trägt jeder Mensch, jeder Ort und jede Unternehmung tief in sich. Ich will die Traumata finden, die Ereignisse, die sich am tiefsten in das kollektive Bewusstsein eingeprägt haben. Ich will die Schichten ablesen, in denen das Glück gespeichert ist – denn jeder Mensch, jeder Ort und jede Unternehmung hat ein Goldenes Zeitalter.

Die alten Zeitschichten, die uns umgeben, spiegeln sich nicht nur in unserer Sprache und in den alten Namen oder in der einen oder anderen Zeitblase, auf die man unversehens stößt. Sondern auch in unserem Denken und Handeln. Deshalb sind die Zeitsedimentschichten so tief: Sie enthalten das Wissen und die Weisheit von vielen Generationen.

Eine intensiv prägende Zeitsedimentschicht, die mich und meine gesamte Generation umgibt, ist die, aus der unsere Eltern stammen. Wir haben von ihnen eine Weltsicht und Handlungsmodelle geerbt, die stark durch das Trauma des Kriegs und der Nachkriegsjahre geprägt sind.

Wir können sie annehmen oder dagegen rebellieren – ob wir wollen oder nicht, durch unsere Eltern lebt diese Zeit in uns fort. Dass man einen Vorrat für schlechte Zeiten anlegen und sparsam haushalten sollte, ist eines der Grundprinzipien dieser Zeit. Dass man isst, was auf den Tisch kommt. Dass man etwas Anständiges lernen und sich die Flausen aus dem Kopf schlagen sollte. Dass man sich etwas aufbaute und hart arbeitete, um dann im Ruhestand das Leben noch ein paar Jahre genießen zu können, ein anderes. »Erst die Arbeit, dann das Vergnügen« ist ein Mantra dieser Zeit, »Gut Ding will Weile haben« ein weiteres. Die Generation unserer Eltern lebt bis heute bescheiden. Sie braucht nicht viel, und bis heute pflegt und repariert sie ihre Werkzeuge und wirft nie etwas weg.

Neulich, als ich neben meinem Vater in seiner wohlsortierten Kellerwerkstatt stand, hantierte er mit einer großen Dose »Pentolub Allzweckfett«. Das Dosendesign stammte augenscheinlich aus den 1970er-Jahren, auf dem Deckel der Dose entdeckte ich ein altes, fleckiges Wertkauf-Preisschild, das einen Betrag in DM auswies – *Deutsche Mark*. Mein Vater reinigte den Dosenrand, verschloss sie sorgfältig und stellte sie zurück in den Schrank – so wie er es seit fünfzig Jahren tut. Denn so

---

lange ist die Dose schon in seinem Besitz. Diese Geste rührte und beschämte mich, und ich dachte, dass sich unsere Generation, die alles bei Amazon bestellt und deren Dinge eine Halbwertszeit von ein paar Monaten haben, davon eine Scheibe abschneiden könnte.

Wir, die Internetkinder, leben in einer völlig anderen Zeit – die Kriegsjahre sind lange vorbei, wir sind versorgt mit Nahrung und Entertainment. Bis zur Corona-Krise haben wir (zumindest in Westdeutschland) noch nie leere Supermarktregale gesehen, und unsere einzige Herausforderung besteht vielleicht darin, im Überfluss Konzentration und Sinn zu finden.

Und trotzdem lebt die Zeitsedimentschicht unserer Eltern in unseren Handlungen fort, wir wenden ihre alten Muster auf unsere Zeit an. Hast du dich zum Beispiel nicht schon dabei ertappt, dass du unbewusst dazu tendierst, die »guten Dinge« in deinem Haushalt zu *schonen*, sie aufheben zu wollen für einen fernen Punkt in der Zukunft, statt sie zu verwenden, wenn du sie brauchst? Eine bestimmte Hose, deine weißen Sneaker, eine Edelstahl-Rührschüssel? Unsere Eltern und Großeltern lassen grüßen: Das Sofa im Wohnzimmer war mit einem Schonbezug überzogen, und das gute Geschirr holte man nur für besondere Anlässe aus dem Schrank. Unsere Schonhaltung ist also ein widersinniges Verhalten – ein alter Algorithmus in einer neuen Zeit.

Jeder ist permanent umgeben von diesen Zeitsedimentschichten; wie ein transparentes Gedankengebäude wabern sie um uns herum. Das macht jede unserer Handlungen mehrdimensional: Wir denken und handeln nie nur in der Gegenwart, sondern entsprechend der kulturellen Algorithmen der Vergangenheit. Diese Schichten akkumulieren sich zu einem gewaltigen Kulturspeicher – die Zeitsedimentschichten sind wie eine Art Super-Referenzmodell, das uns die Welt um uns herum erklärt: ein *Denk- und Handlungsmodell*. Es ist das elementarste

Bezugssystem zwischen uns und der Welt. Es geht weit über den eigenen Familienkreis, die Generation unserer Eltern und Großeltern hinaus – die untersten Schichten sind noch viel breiter und tiefer als der sichtbare Bereich, den wir mit unserer Lebenszeit und unserer Erinnerung erhellen. Als Ergebnis eines Jahrhunderte währenden, kollektiven Gesellschaftsprojekts reichen diese gigantischen, übereinander gelagerten Zeitschichten weit in die Vergangenheit zurück. Jede einzelne Schicht beeinflusst unser Denken und Handeln.

Das bedeutet: Es ist unmöglich, auf einem weißen Blatt Papier zu denken; niemals handeln wir im luftleeren Raum. Wir sind nicht nur Kinder unserer Zeit, sondern immer auch ein Produkt der Vergangenheit. Ohne die Erklärung der Wirklichkeit, die in diesem Kulturspeicher steht, sind wir verloren. Total verwirrt.

Und doch ist genau das passiert – unsere Erklärung der Wirklichkeit wankt. Denn durch die Zeitsedimente zieht sich, gut sichtbar, ein Spalt – der die Wirklichkeit in *zwei Wirklichkeiten* teilt.

Dieser Spalt hat keine saubere Kante. Stattdessen verläuft er kreuz und quer durch unsere gesamte Welt, wie eine riesige, tausendfach verästelte Bruchlinie in einer dicken Glasscheibe. Ich bin dem Spalt gefolgt: Er zieht sich durch unseren Alltag, unsere Arbeit, unser öffentliches Leben, durch Organisationen, Strukturen, Institutionen und Branchen, durch unsere Familien, durch sämtliche Prozesse und Abläufe, durch jeden Handgriff, den wir tun. Ich bin die Bruchkante entlang gewandert: Sie verläuft nicht linear, sondern fragmentiert; sie springt inkonsistent hin und her.

Ich bin ganz nah an den Rand herangetreten und habe in die Spalte hineingeschaut – erst da habe ich gesehen, wie tief der Riss geht. Er reicht weit hinab und zieht sich vertikal durch die Sedimentschichten. Da wurde mir klar, warum diese geologische Verwerfung so viel Verwirrung stiftet: Das Gebäude, das unser Weltbild trägt, hat einen Riss bekommen. Unsere *Erklärung der Wirklichkeit* stimmt nicht mehr. Mit der Zeit fand ich heraus, dass die Bruchlinie obendrein *mental*, in jedermanns Denkweise, verläuft. Das macht die Dinge noch komplizierter – man sieht den Menschen von außen nicht an, auf welcher Seite des Spalts sie stehen. Manche haben den Weltenwechsel komplett vollzogen und denken von der anderen Seite; andere verharren in ihrem Denken auf der alten und gehen wie selbstverständlich davon aus, dass sie im Recht sind, mit dem Argument »So haben wir das schon immer gemacht«. Diese beiden Weltbilder sind tiefgreifend unterschiedliche, philosophische Weltanschauungen. Das Ergebnis: Augenrollen und sogar bittere Auseinandersetzungen, bei denen die Beteiligten einfach nicht bemerken, dass sie von zwei völlig unterschiedlichen Weltsichten aus argumentieren.

Der Spalt trennt nicht nur Generationen voneinander, er verläuft sogar mitten durch eine Generation hindurch: Der Riss des Digitalzeitalters zieht sich durch die 1960er- und 70er-Jahrgänge der *Generation X*. Für die einen ist diese Zeit unbekanntes Land geblieben; die anderen sahen ihre Chance – wir, die Generation, die gerade am Hebel ist. Wir, die erste Generation, die die Welle der Digitalisierung gesurft ist: Wir, die Internetkinder.

Weil der Spalt unsichtbar ist und sein Auftauchen so subtil vonstatten ging, werden diese unterschiedlichen Weltanschauungen auf beiden Seiten der Bruchlinie weder thematisiert noch in Worte gefasst. Das wiederum führt dazu, dass die Menschen aneinander vorbeireden. Eine Art digitale, babylonische Verwirrung.

In dieser Verwirrung liegt die ganze Tragweite dieses merkwürdigen, unsichtbaren Ereignisses der Aufspaltung. Wir wissen nicht genau, wann und wie es passiert ist. Trotzdem teilen alle das dumpfe Gefühl, dass innerhalb weniger Jahre die Welt eine andere geworden ist. Wir beobachten ratlos die surrealen Ereignisse um uns herum – hanebüchene Verschwörungstheorien, die große Gruppen mobilisieren; Narzissten, die Einzug in die Politik halten und öffentlich Hassparolen schwingen; Business-Generationen, die im Tagesgeschäft ständig aneinander vorbeizureden scheinen; oder unsere Kids, die sich lieber in Pixelwelten als im echten Leben treffen. All das hat damit zu tun, dass es jetzt *zwei Wirklichkeitsebenen* gibt. Eine Realität in der echten Welt, die uns umgibt. Und eine digitale Realität. Und wir nicht mehr sicher sind, welche eigentlich unsere *gemeinsame Realität* ist.

Dieses Buch handelt von meiner Suche nach dem Ursprung dieser rätselhaften Vorgänge. Worin genau sie bestehen und wann das eigentlich angefangen hat. Es ist der Versuch, eine Sprache zu finden für die unsichtbaren, subtilen Veränderungen, die innerhalb weniger Jahre unser Leben auf den Kopf gestellt haben. Eine Bedeutungsebene wiederzufinden, die hinter dem Buzz technologischer Innovationen, dem oberflächlichen Business-Talk und dem nicht enden wollenden Kindergeburtstag der utopischen Zukunftserfolgsmeldungen liegt. Dem merkwürdig ratlosen Grundgefühl meiner Generation einen Namen zu geben. Und meine Geschichte zu erzählen: von meinem Weg aus der Digital-Desillusionierung.

◊

TEIL I

LOST PURPOSE

2017

AUSGEHÖHLTE STRUKTUREN

1. Kapitel

DIARY
Birmingham, 16. März 2017

*Ich sitze in einem Meeting. Es ist sehr eng: Zwanzig Leute oder
mehr quetschen sich in dem fensterlosen Raum auf Bürostühlen
um den Tisch herum, Engländer, Koreaner, Franzosen, Deutsche.
Wir warten. Keiner spricht. Ein paar tippen auf ihren aufgeklapp-
ten Laptops oder scrollen durch ihre E-Mails auf dem Smartphone. Einer nippt an seinem Kaffee in einem türkisfarbenen
Pappbecher. Ein Mann ist aus den USA zugeschaltet. Zumindest
theoretisch, im Moment sehe ich auf dem Tisch nur eine schwarze
Telefonspinne hocken, aus der kein Laut dringt. Der Grund, warum
wir alle hier sind: Elf Produktlaunches in achtzehn Monaten.
Insgeheim wissen wahrscheinlich alle, dass der Zeitplan nicht
zu schaffen ist.*

*Die Szene kommt mir surreal vor. Keiner schaut den anderen an,
niemand spricht, nicht mal Smalltalk. Weil das Meeting noch nicht
begonnen hat. »Das Meeting« ist der Boss. Geht es nur mir so? Ich
blicke mich um. Die Laptops der Koreanerinnen gegenüber sind mit
bunten Manga-Stickern beklebt. Eine hat ein iPhone mit Mickey-
Mouse-Ohren in der Hand, die mit Strasssteinchen besetzt sind.
Ihre Fingernägel leuchten rot. Bei ihrer Nachbarin ist jeder Nagel
anders lackiert. Einer hellrosa, der nächste mit einem Verlauf von
rot nach fleischfarben, auf dem anderen Nagel ist ein winziges
Tattoo aufgeklebt. Die Koreanerinnen tippen. Sie sprechen kein
Wort.*

*Dann stellt sich der Projektleiter vorne ins grelle Beamerlicht. Er
klickt durch eine PowerPoint-Präsentation: die Vision für das neue,
digitale Produkt. Es hat viele neue Features, Connectivity, Cloud-*

Services. Er sagt, es ginge um nicht weniger als die digitale Neuerfindung des Automobils. Danach fordert er alle auf, sich kurz der
Reihe nach vorzustellen: Name, Funktion, Rolle. Ich kann mir einen
Namen nie sofort merken. Ich muss ihn mindestens zweimal hören.
Einige der Engländer haben wir schon eben nach unserer Ankunft
getroffen, haben mit ihnen in der Firmenkantine zusammen
gegessen, Curry in einer Pappbox. Ihre Namen kenne ich also:
Christian, der dandyhafte Ire, Darren, Damien und Phil. Es war ganz
nett mit ihnen, ich habe versucht, irgendwie zu connecten. Aber
jetzt ist das alles wie weggeblasen.

Die Stimme in der Telefonspinne, die dem Mann in Amerika
gehört, präsentiert ein paar PowerPoint-Charts. Der Projektleiter
fordert ihn auf, langsamer zu sprechen. Der Amerikaner sagt
»alright« und redet genauso weiter wie zuvor. Nach jedem Punkt
auf der Agenda fragt der Projektleiter mit Blick in die Runde, ob
noch jemand eine Frage hat. Keiner fragt. Auch ich nicht. Obwohl
ich nichts verstehe.

Ich fühle mich unbehaglich und rutsche auf meinem Stuhl herum.
Auf einmal muss ich daran denken, was in anderen Lebensberei-
chen passiert, wenn zwanzig Leute in einem Raum zusammenkommen, auf einer Küchenparty zum Beispiel. Aber nicht im Meeting.
Das Meeting, dessen eigentliche Aufgabe darin besteht, alle an
einen Tisch zusammenzuholen, ist der Ort, wo man am wenigsten
miteinander spricht. Trotz Deadlines, Produktlaunches und der
Neuerfindung des Automobils. Einer fragt: »So why are we here?«
Ich blicke hinunter auf meine Hände. Ich weiß es nicht.

ALLES FAKE

Am Abend nach dem Meeting sitzen mein Kollege und ich im
Restaurant unseres Business-Hotels, ein Pub, der auf den ersten Blick

gemütlich aussieht: mit dicken, alten Holzdielen am Boden, blau gestrichener Holzvertäfelung und gemusterten Tapeten an den Wänden, einem Kamin in einer Ecke des Raums und einem Tresen mit goldenen Zapfhähnen. Vor uns steht ein Pint Bier. Trotz der Atmosphäre hört das unbehagliche Gefühl nicht auf. Woher kommt diese Ahnung, dass hier etwas nicht stimmt? Ich habe Mühe, mich auf das zu konzentrieren, was mein Kollege mir erzählt, höre nur mit halbem Ohr hin; er regt sich über das Projekt und die unmöglichen Timings auf.

Ich starre nachdenklich in mein Glas und durch den Boden hindurch auf den Tisch. Auf einmal wird mir klar, was mich die ganze Zeit stört; warum mir das alles nicht *echt* vorkommt. Die Holzoberfläche ist gar nicht aus Holz. Sie ist mit einem Plastikfurnier beklebt, die Holzoptik nur aufgedruckt. Ich blicke mich im Raum um, und jetzt sehe ich, dass alles in diesem Raum nur *Fake* ist: Die dicken, alten Bohlen am Boden mit ihren geschwärzten Kanten sind gar nicht alt, sondern nur auf alt gemacht. Im Kamin in der Ecke des Raums glimmt bei näherer Betrachtung ein LED-Feuer.

Das ganze Restaurant ist gar kein Pub, sondern nur die folkloristische *Kulisse* eines Pubs; wahrscheinlich gibt es Hunderte von identischen Systemgastro-Einrichtungen in identischen Business-Hotels in ganz Großbritannien. Ich blicke genervt an die Decke, während das Gerede meines Kollegen in eine Tirade über seine Rolle im Konzern abdriftet. Das kenne ich, er ist permanent unzufrieden.

Ich kehre gedanklich zu dem Meeting zurück. Warum kommt es mir im Nachhinein so surreal vor? Warum erzeugt es ein solch tiefes Unwohlsein in meiner Magengegend? Ist das nicht dasselbe untrügliche Gefühl wie das, das der Fake-Pub in mir hervorruft? Irgendetwas an diesem Meeting war ganz gewaltig nicht in Ordnung! Bin ich zur Beobachterin eines Schauspiels geworden, an dem ich früher »echt« teilgenommen habe?

Allmählich dämmert mir, dass ich mich schon seit einer ganzen Weile von den Geschehnissen vor meinen Augen, dieser hektischen Betriebsamkeit, den Meetings, täglichen Calls, Exceltabellen, unhaltbaren Timings und der niemals endenden Flut an hereinprasselnden E-Mails, irgendwie entfernt und innerlich abgelöst habe. Und während ich dem Mädchen hinter dem Tresen aus Fake-Holz dabei zuschaue, wie es ein neues Bier für uns zapft, realisiere ich, dass ich dem Treiben der geschäftlichen Welt schon seit einiger Zeit nur noch aus der Distanz zusehe: ein Bühnenstück mit dem Titel »Digitale Transformation«. Ich spiele meine Rolle, aber nur noch mit einstudierten Bewegungen, gelernten Stichworten – nur, um den Schein zu wahren. Ein LED-Feuer. Damit niemand etwas merkt.

Mein Kollege redet immer noch hitzig auf mich ein und berichtet haarklein von irgendwelchen für ihn extrem frustrierenden Situationen. Ich frage mich, ob ich allein bin mit diesem Gefühl – immerhin liest man oft, dass sich in diesem Land vier von fünf Arbeitnehmern in der inneren Kündigung befinden. Aber dennoch fühlt sich für mich diese merkwürdige Distanziertheit befremdlich an, da ich noch nie zuvor so empfunden habe. Ich habe zwanzig Jahre in der Kreativindustrie gearbeitet, voller Überzeugung. Was mich immer begeistert hat, ist die Kernaufgabe eines Designers (und jedes anderen Kreativen): aus dem Nichts etwas Neues zu erschaffen. Eine anfassbare Vision von dem zu gestalten, was es in der Welt nicht gibt und was sich keiner vorzustellen vermag. Immer wieder auf einem weißen Blatt Papier neu und groß zu denken. Das Gefühl zu haben, etwas *bewirken* zu können.

Ich habe an die Macht der Idee und an Veränderung geglaubt – das war es, was sich lohnte, voranzutreiben. Ich wollte die restriktiven Kräfte überwinden, die überall lauern – die Bedenkenträger, die Nörgler, Opportunisten, Politiker, Profilneurotiker; oder einfach nur diese merkwürdige, menschliche Eigenschaft, allem Neuen gegenüber wenig aufgeschlossen zu sein und denjenigen, die mit neuen Impulsen kommen, aus Prinzip Steine in den Weg zu legen. Ich habe an den Fortschritt geglaubt und die Geschwindigkeit geliebt – auch angesichts des zunehmenden Tempos der letzten Jahre dachte ich immer, die Dinge im Griff zu haben und kontrollieren zu können; wenn mehr Chaos auf mich einstürzte, kompensierte ich das einfach mit noch mehr Struktur, Organisation und Projektmanagement. Aber was für einen Menschen hat das aus mir gemacht, im Laufe der Zeit?

Ich habe an das geglaubt, was wir taten, und infizierte auch andere ständig mit diesem unerschütterlichen Glauben. Das war der Grund, warum mein *inneres Ich* und mein *geschäftliches Ich* immer ein und dieselbe Person waren. Ich war zu einhundert Prozent überzeugt, dass es richtig war, was wir taten. Dass wir im Prinzip für eine »gute Sache« arbeiteten.

Als Führungskraft spornte ich meine Leute dazu an, sich durch nichts in der Welt vom »Machen« abhalten zu lassen. Mit der Zeit entwickelte ich ein Gespür für das breite wie raffinierte Repertoire an salonfähigen Ausreden meiner Kollegen und Mitarbeiter, hinter dem sie sich versteckten: hinter ihrem Kalender (»Wir haben noch keinen Termin gefunden, um das zu besprechen.«), hinter den Strukturen (»Ich warte noch auf Freigabe von XYZ«), hinter ihrem Job Title (»Das gehört nicht zu meinen Aufgaben.«), hinter der Technologie (»Ich konnte XYZ noch nicht machen, da ich die Software nicht habe.«) oder hinter dem Team (»Wir müssen erst XYZ ins Boot holen.«). Ich verfügte über einen eingebauten Detektor für diese diffusen Handlungshohlräume.

Eines habe ich nie verstanden: Unzufriedenheit bei gleichzeitiger, chronischer Passivität. Selbst nichts machen, aber kritisieren, was andere tun. Stillstand, Komfortzone und Aufrechterhaltung der Struktur nur um der Struktur willen, das ging mir auf die Nerven.

Bin ich nun so geworden, wie ich nie sein wollte? Habe ich mich auf eine innere Distanz zurückgezogen? Das, was ich tue, hat nichts mehr mit mir zu tun. Mein geschäftliches Ich hat sich von meinem inneren Ich entfernt.

Auf einmal schrecke ich auf, weil mein Gegenüber mich in seiner Rage am Arm fasst und ungeduldig bedrängt: »Jetzt sag doch mal! Was meinst denn du dazu?!« Und ohne nachzudenken, stehe ich auf, sage: »Genug jetzt. Ich kann's nicht mehr hören.«, drehe mich um und gehe hinauf in mein Zimmer.

HERUMIRREN IM NEBEL

Oben hole ich mir eine Flasche Wasser aus der Minibar, klappe meinen Laptop auf und beginne routiniert, die ungelesenen Mails zu bearbeiten, die während des langen Tages mit Reise und Meeting aufgelaufen sind. Auf einmal halte ich inne. Die lange Liste mit ihren kleinen, blauen Markierungen verschwimmt vor meinen Augen. Was *mache* ich eigentlich den ganzen Tag? E-Mails. E-Mails stellen die Hauptaufgabe meines geschäftlichen Alltags dar. E-Mails prasseln rund um die Uhr in meine Inbox: E-Mails mit riesigen cc-Verteilern, an alle und keinen adressiert; systemgenerierte E-Mails, die mich über jede Statusänderung von Purchase Requests, Travel Requests, Holiday Requests, Projektverläufen, Stundenbuchungen und Teamauslastung auf dem Laufenden halten; Re:Re:Re:Re-E-Mail-Korrespondenzen, die sich wie ein endloses, digitales Pingpong über Tage und teilweise Wochen hinziehen und bei denen immer wieder der Faden abreißt, weil keiner der Beteiligten ganz bei der Sache ist und wirklich Zeit hat, sich um eine echte Lösung zu kümmern.

Den ganzen Tag bin ich damit beschäftigt, Mails zu bearbeiten. Das fühlt sich so an, wie unermüdlich Kohlen ins Feuer zu schaufeln, um die Dampfmaschine am Laufen zu halten – zugegebenermaßen ein sehr analoges Bild aus dem Industriezeitalter, um die merkwürdigen Auswüchse des Digitalzeitalters zu beschreiben. Das Schlimmste, was passieren kann und was ich tunlichst zu vermeiden versuche, ist mit ungelesenen E-Mails in den nächsten Tag zu starten; über Nacht läuft das Postfach weiterhin voll, was zur Folge hat, dass ich schon morgens wieder ins Hintertreffen gerate. Ich erinnere mich, wie ich einmal zufällig einem Kollegen über die Schulter schaute. In der Softwareleiste unten auf seinem Bildschirm prangte am Mailprogramm ein kleiner, roter Kreis: sage und schreibe über 14.000 ungelesene E-Mails! Der Arme, dachte ich. Das kommt ja im digitalen Zeitalter einem Offenbarungseid gleich, ein »E-Mail-Messy« sozusagen. Wie lebt es sich wohl mit 14.000 ungelesenen Mails?

Ich nehme einen Schluck Wasser und denke, dass es bei der ganzen E-Mailerei gar nicht mehr um echte Projektarbeit geht oder darum, eine handfeste Lösung herbeizuführen; Hauptsache, man hat die Angelegenheit aus dem Kopf, beziehungsweise aus der Inbox. Der Kanal »E-Mail« ist so verstopft, dass es zur einzigen Handlungsmaxime geworden ist, die eigene Inbox sauber zu halten; nicht etwa, die Sache voranzubringen. Das *Reden* und das *Machen* entfernen sich so unnatürlich weit voneinander, zum *Machen* hat eigentlich vor lauter *Reden* keiner mehr Zeit. Ich versuche, mir das plastisch vorzustellen – welch riesige Menge an Mails, Tickets und Chats schwappt da eigentlich permanent wie eine gigantische Flutwelle um den Globus? Wenn alle den Großteil ihrer Arbeitszeit Mails abarbeiten, wann *arbeiten* sie eigentlich?

Als wenn das nicht schon schlimm genug wäre, kamen irgendwann, ganz schleichend, noch massenhaft andere Kanäle hinzu, die versuchen, dem völlig überlasteten E-Mail-Kanal das Wasser abzugraben: firmeninterne Chats, Ticketsysteme oder diverse Messenger-Apps auf dem Smartphone oder in sozialen Medien. Seither spielen sich Abstimmungen kreuz und quer in all diesen Kanälen durcheinander ab, was das kommunikative Geflecht vollends unübersichtlich macht. Es kommt oft vor, dass ich mich nicht mehr erinnern kann, *was* eigentlich zuletzt besprochen wurde. Aber viel erschreckender ist, dass ich mich nicht einmal mehr erinnern kann, *wo*. E-Mail? Whats-App? LinkedIn Messenger? Oder war es vielleicht ein echtes Gespräch im Meetingraum?

Ich werfe mich auf das Hotelbett und die darauf ausgebreitete karierte Kunstfaser-Tagesdecke und starre in das grelle Deckenlicht. Im menschlichen Gehirn ist die Orientierung in Raum und Zeit eng miteinander verknüpft, es *erinnert* sich am besten an *Orte*. Deshalb muss es Informationen aus der virtuellen Welt in seine terrestrische Logik rückübersetzen, um sie sich merken zu können. Der virtuelle

Desktop auf dem Computerbildschirm war deshalb von Anfang an die Analogie eines echten Schreibtischs, Dateiordner Analogien für echte Ordner und eine E-Mail Inbox die Metapher eines Briefkastens. Dass mich meine Erinnerung, genauso wie dieser scheinbar verlässliche, virtuelle Ort, angesichts immer mehr Kommunikations-Apps zunehmend im Stich lässt, stürzt mich vollends in ein Gefühl der permanenten Desorientierung – die Welt um mich herum scheint sich aufzulösen. Und da es allen so ähnlich geht wie mir, verläuft sich der Austausch zwischen den Teilnehmern der wirtschaftlichen Welt ständig im Sande. Wir sind unserer Verbindung beraubt. Während ich langsam in den Halbschlaf hinübergleite, sehe ich ein verschwommenes Bild: unser Austausch, unsere Zusammenarbeit und somit unsere Beziehungen gleichen immer mehr einem Herumirren im Nebel.

KALENDERKASKADE

Am nächsten Morgen machen wir uns auf den Weg zurück zum Flughafen. Ich fahre, mit beiden Händen am Steuer und darauf konzentriert, auf der linken Seite der vierspurigen Autobahn zu bleiben. Ich habe keine große Lust, mit meinem Kollegen zu reden; er stochert schweigsam auf seinem iPhone herum. Ich hänge meinen Gedanken nach.

Heute Morgen ist mir beim ersten, routinierten Blick auf mein iPhone noch eine andere digitale Superstruktur bewusst geworden, in der ich mich zunehmend gefangen sehe: mein Kalender. Der digitale Kalender hat die Herrschaft über meine Zeit errungen, die Kalenderrealität hat die echte Realität überholt. Meine Tage sind gefüllt mit Terminen, die Stoß an Stoß aneinander stehen, zum Teil in Viertelstunden getaktet oder sich gegenseitig überlappend – Meetings, Besprechungen, Calls. Jeden Morgen fange ich an, mich durch diese Kaskade durchzuarbeiten; und alle anderen um mich herum machen es genauso. Um neun Uhr fällt der Startschuss und alle laufen los, im großen Terminmarathon.

Damit das alles klappt, ist eine komplexe Choreografie und ständige Kalender-Maintenance nötig – natürlich per E-Mail. Die Abstimmung von Terminen ist so aufwendig wie eine zweite Vollzeitstelle, oft dauert die Terminfindung länger als das Meeting selbst. Ist das die Produktivitätsrevolution des Digitalzeitalters?

Vor zehn Jahren gab es einen spiralgebundenen Papierkalender, der beim Office Management am Empfang auslag. Darin trugen wir mit Bleistift Kundentermine und andere wichtige Ereignisse ein. Wenn ich mit dem Kollegen etwas besprechen wollte, wäre ich niemals auf die Idee gekommen, aufzustehen, zum Empfang zu gehen und mit Bleistift einen Termin in den Papierkalender einzutragen; ich ging einfach zu dem Kollegen hin und redete mit ihm. Doch mit Einführung des digitalen Kalenders war das immer weniger möglich; die digitale Kalenderlösung brachte eigenartigerweise sofort eine viel höhere Dichte an Terminen mit sich – warum? Die »eigentliche Arbeit« hat sich doch nicht verändert. Haben es digitale Dinge an sich, sich zu vervielfältigen? Oder sofort zum Selbstzweck zu werden?

Es entwickelte sich wie ein Schneeballsystem, als einer anfing, den Kollegen digitale Termine zuzuschicken. Ich realisierte lange nicht, was da auf uns zukam, und versuchte noch eine ganze Weile, meine Themen mit Mitteln der echten Welt – auf Zuruf, zwischen Tür und Angel oder auf dem kurzen Dienstweg – zu navigieren. Aber bald musste ich einsehen, dass sich der digitale Kalender als verwalterische Ebene vor die eigentliche Realität geschoben hatte. Heute geht ohne Termin gar nichts mehr. Was nicht im digitalen Kalender abgebildet ist, findet in der echten Welt nicht statt. Der Kalender ist das Nadelöhr, alle sind ständig mit Terminen geblockt, die eingeplanten Gesprächszeiten reichen nie aus; es ist nicht möglich, den Dingen die Zeit zu widmen, die sie brauchen. Irgendwann fing ich sogar an, mir im Kalender Zeit zum Arbeiten zu blocken – ohne Termin wäre das schlichtweg nicht mehr möglich gewesen.

Unmerklich haben sich die Zusammenarbeit, die Kultur und auch der Umgang mit der Zeit durch den digitalen Kalender verändert. Zwar bedarf es nur weniger Mausklicks, einen Termin einzustellen; trotzdem werden kurze Wege länger und der Ideenaustausch bürokratischer. Die menschliche Art, mit der Zeit umzugehen – mal spontan sein, mal Dinge aufschieben, mal gut Ding Weile haben lassen, mal Nägel mit Köpfen machen –, ist diametral gegensätzlich zur brutalen Effizienz des Kalenders, die jeden sich organisch entwickelnden Prozess überschreibt.

Es geht in Organisationen und Unternehmen nur noch darum, die *Kalenderkaskade* aufrechtzuerhalten; tagtäglich schieben wir einen Berg von Terminen vor uns her, der kaum noch zu bewältigen ist. Und noch eine Folge hat das Kalendersystem: Wir sind mit Tunnelblick so darauf fokussiert, Termine abzuarbeiten, dass der eigentliche *Zweck* des Termins in den Hintergrund rückt. Vor lauter Terminen sehen wir oft den »Wald vor lauter Bäumen nicht« – und wir verlieren unser Ziel aus den Augen: Uns auf das zu konzentrieren, um was es eigentlich geht.

Ich nehme die Ausfahrt – wir haben den Flughafen erreicht.

NIEMANDSLAND

Wenig später laufen wir über den riesigen, menschenleeren Mietwagenparkplatz. Soweit das Auge reicht Autos, die in langen Reihen parken; neben jedem Fahrzeug ragt ein kleines, nummeriertes Schild in den grauen Himmel. Wir wandern entlang endloser Parkplatz-Bodenmarkierungen und gelb schraffierter Felder über den schwarzen Asphalt. Während wir den großen Pfeilen Richtung Terminal nachgehen, folge ich weiter meiner Gedankenspur.

Die digitalen Tools sind das eine. Dass sie unsere Hauptbeschäftigung im Büro darzustellen scheinen, uns unter dem Deckmantel der

Effizienz einen Haufen Verwaltungsarbeit bescheren und diesen merkwürdigen Effekt haben, den Inhalt auszudünnen, das ist schon schlimm genug. Aber auf eine rätselhafte Art und Weise haben sich auch die Zusammenkünfte echter Menschen in der echten Welt verändert. Das Meeting, das ich tags zuvor erlebt habe, ist kein Einzelfall. Es ist befremdlich, was passiert, wenn die Menschen in der Arbeitswelt des 21. Jahrhunderts den digitalen Äther – ihre Inboxen, Kalender und Chaträume – verlassen und sich im echten Leben mit ihren echten Körpern physisch in einen Raum begeben, um ein »Meeting« abzuhalten.

Was eine Chance sein könnte, ein *echtes* Aufeinandertreffen von *echten* Menschen im geschäftlichen Leben – sich gegenseitig in die Augen schauen, Klartext reden, Entscheidungen treffen –, ist zum leeren Ritual geworden, zum Selbstzweck – inhaltslos. Wie oft sitze ich in solchen Terminen und frage mich, was der eigentliche Sinn dieser Zusammenkunft sein soll. *Why are we here?* Ich weiß es nicht. Und ich habe nicht das Gefühl, dass die anderen mehr wissen. Sind sie da, um sich gegenseitig die Bälle zuzuschieben oder PowerPoint-Präsentationen anzuschauen? Sitzen sie ihre Zeit ab, um dann ihre Körper an den nächsten Ort zu tragen, den ihnen der Kalender zuweist?

Mir fallen sofort ein Dutzend Geschichten ein, was alles im Meeting besprochen, aber nie in die Tat umgesetzt wurde. Ein Bekannter erzählte mir einmal, im »Montagsmeeting« wäre es um die Idee eines neuen Firmenmagazins gegangen. Die Geschäftsführung regte dazu an, ganz offen zu sein und freie und »kreative« Ideen zu äußern. Das Magazin könne ja aus einem ganz ungewöhnlichen Material sein, zum Beispiel aus Draht! Im Meeting hätten sie dann lauter verrückte Vorschläge gesammelt, danach gingen alle ihrer Wege – und rein gar nichts passierte. Seitdem witzelten alle im Unternehmen, man könne ja mal wieder ein Meeting machen und ein Magazin aus Draht erfinden.

E-Mails, Termine, Meetings – überall, wo sie sich zwischen das *Reden* und das *Machen* schieben, verwandelt sich unsere

Zusammenarbeit in ausgehöhlte Symbolhandlungen. Aber sind wirklich die digitalen Tools daran schuld? Oder steckt noch mehr dahinter?

Da fällt mir noch eine andere, unangenehme Eigenschaft von Meetings ein. Vor allem Jours fixes zeichnen sich, wie ein stehendes Gewässer in einem zu heißen Sommer, durch ihr vergiftetes Milieu aus. Die Stimmung kippt sozusagen unverhältnismäßig oft, wenn ein Termin als »wiederkehrendes Ereignis« im Kalender steht. Denn während an den zuvor geschilderten Ad-hoc-Zusammenkünften das Problem ist, dass die Teilnehmer den ganzen Tag durch ihre Termine hecheln, um sich dann im Meeting geistig auszuklinken und ihre Mails abzuarbeiten, sind die seriellen Jours fixes, die Montagsmeetings, Freitagsrunden und Quartalscalls oft durch spürbar schlechte Stimmung geprägt. Keiner mag sie, ihre ursprüngliche Idee ist ins Gegenteil umgeschlagen: Unter dem Deckmantel des »alle an einen Tisch« und »lasst uns das offen besprechen« wird diese Plattform dann genutzt, um Müll abzuladen: Beschwerden, Motzen, öffentliche Bloßstellung, gegenseitige Vorwürfe, man sei über dieses und jenes nicht informiert worden. Ich hörte einmal zufällig ein Gespräch, bei dem es darum ging, bei welcher Gelegenheit man den Kollegen die neue Website zeigen sollte – und bei dem es eine ganz klare Tendenz gab: »Bloß nicht im All-Hands-Meeting, das ist verbrannte Erde.« Führt sich das All-Hands-Meeting damit nicht selbst ad absurdum? Wenn man *vermeidet*, Dinge dort zu besprechen – warum gibt es dann das All-Hands-Meeting?

Ich laufe im Stechschritt die kilometerlange Straße durch das Niemandsland zwischen Mietwagenparkplatz und Terminal, das Rattern meines Rollkoffers auf dem Asphalt und das Brüllen der Triebwerke der in unmittelbarer Nähe startenden Flugzeuge in den Ohren. Mein Kollege hinter mir ist in einen Call abgetaucht, aus dem nur vereinzelte Gesprächsfetzen zu mir nach vorne dringen. Das bringt mich, während ich weiter haste, auf ein anderes Format der Arbeitswelt des 21. Jahrhunderts: den *digitalen Zwilling* des Meetings – den Skype-, Zoom- oder Teams-Call.

Niemand ahnt zu diesem Zeitpunkt, dass sich drei Jahre später, in der Pandemie, der gesamte Austausch der geschäftlichen Welt in einen niemals enden wollenden Call verlagern wird. Doch auch jetzt schon zeigen virtuelle Meetings ihre eigenartigen Begleiterscheinungen. Jedes Mal ist eine irre Abstimmungsorgie nötig, bis der Call überhaupt zustande kommt, viele Kalendereinladungen werden im Verteiler herumgeschickt, mehrmals hin- und hergeschoben, oft in letzter Minute abgesagt. Es ist schier unmöglich, in den dicht besiedelten Kalenderlandschaften einen Slot zu finden, der für alle passt. Viele sagen deshalb gar nicht richtig zu (dafür gibt es den »Vielleicht«-Button), manche melden von vornherein an, dass sie sich von unterwegs oder später einwählen oder früher ausklinken müssen. Daraus ergibt sich eine paradoxe Mischung: aus digitaler Effizienz auf der einen und menschlicher Unverbindlichkeit auf der anderen Seite. Es ist immer möglich, sich die Dinge bis zur letzten Sekunde offen zu halten, sich dann auszuklinken und dabei trotzdem wahnsinnig beschäftigt zu wirken.

Wenn sich dann also endlich alle zum Call zusammengefunden haben – aus dem Meetingraum, dem Homeoffice oder von irgendeinem Flughafen – funktioniert meist erst mal bei irgendjemandem der Ton nicht; oder er hat kein Bild oder kein Netz oder das Screensharing geht nicht. Die erste Viertelstunde der geplanten fünfundvierzig Minuten geht meist dafür drauf, die Technik in Gang zu setzen. Wenn es dann endlich losgeht, will sich jedoch irgendwie keine produktive Arbeitsatmosphäre einstellen; stattdessen: schlechte Stimmung. Ich beobachte die Kollegen. Sie werfen sich Blicke zu und verdrehen die Augen über das, was die Stimme aus dem Lautsprecher sagt. Manchmal drückt einer aus der Runde den Mute-Button, nur, um dann herzhaft vor der versammelten Runde über die »Unfähigkeit« des Kollegen herzuziehen – und derjenige merkt es noch nicht mal! Der Mute-Button erlaubt also eine Art zweite Handlungsebene im Gespräch, einen anonymen Raum, über den man im echten Leben, von Angesicht zu Angesicht, nicht verfügt. Macht das die Zusammenarbeit besser? Immer öfter bezweifle ich das. Der Mute-Button hat jedoch auch sein Gutes – mit einem Headset und mithilfe des Mute-Buttons kann man während der Calls nicht nur über die Kollegen lästern, sondern auch andere nützliche Dinge erledigen: sich einen Kaffee machen, auf die Toilette gehen – oder Mails abarbeiten.

INNERE LEERE

Die Straße führt seit einer ganzen Weile an einem mehr als manns-hohen Maschendrahtzaun entlang. Dahinter kann ich das Rollfeld erkennen. In drei Metern Höhe ragen die Betonpfeiler des Zauns in einem Winkel nach außen, der mit Stacheldraht bespannt ist – wie ein Grenzzaun in der ehemaligen DDR. Je mehr ich darüber nach-denke, desto klarer wird mir, wie stark uns die digitalen Tools in unserem Arbeitsalltag und unserem Umgang miteinander reglemen-tieren; sie geben die übergeordneten Strukturen vor, innerhalb derer sich die Prozesse der modernen Business-Welt bewegen. Hier passiert ein gewaltiger Shift: die Arbeitsmaxime der Menschen des 21. Jahr-hunderts ist, die Inbox frei und ihre Kalender aufrechtzuerhalten. Nicht etwa, ein *Tagwerk* zu vollbringen. Es ist schier unmöglich, sich darauf zu konzentrieren, was wirklich wichtig ist – die Tools fordern den Großteil unserer Zeit und Aufmerksamkeit. Sie treiben uns vor sich her: Wir sind – um ein Klischee der analogen Welt zu bemühen – die Hamster, und die digitalen Tools sind das Hamsterrad.

Es ist paradox: Die Tools, die innerhalb nur eines Jahrzehnts unsere Arbeit so verändert haben, verdammen uns trotz aller Betrieb-samkeit zur Passivität. Alle Menschen um mich herum sind zwar emsig rund um die Uhr beschäftigt; sie schreiben Mails, leeren Inboxen, vereinbaren Termine, arbeiten ihren Kalender ab, aber sie scheinen nicht zu bemerken, dass dies keine echten *Handlungen* sind.

Aus den einfachsten Handlungen der echten Welt sind unend-lich komplizierte Prozesse geworden. Die digitalen Tools haben sie durchdrungen und neu getaktet. Ich drehe mich zu meinem Kollegen um, der hinter mir immer noch in seinem Call steckt, mit der Laptop-Tasche in der einen und dem Telefon in der anderen Hand gerade wild herumgestikuliert und sich dabei in seinen weißen Kopfhörerkabeln verheddert – und denke: »Reden und Machen sind heute echt *totally disconnected*.«

Ich bin mir sicher, dass das permanent kleinteilige, zerschossene Agieren in der Arbeitswelt meine Gehirnstrukturen fragmentiert haben muss: Vor lauter *Reagieren* auf von außen hereinkommende kleine Protonenbomber von digitalen Push Notifications, vor lauter zersplitterten Einzelhandlungen, die meinen Gedankengang unterbrechen, bin ich kaum noch in der Lage, einen zusammenhängenden, linearen Gedanken zu denken. Ein größeres Bild von dem zu sehen, woran ich eigentlich arbeite und warum ich es tue.

Ich bleibe abrupt stehen, sodass mein Kollege fast in mich hineinrennt: Was bedeutet das für die gesamte Wirtschaft und für uns Menschen, wenn es nicht nur mir, sondern ALLEN so geht?

Ich spinne meinen Gedanken weiter. Überall um mich herum reden sie von Digitalisierung und Disruption; es herrscht eine merkwürdige Gemengelage aus Nervosität, Aufbruchstimmung und Hyperaktivismus; auf LinkedIn posten Technologie-Utopisten rund um die Uhr Erfolgsbotschaften und das Bild einer verheißungsvollen Virtual-Reality-Zukunft, in der autonome Roboter-Autos auf den Straßen zirkulieren und Menschen mit augmentierten Brillen vernetzten Zugang zur Weltinformation haben.

Aber wenn man hinter die Kulissen schaut, ist keiner in der Lage, sich ein großes Bild zu machen – dafür ist der Arbeitsalltag und das eigene Denken viel zu fragmentiert. Es fehlt allen schlichtweg die Zeit, darüber nachzudenken, *was das alles eigentlich bedeutet*. Was die neuen Technologien, über die alle reden – Big Data, Künstliche Intelligenz, Cloud Computing, Autonomes Fahren, Augmented Reality –, wirklich für Auswirkungen auf unsere Zusammenarbeit, unsere Beziehungen, unser Leben haben werden. Ich sitze in diesen

Digitalisierungsprojekten mit am Tisch: Ständig fragen wir uns, welche *Use Cases* die neuen Technologien im Leben der Menschen haben könnten. Dabei gehen wir automatisch davon aus, das Leben der Technologie anzupassen. Nicht umgekehrt.

Seit Jahren befinden wir uns in diesem Reaktionsmodus, der einzig und allein von der technologischen Innovation vorgegeben ist und der immer schneller wird: Jemand erfindet ein neues technologisches Produkt, sagen wir eine Augmented-Reality-Brille, und rund um den Globus beschäftigen sich Hunderttausende von Projektteams fortan damit, wie man mit dieser Brille einkaufen, spielen, Auto fahren oder Sex haben kann. Statt dass wir es genau anders herum machen, und uns überlegen, welche Art von Leben wir führen wollen – und wie uns die Technologie dabei helfen kann.

Das Erschreckendste ist nicht die Tatsache, dass die digitalen Tools unseren Alltag bestimmen, dass es keine Ebene des Machens mehr gibt oder dass die eigene, innere Festplatte total voll ist. Das Erschreckendste ist die innere Leere der digitalen Arbeitswelt. Denn wenn man in die Strukturen, Prozesse und Projekte hineinschaut, in die Mails, Termine, Meetings und Use Cases – dann tritt der Inhalt, die Sache, der ursprüngliche Grund für den Austausch, auf merkwürdige Weise in den Hintergrund. Die Menschen vergessen, um was es eigentlich geht. Es erinnert mich an das *Nichts*, das Michael Ende in seinem Buch »Die unendliche Geschichte« beschreibt und das ich mir als Kind immer vorzustellen versuchte: Erst beginnen die Dinge durchsichtig zu werden, verblassen, bis an ihre Stelle einfach nur das große, weiße Nichts tritt. Erst jetzt glaube ich zu verstehen, was er damit meinte: Das, was in mir, aber auch in der Arbeitswelt um mich herum vonstatten geht, fühlt sich ganz ähnlich an.

Endlich gerät das Terminalgebäude mit der Aufschrift »Birmingham Airport« in Sicht. Je näher wir kommen, desto dichter umströmen uns die Menschenmengen. An der Fassade grüßt fröhlich ein riesiges Schild mit der Aufschrift »Hello world«. Ich schaue auf meine Welt, auf die Menschen um mich herum; wie sie auf der Straße an mir vorbeieilen, den Blick auf das Smartphone gerichtet; ich sehe sie, wie sie in Meetings sitzen mit leeren Blicken; auf die Erfolgsmeldungen des technologischen Fortschritts, die rund um die Uhr durch die endlosen Feeds rattern – ein Riesenspektakel namens Digitalisierung, ein brummender Hyperaktivismus – bei gleichzeitiger innerer Leere. Die Menschen haben die Fähigkeit verlernt, über all das nachzudenken. Sie haben vergessen, dass der Mensch als Spezies seit Jahrtausenden vor allem deshalb so erfolgreich ist, weil er gelernt hat, in Gruppen effizient zusammenzuarbeiten. Dass es in Wahrheit eigentlich nur um ein paar wenige Dinge geht: Um den echten, wahrhaften Austausch miteinander. Um menschliche Beziehungen. Um das Denken und die Reflexion über das, was man tut. Um den großen Sinn dahinter. Die Menschen haben all das verloren. Und sind deshalb in ihrem tiefsten Inneren vielleicht kreuzunglücklich.

Mein Blick fällt auf eine sehr auffällige Bodenmarkierung: Auf der Straße steht in riesigen, weißen Lettern das Wort EXIT, mit einem gekrümmten Pfeil, der in Richtung Terminal weist. Ich zögere kurz, dann folge ich der Markierung.

◊

EIN NEUER GRAD AN FREIHEIT

2. Kapitel

DIARY
München, 13. April 2017

Über angstgetriebene Systeme

Ich habe es lange nicht bemerkt. Aber es ist erstaunlich, wie viele Systeme angstgetrieben funktionieren. In diesen Systemen herrschen negative Gefühle: Angst, Druck, Ärger, Wut. Hier sollte sich jeder Einzelne die Frage stellen: Kann ich das System ändern? Was kann ich ändern? Wie hoch ist der Energie- und Kraftaufwand, und: Ist es das wert? Und überhaupt: Was muss sich ändern? Das System? Oder wir?

VON A NACH B

Nach meiner Rückkehr aus England gehe ich weiterhin jeden Morgen ins Büro – äußerlich lasse ich mir nichts anmerken. Aber innerlich fühle ich mich, als würde ich meinen eigenen Gefängnisausbruch planen: Nachts ziehe ich gewissermaßen den Kaffeelöffel aus seinem Versteck und grabe an dem Tunnel hinter meiner Metallpritsche. Der Fluchtweg, das ist mein eigenes Denken. Erkenntnis um Erkenntnis schäle ich mich durch das Erdreich, ich bin weit gekommen in den vergangenen Wochen. Eines ist mir klar geworden: Bevor ich die Antwort für mich finden kann, muss ich erst mal die richtigen Fragen stellen.

Gleichzeitig wird mir ein merkwürdiger Widerspruch bewusst: Obwohl sie uns kontrollieren und einengen, sind es doch genau die digitalen Technologien, die uns einen gigantischen, neuen Grad an Freiheit ermöglichen! Ich erlebe eine Zeit, in der jeder Mensch auf diesem Planeten, egal, wo er sich befindet, in Echtzeit über Mail, Call und Cloud mit anderen in Kontakt treten kann. Nicht nur, um zu kommunizieren und zu arbeiten, sondern den Moment zu erleben, wenn Menschen *geistig connecten*, um gemeinsam etwas zu kreieren und Wert zu schöpfen.

Nie zuvor ist das möglich gewesen. Jahrtausendelang kamen Menschen physisch an einem Ort zusammen, um zu kommunizieren, zu kooperieren und Informationen auszutauschen. Wenn das nicht möglich war, schickte man als Behelf einen Boten los, so wie den armen Mann, den es zwei Stunden (und sein Leben) kostete, die vierzig Kilometer von Marathon (A) nach Athen (B) zu rennen, um den Sieg gegen die Perser zu verkünden. Alles, was an technischen Errungenschaften nach Marathon kam, ist aus der gleichen Denklogik heraus geboren: die Distanz *zwischen zwei Orten* zu überbrücken. Das erste Telefonat, das Alexander Graham Bell mit seinem Assistenten Thomas Watson führte, verband dessen Büro mit dem Nebenzimmer. Das berühmte Göring-Telegramm, in dem er 1945 Hitler anbot, die Macht zu übernehmen (und dessentwegen es zum Bruch zwischen beiden kam), schickte er vom Obersalzberg in den Führerbunker. Wir kennen es aus unserer Vergangenheit: Wenn man früher jemanden erreichen wollte, rief man zu Hause an. Auch Telefonkonferenzen gab es damals schon, aber immer von Büro zu Büro.

Wir müssen keine vierzig Kilometer mehr rennen. Wir müssen überhaupt nicht mehr an einem Ort sein und brauchen auch den Ort gar nicht mehr. Die Freiheit im digitalen Zeitalter besteht für uns darin, *ortsungebunden* zu sein, für das, was wir tun wollen.

Aber warum kommt diese neue Freiheit bei mir, bei all den anderen Büromenschen, ja, in der ganzen Arbeitswelt, nicht an? Die digitalen Tools befreien uns vom Denkmodell der Orte. Und trotzdem fahre ich jeden Tag ins Büro? *Warum?*

In diesen Wochen, in denen ich morgens in meinem Geschäftswagen über die Autobahn ins Büro donnere, schaue ich mir selbst jeden Tag dabei zu, wie ich roboterartig alten Routinen folge. Ich kann nicht wissen, dass die Welt drei Jahre später durch eine Pandemie gezwungen sein wird, die Arbeit ins Homeoffice und Zusammenkünfte in den digitalen Raum zu verlagern. Aber ich fange an, mich zu wundern, warum wir modernen, angestellten Großstadtmenschen morgens immer noch das Haus verlassen, um *zur Arbeit zu gehen* – und es nie hinterfragen. Obwohl wir uns, um zur Arbeit zu kommen, in wirklich abstruse Situationen begeben.

1999

»Ich gehe zur Arbeit« heißt für mich im Jahr 1999, jeden Morgen in die Northern Line der Londoner U-Bahn zu steigen. Keine besonders erhebende Erfahrung: Die »Tube« besteht aus engen, schlauchartigen Waggons, ist immer extrem überfüllt, bleibt noch dazu ständig minutenlang in der Röhre stehen und transportiert täglich mehrere Millionen Menschen durch die Eingeweide der Stadt, wie ein gigantisches, unterirdisches Rohrpostsystem. Morgens fährt ein Zug nach dem anderen in die Station ein, an der ich warte, und die Züge sind schon beim Einfahren so voll, dass ich vor einer herausquellenden Wand von Körpern stehe, sobald die Türen sich öffnen. Keine Chance, da einzusteigen, denke ich. Und trotzdem mache ich es bald wie Millionen andere, routinierte Pendler: Ich drängle mich von außen an die Körpermasse, die Türen schließen sich mit einer schaufelartigen Bewegung und pressen die neu hinzugekommenen Körper einfach in die schon vorhandene Masse hinein. Alles, um zur Arbeit zu gehen.

Wenn ich aus der eigenen, klaustrophobischen Erfahrung Google-Maps-mäßig herauszoome und mir das große Bild der Zehn-Millionen-Stadt anschaue, sehe ich die Verkehrswege wie ein Adergeflecht, das den Organismus der Stadt durchzieht. Ich sehe, wie wir Großstadtbewohner morgens in die Stadt hinein- und abends wieder herausfluten. »Von A nach B« ist mehr als nur der Zwischenraum zwischen zwei Orten. Dieser Zwischenraum *ist die Stadt*. Und es ist der Zwischenraum, der Stress auslöst: Ich frage mich, wie viele

Tonnen Cortisol morgens und abends im Pendlerstau und in vollgestopften U-Bahnen durch die Adern der Menschen pulsieren. Auf
den Straßen herrscht Kampf, Enge erzeugt Aggression. Die vielen
negativen Emotionen – Wut, Ungeduld, Hass –, die sich im Gedränge
auf dem Arbeitsweg aufstauen, bringt der Arbeitnehmer morgens mit
zur Arbeit – und abends nach Hause. Wie würden sich das Büro- und
das Familienleben anfühlen, wenn der tägliche Weg von A nach B, der
Zwischenraum, sich veränderte? Welche Befreiung täte sich uns, den
Städten, den Familien, ja, der ganzen Gesellschaft auf, wenn wir in
unserem Arbeitsleben die Last der Orte, den Ortswechsel und den
zwangsweise entstehenden Mobilitätsbedarf nicht mehr tagtäglich
stemmen müssten! Im digitalen Zeitalter könnten wir unsere Arbeit
und unser Leben doch völlig anders organisieren! Nicht nur zur
Schonung der eigenen Nerven, sondern auch als klimaschonendes
Verhalten.

Eines Morgens – ich befinde mich mal wieder in einer besonders
verkeilten Verkehrssituation an der Kreuzung Prinzregentenstraße –
trifft mich die Erkenntnis wie ein Schlag: Wir folgen immer noch
blindlings einem Takt, der seit Anbeginn der Moderne gegeben ist!
Der Taktgeber ist die Arbeit. Um sie und die zweimal tägliche Massen-
migration herum sind unsere Städte konstruiert: durchzogen von
Einfall-, Ausfall- und Ringstraßen, Stadtautobahnen und U-Bahn-
linien. Und diese Infrastruktur geht zweimal täglich zu Spitzenzeiten
in die Knie: Die Schule beginnt Schlag acht, der Job um neun. Alle
verlassen *gleichzeitig* das Haus, fahren *gleichzeitig* los und müssen
gleichzeitig abends wieder zurück. Warum machen wir das schon so
lange mit, obwohl wir gar nicht müssten? Ich blicke die vor mir
liegende Straßenschlucht hinunter und frage mich, wie anders wohl
unsere Städte, unser gesamter Lebensraum aussähen, wenn wir diese
Gewohnheit veränderten. Ich ahne nicht, dass drei Jahre später
COVID-19 der Auslöser dafür sein wird.

DIE TERRESTRISCHE ORDNUNG

Aber es ist ja nicht nur der Weg von A nach B, der im digitalen Zeitalter wegfällt. Nachdem ich mich einige Zeit über den morgendlichen Stau und die Stoik, mit der ich und alle anderen das hinnehmen, gewundert habe, wird der Gedanke noch mal eine Stufe größer, macht ein Upgrade:

Befreit nicht das digitale Zeitalter die Arbeit – und übrigens auch alles andere, was wir tun – von den Orten selbst?

Jahrtausendelang hat der Mensch sein gesamtes Leben nach einer *Logik der Orte* organisiert, die in der echten Welt verankert war. Die simple Idee dahinter ist, dass man bestimmte Dinge an bestimmten Orten tut. Und genau dafür sind die Orte gebaut worden. So sind, seit der Mensch vor ungefähr zehntausend Jahren sesshaft geworden ist, Behausungen, Siedlungen, Dörfer und irgendwann Städte entstanden, in denen man lebte, um sein Vieh zu züchten und Getreide anzubauen. Man errichtete Kirchen, um zu beten und in der Gemeinschaft zusammenzukommen. Marktplätze, um zu handeln, und Schulen, um einen Ort zu schaffen, an dem junge Menschen lernen konnten; und Bibliotheken, um das Wissen zu verorten.

Später, zu Zeiten der Industrialisierung, entstanden großflächige Landstriche, in denen Tagebau oder Stahlbau betrieben wurde, und für die die Menschen ihre Heimat verließen, um sich rund um die Arbeit anzusiedeln.

Das war die Weltordnung, in der meine Schwester und ich aufgewachsen sind: Unser Leben spielte sich zwischen unterschiedlichen Orten ab. Morgens in die Schule, nachmittags in die Musikschule, Sport in der Turnhalle; zum Einkaufen in ein Geschäft. Zuhause: ein Haus mit Garten. *Wo* dieses Zuhause war, das hatten unsere Eltern so ausgesucht, dass es nah an der Arbeitsstätte unseres Vaters lag – dafür zog unsere Familie nach München, in die Nähe zu Flughafen und Messegelände. Im Rückblick realisiere ich, dass das, was wir immer als Heimat empfunden haben, letztendlich auch einer der Orte war, der an die Arbeit gekoppelt ist.

Was bedeutet dann *Heimat*?

Ein Gespräch mit einem Bekannten liefert mir eine mögliche Antwort auf diese Frage. Er hat viele Jahre als Führungskraft in einem Konzern in einer deutschen Großstadt gearbeitet. Vor einigen Monaten ist er mit seiner Frau auf eine Insel gezogen. Er erzählt mir, dass er beschlossen hat, zum ersten Mal in seinem Leben an den Ort zu gehen, wo er *leben* möchte. Nicht länger den Ort nach dem *Arbeitsplatz* auszusuchen. *Arbeiten*, das tut er über Telefon, Mail, Skype, Cloud. *Leben* tut er auf Mallorca. Er hat das Potenzial der Digitalisierung erkannt, sich konsequent befreit und so seine wahre Heimat gefunden. Das ist eine dieser Geschichten, die die Digitalisierung schreibt – die man aber vor lauter technologischer Buzzwords übersieht. Wir können uns im digitalen Zeitalter wirklich von *allen* Orten befreien – sogar vom Zuhause, wenn wir das wollen. Das ist die wahre Bedeutung des Begriffs »digitales Nomadentum«.

Auf einmal sehe ich die Welt nur noch als eine Ansammlung von Orten, alle fein säuberlich in Boxen aus Ziegel und Mörtel gepackt und mit einer eindeutigen Funktionsbeschreibung versehen. Unser Leben besteht aus unterschiedlichen Tätigkeiten in diesen Boxen – und der Zeit, die wir brauchen, um zwischen den Boxen zu pendeln. Nach langem Nachdenken habe ich einen neuen Blick auf die Welt erlangt. Ich nenne dieses Bild der Boxen die »terrestrische Ordnung«. Eine Ordnung, die jahrtausendelang den Lebensraum der Menschen strukturiert hat – um sich jetzt, im digitalen Zeitalter, gewaltig zu verschieben. Was wäre, wenn dies alles wegfiele? Wie strukturieren wir unser Leben, wenn die terrestrische Ordnung sich auflöst?

Wenn uns die digitalen Technologien *ortsunabhängig* machen und wir die Orte nicht mehr brauchen, müssen diese ihre *Daseins-*

berechtigung neu unter Beweis stellen. Wann immer die Menschen, ohne zu hinterfragen, am alten Modell festhalten, bringt das wenig Konstruktives hervor: Gejammer – wenn der stationäre Handel den bald bevorstehenden Untergang ankündigt, »wegen E-Commerce«. Oder, wie ich es jeden Tag in meiner Büro-Box beobachten kann: alte Rituale, an denen wir aus Gewohnheit festhalten, die aber längst innendrin hohl geworden sind.

Auf meiner Suche führt mich eine geschäftliche Reise nach Hamburg. Ich bin in einem kleinen, hippen Hotel untergekommen, im »Henri«, im Hamburger Kontorhausviertel. Das Hotel gefällt mir auf Anhieb sehr gut: in der Lobby eine Bar im 1960er-Jahre-Stil, an der man nicht überrascht wäre, Don Draper aus »Mad Men« anzutreffen. Gegenüber ein kleiner Sekretär, auf dem neben einer schwarzen Schreibtischlampe zwei Geräte stehen: ein iMac und eine pastellfarbene Schreibmaschine mit dem verchromten Schriftzug »Triumph«. An der Wand neben dem Aufzug ein weiteres Zitat einer längst vergangenen Epoche: eine schwarze Tafel, auf der mit weißen Steckbuchstaben ein Wegweiser des ehemaligen Bürogebäudes mit altmodischer Benamung der Abteilungen stehen geblieben ist. Während ich auf den Aufzug warte, denke ich: »Ja, so übersichtlich haben wir uns die Welt früher eingeteilt – jede Tätigkeit ein Stockwerk.« Die Architektur ist praktisch um die alte Welt- und Arbeitsordnung herum gebaut. Erdgeschoss: Finanzverwaltung. 1. Stock: Personalabteilung. 2. Stock: Buchführung. 3. Stock: Bauabteilung, Rechnungsamt. 4. Stock: Archiv. Dachgeschoss: Hauswart, Mitarbeitervertretung, Presse- und Rundfunkstelle.

In meinem Zimmer – 3. Stock, Rechnungsamt – geht die Reise in die begehbare Bürovergangenheit weiter. Auf dem Schreibtisch ein schwarzes Schellack-Telefon mit Wählscheibe, daneben einige drapierte Aktenstapel. Das augenscheinlichste Nostalgie-Zitat ist jedoch die Tapete: Auf olivgrünem Untergrund sind die Insignien der alten Büroarbeit zu einem wiederkehrenden Muster angeordnet. Schreibmaschine, Telefon, Rollkartei, Stempel, Tintenfass, Airmail-

Kuvert, Karteikarte, Aktenordner, Hornbrille. Alles an diesem Ort scheint eine alte Welt zu zitieren und sie in eine augenzwinkernde Nostalgie zu hüllen: Eine Welt, die nicht mehr existiert. Die alten Orte der Arbeitswelt sind längst bevölkert mit neuen, zeitgemäßen Formaten – wie das Hipster-Hotel, in dem ich abgestiegen bin.

Beim Frühstück gibt ein bedrucktes Papierset auf meinem Tisch Auskunft über die nähere Umgebung des Hotels. Ein Satz lässt mich aufmerken: »Im Kontorhausviertel wurden vor ungefähr einhundert Jahren das Bürohaus, das Büro und somit auch unsere Art zu arbeiten – die Büroarbeit – erfunden«. Das Büro ist also keine natürliche Umgebung, die »schon immer da war«! Es ist noch gar nicht so lange her, dass das Büro und die Büroarbeit erfunden wurden. Ich bin offensichtlich unversehens an einem Ort gelandet, wo ich den Prototyp besichtigen kann – das will ich mir genauer ansehen.

Statt weiter an meiner PowerPoint-Präsentation zu arbeiten, begebe ich mich ins echte Leben (das direkt vor der Haustür liegt). Ich schreite die mit rotem Teppich bespannte Treppe des Hotels herab, zweimal nach links, über die große Steinstraße, folge der Mohlenhofstraße, stehe bald darauf auf dem Burchardplatz und schaue auf die eindrucksvolle Klinkerfassaden-Architektur des von Fritz Höger in den 1920er-Jahren erbauten Chilehauses. Hier stehe ich direkt vor dem Entwurf eines neuen Lebens- und Arbeitsmodells!

Wie so oft, wenn ich mit Dingen konfrontiert bin, die aus einer anderen Zeit stammen, versuche ich sie mit offenen Augen zu betrachten. Nicht einfach nur alte Sachen und alte Häuser anzuschauen. Sondern in ihnen die neue Idee, die Innovation zu sehen, die sie einmal gewesen sind. Dass der Schöpfer dieser Dinge seinerzeit gedanklich »ganz weit vorne« gewesen ist und das Gefühl hatte, einen Meilenstein zu schaffen. Was war die *Idee* dieses neuen Gebäudetypus und des gesamten Kontorhausviertels?

Zuvor war das südöstliche Gebiet der Hamburger Altstadt ein über Jahrhunderte wild gewachsenes Gewirr aus Gassen und Fleeten, ein buntes Tohuwabohu von Handwerksbetrieben und Behausungen der Menschen, die im Viertel lebten und arbeiteten, mit Straßenhändlern, aufgehängter Wäsche, schmutzigen, spielenden Kindern mit aufgeschlagenen Knien, die in Horden umherrannten. Alles passierte im Umkreis von wenigen Kilometern, sozusagen in Rufweite. Arbeit und Leben waren damals eng miteinander verwoben.

Diese alte, gewachsene Stadtstruktur stieß jedoch irgendwann an ihre Grenzen: Immer wieder gab es verheerende Brände; der schwerwiegendste »Große Brand« vernichtete im Mai 1842 weite Teile der Altstadt. Ein halbes Jahrhundert später rollte die letzte große Choleraepidemie durch Hamburg – das eng bebaute Gängeviertel war eine ideale Brutstätte für die Seuche. Danach wurde klar, dass das Gebiet großflächig saniert werden musste. Auf dieser Basis entstand die Idee für die Kontorhäuser und das Kontorhausviertel: Sie waren der architektonische Entwurf eines Modells, das *Arbeit und Leben voneinander trennte*. Wohnungen und das »normale Leben« wurden aus dem Viertel verbannt, die ursprünglichen Bewohner mussten in neue Wohnbezirke ausweichen. Auch die Lagerung wurde ausgegliedert, dafür wurde die Speicherstadt erbaut.

Meine Reise nach Hamburg und die zufällige Entdeckung des Kontorhausviertels führen mir eines klar vor Augen: Vor einhundert Jahren wurden die Arbeits- und Stadtstrukturen geschaffen, *in denen wir uns bis heute bewegen!* Das Hamburger Beispiel folgte dabei einem Vorbild größeren Ausmaßes, von der anderen Seite des Atlantiks: In Nordamerika waren die Kontorhäuser aufgrund der steigenden Grundstückspreise kurz nach ihrer Einführung bald nicht mehr zweckmäßig; in Chicago und New York entstanden zu dieser Zeit schon die Skyscraper, die sich in den Stadtzentren vielgeschossig in den Himmel erhoben.

Die Ordnung der Städte, Straßen, Bürogebäude und Büroarbeit, innerhalb derer wir uns bis heute bewegen, war einst die richtige Antwort auf die Probleme einer vergangenen Zeit. Heute ist die Lösung von damals zur Last geworden. Weil sie uns daran hindert, uns im digitalen Zeitalter freier zu bewegen und freier zu denken.

NINE TO FIVE

Zurück in München gehen mir die Bilder aus Hamburg noch durch den Kopf. Als ich am nächsten Morgen mit meinem Auto in die Tiefgarage des mehrstöckigen Bürogebäudes fahre, parke, unter den Neonröhren entlang gehe und wenig später den Knopf zum Aufzug drücke, stelle ich mir vor, wie vor einhundert Jahren die braven Kontoristen mit pomadisiertem Mittelscheitel, gebügeltem Hemd und Jackett morgens in ihre Kontore strömten, um, tief über ihre Schreibpulte gebeugt und mit dem Zwicker auf der Nase, ihrer Kontorarbeit nachzugehen. Der Aufzug setzt sich in Gang und befördert mich in den 5. Stock hinauf, und ich denke währenddessen darüber nach, dass der terrestrische Begriff »Arbeitsplatz« wahrscheinlich genau dieser Zeit entstammt. »Arbeitsplatz«, das ist die Verbindung von Arbeitskraft und Arbeits*ort*. Der »Arbeitsplatz« ist bis heute gleichzusetzen mit dem Modell der Festanstellung.

Heute, im digitalen Zeitalter, kann der Arbeitsort überall sein – der Laptop, mit dem ich arbeite, kann genauso gut im Homeoffice oder, wie bei meinem Bekannten auf Mallorca, auf einem Bistrotisch in einem Café in Palma stehen. Aber wenn der »Platz« wegfällt – kann man dann überhaupt noch von »Arbeitsplatz« sprechen? Ich durchquere das gesichtslose Treppenhaus zur Eingangstür des Büros und halte den Chip an den Scanner – das Schloss öffnet sich mit einem leisen Summen, ich gehe hinein in den fensterlosen Flur, die Tür fällt hinter mir ins Schloss. Als ich den Cappuccino-Knopf des Kaffeeautomaten drücke, der daraufhin alle möglichen Summ- und Mahlgeräusche von sich gibt, fällt es mir plötzlich wieder ein: mein erster Arbeitsplatz – und was für ein Schock es für mich war, als ich meine Freiheit verlor.

Als Designstudenten leben wir sehr frei. An der Hochschule arbeiten wir tagsüber an Gestaltungsprojekten und diskutieren nachts, wie wir die Welt verändern wollen. Ich studiere ein Semester in London, organisiere dort eine kleine Konferenz mit Designern aus Deutschland, England und Island und spiele nachmittags Frisbee im Park. Ich reise nach Tel Aviv, um die dortige Bauhaus-Architektur zu sehen, arbeite den ganzen Sommer in Süditalien als Reiseleiterin und schlafe am Strand unter freiem Himmel. Im Herbst kellnere ich auf dem Oktoberfest und tauche für diese verrückten zwei Wochen in die eingeschworene Gemeinschaft der wandernden Gastronomaden und Schausteller ein.

Und doch stelle ich nach dem Studium, als mein Denken so groß und meine Perspektive so weit sind und mir die Welt offen steht, nicht infrage, festangestellt in einem Büro zu arbeiten. Mein Weg führt mich als Berufsanfängerin in die Weltstadt London, die glitzernde Millionenmetropole an der Themse. Aber de facto führt er durch die Eingeweide der Stadt jeden Morgen in ein Souterrain-Büro in Islington. Der Blick nach draußen: eine Betonrampe, hinter der ein dunkler Hinterhof liegt. Drinnen Neonröhren an der Decke, die den ganzen Tag angeschaltet bleiben. Am Boden ein beigefarbener Teppich. Der mittelgroße Raum vollgestellt mit Schreibtischen, an jedem Arbeitsplatz ein großer, kistenförmiger Monitor, Tastatur, Maus.

Ich erinnere mich noch genau an das Gefühl, mit dem ich nach den ersten Tagen als Vollzeitangestellte abends meinen Arbeitsplatz verlasse: Hier, in diesem Souterrain-Büro, an diesem Schreibtisch, vor diesem Computer, soll ich jetzt jeden Tag, den ganzen Tag, sein? Manchmal, wenn ich nach acht oder mehr Stunden Arbeit aus dem dunklen Keller in die Abendsonne trete, bin ich desorientiert. Draußen tobt das Leben, und ich bin im Büro – vom Rest der Welt wie abgeschnitten. Aber das größte Gefängnis, das entsteht im Kopf: Alles, über das ich zuvor verfügte – eine unglaubliche Bandbreite an Dingen, die ich aus Eigeninitiative tat und miteinander verwob, an den Orten, zu denen es mich hinzog – ist geschrumpft auf meinen Arbeitsplatz und meine daran gekoppelte Job Description. Das ist die Zäsur in meinem Lebenslauf: als meine Arbeit und mein Leben voneinander getrennt werden. Warum habe ich mich in dieses Modell so viele Jahre gefügt, ohne es zu bemerken?

Ich schrecke hoch, als ein ungeduldiger Kollege sich hinter mir räuspert. Ich starre immer noch in meinen fertig zubereiteten Automaten-Cappuccino, als könne ich aus dem Milchschaum die Antwort lesen wie in einem Rohrschachtest – aber ich kann nichts erkennen. Stattdessen begegnet mir einige Tage später ein Buch. Mein Freund Peter hat es mir geschenkt, es heißt »Anleitung zum Müßiggang«, von Tom Hodgkinson. Etliche Jahre stand es in meinem Bücherregal, mit all der Weisheit, die es enthält, ohne dass ich es beachtet hätte. Ich weiß nicht genau, welcher Zufall es mir ausgerechnet jetzt in die Hände spielt. Aber es zeigt mir genau das, was ich suche.

Tom Hodgkinsons Initialzündung war die Kündigung – er wurde gefeuert. Seines Arbeitsplatzes beraubt geriet er ins Grübeln: Raus aus dem Hamsterrad, fragte er sich, ob er überhaupt wieder rein wollte. Und fing an, aus seiner neu gewonnenen Außenperspektive heraus unsere Lebens- und Denkweise zu hinterfragen: den uns eingeimpften Leistungsdrang, das Effizienzdenken, das uns allen in Fleisch und Blut übergegangen ist, unseren Zwang, immer etwas *tun* zu müssen; die Tatsache, dass wir alle Erfolg und Status so hinterherhecheln und uns ständig im Wettbewerb befinden; und insgesamt unsere westliche Denkweise, immer auf eine nahe, entfernte oder unerreichbare Zukunft hinzuarbeiten, die wie eine Karotte vor unserer Nase herumbaumelt – Quartalsergebnisse, strategische Ziele, Jahresurlaub, Bausparen, die Rente – aber so wenig auf die Qualität des Augenblicks zu geben.

Tom Hodgkinson entlarvt in seiner »Anleitung zum Müßiggang« alle Gefängnisse, die wir uns selbst errichten und in die wir uns fügen. Zum einen unsere hektische, moderne Lebensweise, die schon morgens mit dem chronisch mürrischen Pendlerdasein und Coffee to go beginnt und mit der wir immer weiterhetzen. Zum anderen aber auch das

Angestelltendasein, in dem wir, für scheinbare Sicherheit und Planbarkeit, unsere Träume begraben und einen Großteil unserer Zeit an einen Arbeitgeber verkaufen – nur um fortan tagein, tagaus die Mittagspause, den Feierabend und den Urlaub herbeizusehnen.

Fasziniert lese ich, dass der Arbeitsplatz oder »Job« als relativ neue Erscheinung aus der Industriellen Revolution hervorging. Als Kapitalisten anfingen, Werkhallen mit Maschinen einzurichten, mussten sie Planungssicherheit für deren Auslastung und ergo eine streng normierte Arbeitsleistung sicherstellen. Dafür brauchten sie zunächst einmal genug Leute vor Ort. Aber mit dem Modell untrennbar verbunden war noch eine weitere Dimension: *die Zeit.* Das war die Geburtsstunde der Stechuhren, der Schichtarbeit, des »9 to 5« und Benjamin Franklins Motto »Zeit ist Geld«. Deswegen sind am *Arbeitsplatz,* der aus dem Industriezeitalter hervorging, *Ort und Zeit* untrennbar miteinander verbunden.

Doch die wahre Veränderung, die mit diesem Modell »9 to 5« einhergeht, passiert im Kopf der Menschen, sobald sie *fest angestellt* sind: Die gesamte Zielsetzung, nach der sie ihre Arbeit ausrichten. »Früher orientierten sich die Menschen *an ihren Aufgaben,* statt sich an einen Job von neun bis fünf binden zu lassen«, lese ich. Geht es bei der Arbeit um die *Sache?* Oder darum, *die Zeit herumzubringen?* Mir fällt eine Geschichte ein, die mir mein Vater einmal erzählt hat. Als Maschinenbaustudent arbeitete er in einer Metallwerkstatt, in der die Arbeiter den ganzen Tag Teile anzeichneten, um sie danach aus großen Metallplatten auszufräsen. Eines Tages fertigte er Schablonen an. Mithilfe derer, erklärte er dem Vorarbeiter, würde es schneller gehen, da sie nicht jedes Teil einzeln bearbeiten müssten. Woraufhin er einen Rüffel kassierte und der Vorarbeiter die Schablonen in den Müll warf, mit der Bemerkung, dass sie ja irgendwie ihre Zeit herumbringen mussten.

Das Modell bestimmt die Maxime, nach der die Arbeitenden ihre Bemühungen ausrichten. Wenn das Modell ein zeitbasiertes ist (wie alle »Vollzeit«-Jobs), dann richten die Menschen ihre Handlungen danach aus, die *Zeit* herumzubringen. Tom Hodgkinson erzählt dazu

|

eine Anekdote von einem Mittagessen in Paris mit französischen Geschäftspartnern. Das mehrgängige Essen wollte schier nicht enden, als Hodgkinson langsam nervös wurde. Er fragte sich, wann denn das Business-Meeting endlich starten würde, weil er pünktlich seinen Eurostar zurück nach London erreichen musste. Als er die Franzosen höflich darauf aufmerksam machte, grinsten sie und sagten: »*Travailler moins, produire plus*« – es ging ihnen darum, weniger zu arbeiten, dafür aber mehr zu produzieren. Sie behielten recht: Das Mittagessen hatte das Eis gebrochen, die halbe Stunde, die ihnen für die Arbeit blieb, reichte völlig aus, um die wesentlichen Punkte der Zusammenarbeit zu besprechen. Wenn sie sich eineinhalb Stunden Zeit genommen hätten, dann hätte die Aufgabe diese Zeit gefüllt. »Eine Arbeit beansprucht genau die Zeit, die zur Verfügung steht«, schreibt Tom Hodgkinson. Wie oft beobachte ich an mir, dass ich innerhalb von fünf Minuten genauso viel zu Papier bringe wie in geschlagenen drei Stunden, in denen ich auf mein Keynote-Template starre.

»*Travailler moins, produire plus*« – ein kleiner Satz in einem Buch, der es bei näherer Betrachtung in sich hat. Denn er stellt die Zeitlogik unserer Arbeit infrage. Das Digitalzeitalter hat es offensichtlich an sich, dass es physikalische Dimensionen sprengt, die uns die letzten Jahrhunderte die Welt erklärt und in deren Logik wir uns gefügt haben. Aber was passiert, wenn diese wegfallen? Wenn wir uns von der terrestrischen Ordnung befreien können, dann können wir uns doch auch vom damit verbundenen *Zeitmodell* lösen, vom »9 to 5« und vom »Zeit ist Geld«. Und uns endlich wieder auf den Inhalt, auf die *eigentliche Aufgabe* konzentrieren.

Das würde uns helfen, das wiederzuerlangen, was uns im Industriezeitalter verloren gegangen ist: ein *natürlicher, menschlicher Arbeitsrhythmus*. In vorindustriellen Zeiten waren Arbeit und Leben organisch eng miteinander verwoben: Arbeiten und Muße, Haushalt und Familie sowie Dienste für die Gemeinschaft. Der Vollzeit-Arbeitsplatz und eine Arbeitswelt an festen Arbeitsorten mit festen Arbeitszeiten treiben einen Keil zwischen Arbeit und Leben: Sie trennen die

Väter von ihren Familien, die Mütter von der Arbeit, die Männer von den Frauen, die Kinder von den Eltern und die Generationen voneinander. Statt diesen Systemfehler zu sehen, diskutieren wir über *Work-Life-Balance*; und versuchen, in unseren kleinen Leben, auf unseren schmalen Schultern und mit dem uns eingeimpften Leistungsprinzip, zu beweisen, »das alles« stemmen zu können: erfolgreich im Beruf UND eine Familie haben. Dabei können wir, trotz Aufwendung all unserer persönlichen Kraft, nur daran scheitern: ein Modell zu vereinen, dessen Idee von Anfang an eben *genau auf dieser Trennung beruht!*

Das, was die Menschen im industriellen Zeitalter wirklich verloren, war jedoch noch etwas viel Größeres: ihre Freiheit. Vor der Erfindung der Feinspinnmaschine im 18. Jahrhundert konnten die englischen Weber selbst bestimmen, wann und wie sie arbeiteten. Aber nicht nur, weil sie Herr über ihre *Zeit*, sondern auch, weil sie Herr über das *Wissen* waren. Ihnen gehörte der gesamte Produktionsprozess: Sie webten das Tuch und sie verkauften es. Die Maschinen raubten ihnen das alles aus ihren Händen und Köpfen. »Werkstätten wurden zu Manufakturen und dann zu Industrien; Selbstständige wurden zu Arbeitnehmern; Familien begannen, von Löhnen zu leben und die Lebensmittel zu kaufen, die sie in früheren Generationen selber angebaut hatten. Mag sein, dass sie nun mehr Geld verdienten, aber ihrer Lebensqualität wurde ein Schlag versetzt. Arbeit im Einklang mit den Jahreszeiten, die Uhrzeit am Sonnenstand erkennen, Vielfalt, Abwechslung, Eigenregie: All dies wurde durch eine brutale, genormte Arbeitskultur ersetzt, an deren Auswirkungen wir noch heute leiden«, so Tom Hodgkinson.

Können wir uns im digitalen Zeitalter wieder von den starren Modellen und einer Arbeitskultur befreien, die Arbeit und Leben so gnadenlos trennt? Können wir Wissen, Arbeit und Leben wieder mehr miteinander *verweben*? Eines jedenfalls steht für mich fest: Ich will mich von meinem Arbeitsplatz befreien. Ich will frei entscheiden, wo und wann ich arbeite. Und was.

DIGITALE NOMADEN

In den nächsten Tagen spule ich weiterhin meine Wege zwischen
Arbeit und Leben ab, wie Millionen andere – Auto, Stau, Tiefgarage,
Aufzug, Kaffeemaschine, Schreibtisch, Meeting und vice versa.
Aber ich beginne, die Strukturen klarer zu sehen, in denen ich mich
bewege: Die Menschheit hat die terrestrische Ordnung geschaffen,
die Idee, dass man Orte braucht, um bestimmte Dinge zu tun. Im
digitalen Zeitalter ist diese Koppelung ebenso unnötig wie die Wege
von A nach B. Auch die Verknüpfung von Ort und Zeit ist mittlerweile
obsolet, das Arbeitsmodell, das aus dem Industriezeitalter hervorging; trotzdem verharren wir auch hier in der alten Logik, die Arbeit
und Leben trennt.

Ist das nicht die Tragik des Menschen? Dass er sich selbst diese
Gefängnisse errichtet, um darin fortan unglücklich zu sein? Schon vor
zehntausend Jahren, schreibt der Universalwissenschaftler Yuval Noah
Harari in »Eine kurze Geschichte der Menschheit«, gab der Mensch
das erste Mal seine Freiheit auf, als er sesshaft und zum Ackerbauer
wurde – sozusagen der erste Vollzeitjob des Homo sapiens: Mit
Kornfeldern und Viehzucht errichtete er sich ein System, das er
fortan bedienen musste. Denn das Korn musste gesät, gepflegt und
geerntet, gelagert, verarbeitet und gegen Ungeziefer und Diebe
verteidigt werden. Viele Verpflichtungen; viel Freiheit, die er aufgab –
für ein kleines bisschen Sicherheit und Planbarkeit. Und das war der
Preis, den er zahlte: Er war nicht Herr des Systems, sondern das
System beherrschte von Anfang an ihn. Unser Leben ist voll von
solchen Gefängnissen, die wir uns selbst errichten – in der digitalen
genauso wie in der analogen Welt.

Ich sitze an meinem Rechner und arbeite an einer Präsentation
für das alljährliche, standortübergreifende Team-Meeting am nächs-

ten Tag; doch meine Gedanken schweifen immer wieder ab. Es geistert dieses Buzzword durch die Medien, das der »digitalen Nomaden«. Meistens wird dieses Bild benutzt, um irgendwelche Freelancer oder Internetunternehmer zu porträtieren, die mit dem Laptop in Thailand oder in Bali am Strand sitzen. Aber es steckt mehr dahinter. Es liegt eine alte Sehnsucht in dem Ausdruck »digitaler Nomade«.

Er erinnert uns an die Anfänge der Menschheit und die damalige Daseinsform des Menschen: leichtfüßig und frei, mit wenig Gepäck, unter freiem Himmel umherzuziehen – immer dahin, wo die Jagdgründe gut sind. »Unser wahrer Daseinszustand ist der eines Nomaden!«, denke ich. Das steckt in unseren Genen, so sind wir konstruiert. Ist das, was wir gerade erleben, so groß? Befinden wir uns an der Schwelle zu einer neuen Evolutionsstufe? Kehren wir im Digitalzeitalter zu unserer wahren Daseinsform zurück? Zehntausend Jahre, nachdem wir durch die landwirtschaftliche Revolution sesshaft geworden sind? Und einhundert Jahre, nachdem die Industrielle Revolution uns an feste Arbeitsplätze gebunden hat?

Am nächsten Morgen stehe ich, wenige Minuten, bevor meine Präsentation beginnt, am Rednerpult eines Konferenzraumes in einem gesichtslosen Business-Hotel in der Mitte von Deutschland. Mir fällt auf, dass die Akustikpaneele eine regelmäßige Struktur ergeben; entlang der Mittelachse des Raums sind Lüftungsöffnungen eingelassen; in jedem zweiten Paneel ist zudem ein Halogenstrahler verbaut, von denen einer mir sehr unangenehm von oben genau ins Gesicht leuchtet. Ich blicke nach vorne und nachdenklich auf die Kollegen

auf den gepolsterten Metallstühlen, die miteinander schwatzen. In der Mitte haben sich die Designer versammelt, rechts sitzen die technischen Entwickler und Ingenieure. Daneben die Buchhaltung und das Office Management in einem homogenen Block; im linken Flügel hat sich der Vertrieb zu einer Gruppe zusammengefunden. In der vordersten Reihe sitzt die Führungsebene. Ich starre ins Auditorium, während sich eine zweite Ebene über das Bild vor meinen Augen legt, wie das augmentierte Interface, das Tony Stark in seinem

Helm eingeblendet sieht, wenn er als Iron Man operiert. Auf dieser Ebene sehe ich ein Organigramm. Die Kollegen haben in ihrer Sitzordnung unbewusst *das perfekte Abbild der Organisationsstruktur ihres Unternehmens gespiegelt.* Die Struktur bestimmt, wie die Menschen sich im Raum bewegen, mit wem sie sprechen und wo sie ihren Platz finden.

Sicher, es gibt auch Momente, in denen die Menschlichkeit durchblitzt. In denen zwei Menschen zusammenkommen und abseits ihrer formalisierten Rollen aufeinander zugehen, sich gegenseitig Trost zusprechen. Doch dazu muss man die Arena verlassen und die eher geheimen Orte aufsuchen. Einmal, in meinem ersten Job als Designerin in England, in dem es zwischenmenschlich eher rau zuging, schlich ich mich aufs Klo, um nach einem Anpfiff vom Chef heimlich zu weinen; dort traf ich auf meine Kollegin Gail – cool, tough und kurzhaarig. Sie zog zu meinem Erstaunen völlig routiniert eine Packung Augenpads aus ihrer Handtasche, riet mir, diese unverzüglich aufzulegen, gegen die roten Augen und die Schwellung, und meinte abschließend noch: »Don't worry, darling. We all have our bathroom moments.«

Aber sehr oft bringen die Strukturen dann doch eher negative Emotionen hervor. Lange habe ich es gar nicht bemerkt, aber das permanente Strukturgerangel im Büro hat mich über Jahre enorme Energie gekostet. Sobald ich morgens meinen Fuß über die Schwelle des Büros setze, werde ich fortgerissen von den Strömungen, Stimmungen und Grabenkämpfen der Kollegen. Sperre mehrere Menschen in einen Raum und sie fangen an, zu rangeln, das ist wie im Hühnerstall. Denn viel mächtiger als die Mauern, aus denen unsere Büros gebaut sind, sind die unsichtbaren Strukturen, dazu errichtet, die Rangordnung im Unternehmen zu organisieren: horizontale Abteilungssilos und vertikale Hierarchien; der *Job Title*, der auf Visitenkarten und im LinkedIn-Profil zur Schau gestellt wird, ist nichts anderes als der Punkt im Koordinatensystem, an dem man sich in dieser Matrix einordnet – wie wichtig man ist. Je stärker diese Systeme ausgeprägt sind, desto mehr neigen sie im Laufe der Zeit dazu, zum Selbstzweck zu werden.

Die Menschen in diesen Strukturen haben eine urmenschliche Eigenschaft verloren: ihre Begeisterung. Ihre Überzeugung. Und den Glauben daran, dass sie selbst etwas beitragen und verändern können. Wer kann es ihnen verübeln? Die feste Unternehmensstruktur treibt ihnen schnell jeden individuellen Initiativgedanken aus. Was man zu sagen hat, wird durch den *Job Title* festgelegt.

Die alten, industriellen, hierarchischen Strukturen, in denen wir uns bis heute bewegen, regen nicht zum eigenständigen Denken an. Das ist mir deutlich aufgefallen, je höher ich selbst in dieser Struktur nach oben vorgestoßen bin und je mehr Mitarbeitergespräche ich führe: Die Kollegen wollen mit mir über »ihre Rolle« in der Struktur sprechen. Ich kann es nicht mehr hören – »die Rolle« ist das eigentliche und einzige Thema.

Die Struktur in vielen Unternehmen inspiriert also ihre »Bewohner« nicht zu der Frage »Wie kann ich die Sache/das Projekt/das Unternehmen voranbringen?«, sondern vielmehr zu »Womit kann ich mich in meiner Rolle am besten profilieren, um weiterzukommen?«. Hierarchien machen aus Idealisten Opportunisten. Aber wie müsste andersherum eine Struktur aussehen, die das Beste im Menschen hervorbringt?

Das Problem liegt in der Struktur selbst. Wie oft habe ich erlebt, dass hochmotivierte, neu eingestellte Mitarbeiter kommen, mit klarem Blick von außen und vielen konstruktiven Vorschlägen, was man anders machen könnte. Und wie schnell hat es die Struktur geschafft, den frischen Ankömmling auflaufen zu lassen, zurechtzustutzen und sein inneres Leuchten auszulöschen. Die Struktur ist vor allem auf eines ausgerichtet: sich selbst zu erhalten. So müssen störende Elemente eingeschliffen werden. Was nicht passt, wird passend gemacht. Das Gleiche gilt für interne Projekte: Wie oft habe ich beobachtet, dass gute Ideen gnadenlos in Meetings zerredet werden, je mehr Leute »ins Boot« geholt werden. Es ist immer dasselbe: Sobald jemand »etwas macht« und Initiative ergreift, sind alle damit beschäftigt, dagegen zu sein. Neben dem bekannten »not invented here«-Syndrom – dass man die Ideen anderer vor allem deshalb nicht gut findet, weil man selbst sie nicht gehabt hat – steckt auch die Struktur dahinter: Bewohnern der Struktur ist es wichtiger, den eigenen Einflussbereich in der Struktur sicherzustellen, als *die Sache* voranzubringen.

Ich schrecke hoch, als die Projektmanagerin mich am Arm berührt. Es ist Zeit für meinen Vortrag. Ich klappe mein MacBook auf – die Titelfolie erscheint auf dem großen Beamerbild hinter der Bühne –, trinke einen Schluck Wasser und wende mich den Zuhörern im Konferenzraum zu.

Ich steige mit einem Fallbeispiel aus einer aktuellen Ausschreibung ein. Ich habe lange darauf hingearbeitet, dass dieses Thema bei uns landet. Die Anfrage stammt nicht aus den Konzernbereichen, die wir normalerweise bedienen, sondern aus einer ganz anderen Abteilung. Wir haben dadurch nicht nur einen neuen Anwendungsbereich unserer Leistung identifiziert; darüber hinaus könnten sich unser gesamtes Leistungsportfolio und unsere Beratungskompetenz enorm weiterentwickeln – eine neue Richtung auf unserem Innovationspfad! Diese Präsentation ist mir ein echtes Anliegen. In ihr steckt mein letzter Tropfen Herzblut, es ist ein letztes Aufbäumen meines Engagements. Ich setze alles auf eine Karte. Ich will das Feedback meiner Kollegen, ihre Meinung, ihre Erfahrungen. Ich hoffe auf einen konstruktiven Austausch und Diskussionen.

Das Gegenteil geschieht. Während meines gesamten Vortrags blicke ich in ausdruckslose Gesichter. Danach: keine Reaktion. Ich stehe noch an dem Tisch neben dem Rednerpult, stöpsle meine Adapter ab, rolle mein Stromkabel ein und verräume mein MacBook, als ein Kollege aus dem Business Development, ein smarter Typ mit frühzeitig ergrauten Haaren, im Stechschritt auf mich zukommt. »Danke für Ihren Vortrag«, sagt er, »aber das wird niemals funktionieren. Dafür sind wir doch strukturell gar nicht aufgestellt.« Diese Bemerkung ist niederschmetternd. Aber mir wird gleichzeitig schlagartig klar, dass er so argumentieren muss. Denn er beurteilt ja nicht die Sache an sich – er argumentiert aus der Struktur heraus! Deshalb auch die deutlich spürbare Ablehnung der versammelten Mannschaft – die Kollegen waren wie eine Wand, die sich unüberwindbar vor mir auftürmte. Sie müssen so reagieren. Jeder, der in der Struktur einen Vorstoß wagt, ist per se verdächtig – er gefährdet die Struktur.

An diesem Abend liege ich lange wach. Meine Gedanken drehen sich im Kreis. Die Unternehmensstrukturen sind zum Selbstzweck geworden: Sie verleiten die Menschen in diesen Strukturen dazu, sich nicht der Sache zu verschreiben, sondern der Struktur zu dienen. Die vertikalen Hierarchien, Abteilungssilos und Job Titles animieren dazu, gegeneinander zu arbeiten, statt an einem Strang zu ziehen; sie verhindern Eigeninitiative, selbstständiges Denken und somit eine gesunde, evolutionäre Weiterentwicklung des Unternehmens aus dem Inneren heraus. Sie schlucken einen Großteil der Energie, die ansonsten für die Sache investiert werden könnte.

Während ich an die Decke starre, denke ich an ein Gespräch, das ich neulich mit einem alten Weggefährten geführt habe; zuletzt Creative Director und geschäftsführender Gesellschafter in einer Agentur, hatte er alles erreicht und fängt gerade noch mal ganz von vorne an, mit einer jungen Partnerin, in einem kleinen Büro. Er meinte: »Die Unternehmen, auch Kreativunternehmen, drehen sich um sich selbst. Es geht gar nicht mehr um die Sache. Nur noch um Rollen.«

Kreativagenturen waren doch immer die Spielwiese gegenüber den schwerfälligen Strukturen ihrer Auftraggeber! Wir konnten etwas, was sie nicht konnten: frei, der Sache und der Idee verpflichtet, denken – deswegen engagierten uns die Industrieunternehmen ja. Doch auch vor dieser Branche, ehemals ein Hort der Freigeister, hat die Industrialisierung der Kreativität nicht haltgemacht – weil wir zunehmend die Strukturen unserer Auftraggeber widerspiegeln.

Wir waren die Design- und Innovation-Center, die jetzt die Unternehmen selber hochziehen. Muss das die Kreativbranche nicht nachdenklich machen? Und sagt es nicht erschreckend viel über die Strukturen der Industrieunternehmen, dass sie jahrzehntelang dachten, sie könnten ihre Kreativität outsourcen?

Ich sehe die stählernen, bläulich schimmernden Strukturen förmlich vor mir: Statt diese Reibungsverluste und Energieverschwendung zu erkennen, setzen sie alles daran, den eigenen Status quo aufrechtzuerhalten – und verharren so in einem eisigen *Freeze*.

Das ist zum einen nicht gut für die Menschen in diesen Strukturen; denn wenn ihnen das Gefühl der Selbstwirksamkeit und Sinnhaftigkeit einmal abhanden kommt – das Gefühl, etwas Sinnvolles zu tun, etwas bewirken und voranbringen zu können –, löscht das auf Dauer ihr inneres Leuchten aus. Nicht umsonst war die schlimmste Strafe des Altertums die von Sisyphos, der immer und immer wieder dieselbe sinnlose Aufgabe erfüllte – einen Felsbrocken auf den Gipfel eines Berges zu rollen, nur um denselben sofort wieder den Berg hinunterrollen zu sehen und von vorne beginnen zu müssen. Zur Sinnlosigkeit verdammt, das sind auch viele Jobs in unserer Zeit. Wenn die Struktur wichtiger geworden ist und die ursprüngliche Idee, aus der heraus das Unternehmen einmal gegründet wurde, in Vergessenheit gerät, wirken diese Strukturen für die Beteiligten wie Kulissen. Tief im Inneren wissen alle: Wenn du dahinter schauen würdest, würde dort nichts sein als Pappe und Holzstruktur, aber sonst – Leere.

Zum anderen ist der *Freeze* nicht gut für die Unternehmen selbst: In Zeiten, in denen die Veränderungsfähigkeit für Unternehmen überlebenswichtig geworden ist, laufen diese Eigenschaften und das menschliche Verhalten, das sie hervorbringen, gegen die Innovation und verhindern sie sogar systematisch. »Struktur schlägt Innovation«, sozusagen. Können wir uns das länger leisten?

Die Strukturen sind die geistige Verlängerung der Mauern, aus denen die Büros gebaut sind. Es gibt sie nur in unseren Köpfen. Und doch besteht die Gefahr, dass die Kollegen die Rangordnung im Hühnerstall in ihren Gehirnstrukturen behalten, selbst wenn die Mauern wegfallen – wie ich an den Kollegen gesehen habe, die ich während meines Vortrags vor mir hatte, deren Sitzordnung in einem Hotel mehrere Hundert Kilometer entfernt vom Unternehmenssitz intuitiv der Struktur des Unternehmensorganigramms entsprach! Dasselbe Phänomen habe ich auch in Calls erlebt: Ein Mitglied des Vorstands stellt eine Frage, die Mitglieder der zweiten Führungsebene drucksen herum, die Angst vor der höheren Hierarchie ist ebenso greifbar, als wenn alle leibhaftig an einem Tisch sitzen würden. Das sind tief verankerte Verhaltensweisen, wahrscheinlich werden wir eine Weile brauchen, um die alten Denkmuster abzuschütteln und uns von den alten »Flüchen« zu befreien.

Immer wieder schreite ich in dieser Nacht dieselbe Gedankenkette ab, es ist wie ein Rätsel für mich, das ich versuche zu lösen. Es gibt in den Unternehmen einerseits so viel Unbehagen – den E-Mail-Wahnsinn, die dicht gepackte Kalenderenge, den Meetingmarathon, dem man immer nur hinterherhechelt – und das alles mit dem klaustrophobischen Gefühl der engen Hierarchien und Strukturen. Dann blicke ich auf meine Zeit, in die ich hineingeboren bin – das digitale Zeitalter – und sehe ihre gewaltigen Möglichkeiten: Wir können nach zehntausend Jahren Menschheitsgeschichte wieder zu Nomaden werden, wir können unsere Arbeit, unsere gesamten Strukturen, unsere Art zusammenzukommen und zu kooperieren, von Grund auf neu erfinden.

Wie kann es sein, dass paradoxerweise beides – Gefängnis und Befreiung – parallel geschieht? Es handelt sich doch um ein und dieselbe Sache, um zwei Seiten ein und derselben Münze. Warum geht das nicht zusammen? Was macht das mit uns Menschen, die im digitalen Zeitalter ins Kreuzfeuer dieser beiden widerstrebenden Kräfte geraten sind? Wie kommen wir damit klar? Was ist der Weg nach draußen?

Eines steht für mich jedenfalls fest: Ich will über all das nachdenken und das Rätsel lösen – und einen Weg nach draußen finden, für mich, aber auch meine ganze Generation. Und ich kann nur innovativ und frei denken, wenn ich außerhalb der Struktur bin. Also muss ich raus.

CULTURE CLASH

3. Kapitel

DIARY
München, 8. Juli 2017

Es ist nicht so, dass ich nicht mehr arbeiten will. Ich will anders arbeiten.

Ich sehe in der Veränderung und in der Beschleunigung viel Positives, es fühlt sich an wie eine Befreiung, ein Aufbruch! Ich will ein Teil davon sein. Aber dafür muss ich mich, mein Leben und meine Arbeit neu erfinden. Die Parameter des digitalen Zeitalters für mich noch mal ganz neu definieren.

Ich brauche Zeit, um wieder einen klaren Gedanken zu fassen. Mehr Zeit, mir ein großes Bild zu machen, über diesen ganzen digitalen Wahnsinn, der in den letzten Jahren über uns hereinge-brochen ist.

Ich möchte wieder mit Menschen in Kontakt kommen, die auch auf der Suche nach Antworten sind. Ich möchte mit Gleichgesinn-ten connecten, nicht nur mit Menschen zu tun haben, die in meinem Terminkalender stehen. Ich möchte gute Beziehungen pflegen, statt mich nur innerhalb formalisierter Rollen zu bewegen.

Ich werde mich befreien. Es war noch nie so leicht, es jetzt zu tun! Jetzt ist genau der Zeitpunkt, wo es möglich ist – und para-doxerweise mithilfe der digitalen Tools, die mich und alle anderen in den Strukturen so gefangen halten. Ich brauche nur Laptop, WLAN und die Cloud.

U-BOOT-PIRATEN

An einem Montagmorgen sitze ich am Schreibtisch und starre aus dem Fenster meines Büros im 5. Stock auf die Baukräne der benachbarten Dauerbaustelle. Ich muss ich mich auf einen Kundentermin vorbereiten, aber ich habe Mühe, mich zu konzentrieren. Also stehe ich auf und gehe auf den Balkon hinaus, der eigentlich nur von den Rauchern genutzt wird. Er ist mit Gussbetonplatten gefliest, die an eine Kies-fläche stoßen. Irgendwann war diese mal mit Dachwurzen bepflanzt, jetzt wächst auf der Fläche alles Mögliche, was sich eben mit wenig zufrieden gibt: Löwenzahn, Ambrosia, Unkraut. Ich stütze mich auf die Brüstung und schaue nach Nordwesten, auf die Konturen des Olympiageländes. Es ist ein diesiger Tag, die Spitze des Olympiaturms verschwindet im Nebel. Rechts daneben kann ich den Vierzylinder sehen – die BMW-Konzernzentrale, die weithin in der Stadt sichtbar ist, als gebautes Symbol: der Motor der Stadt. Die vier über einhundert Meter hohen, zylinderförmigen Gebäudeteile sind an einer gewaltigen Tragwerkskonstruktion aufgehängt und verleihen damit dem Gebäude ihr ikonisches Aussehen. Die architektonische Struktur ist schwebend. Jedoch steht dieser Schwebezustand im krassen Gegensatz zu dem Koloss an Konzernstruktur, der sich dahinter verbirgt: Fast zehntau-send Menschen arbeiten auf dem Areal, eingeteilt in acht Konzernbe-reiche, über siebzig Ressorts und Hunderte Unterabteilungen.

Während ich meinen Blick über das gewaltige Areal im Nordosten schweifen lasse, das vor dreihundert Jahren nur Ödland der Münchner Schotterebene gewesen ist, frage ich mich, ob es überhaupt möglich ist, innerhalb dieser mächtigen Strukturen frei zu denken.

In diesem Augenblick wird es heller, das Sonnenlicht bricht sich in den Nebelschwaden, der eigenartige Streulicht-Effekt, der dadurch entsteht, blendet mich. In meinem Kopf dringt eine Erkenntnis durch:

Vielleicht sind die besten Ideen, die in den letzten Jahrzehnten »eine Delle ins Universum gehauen haben«, ja gar nicht *innerhalb* der Strukturen entstanden – sie wären viel zu früh zerredet und torpediert worden. Sondern *außerhalb*.

Ich kehre langsam an meinen Platz zurück. Mein Blick fällt auf mein MacBook. Dieser Computer, der zum Symbol der Disruption der Datenverarbeitung, des Büros und des »Desktop Publishings« geworden ist, schrieb 1984 als *Apple Macintosh* Geschichte. Das weiß heute jedes Kind – was aber weit weniger bekannt ist: Auch er war Ergebnis eines U-Boot-Projekts.

Apple war Anfang der 1980er-Jahre schon sehr erfolgreich mit seinem damaligen ersten großen Wurf, dem Apple II. Entsprechend wurde aus dem Garagen-Start-up rund um das Erfolgsprodukt schnell ein börsennotierter Konzern, der sich vorrangig um die Weiterentwicklung, Vermarktung und den Vertrieb des Apple II kümmerte.

Aber Steve Jobs gab sich nicht damit zufrieden, die neu entstandenen Strukturen zu verwalten. Er wollte einen weiteren, großen Wurf, den »radikalen Wandel der menschlichen Interaktion mit dem Computer« und kämpfte darum, seine Rolle und einen Platz in der Konzernstruktur zu finden. Auch diese wusste nicht recht, wohin mit dem Querulanten – also steckten sie ihn in ein kleines, unscheinbares Entwicklungsprojekt, abseits der Konzernzentrale. »Sie wollten mich beschwichtigen und mir etwas zu tun geben«, erzählte Jobs. »Ich fand das gut. Es war fast wie früher in der Garage. Ich hatte mein eigenes Team und war der Chef.« Niemand ahnte anfangs, dass das Mac-Team tatsächlich eine Revolution hervorbringen würde.

Für dieses Team scharte Jobs die besten Leute um sich. Das Hauptkriterium für Neueinstellungen war für ihn, dass die Bewerber vom Produkt leidenschaftlich begeistert waren. Um das herauszufinden, testete er sie: Er baute einen Prototyp des Mac vor ihnen auf und enthüllte ihn mit dramatischer Geste. Nur wenn die Leute leuchtende Augen bekamen, sofort zur Maus griffen und anfingen, herumzuklicken, stellte er sie ein. Wenig später bezog das Team Büroräume, die, drei Häuserblocks entfernt von der Konzernzentrale, neben einer Texaco-Tankstelle lagen – so entstand der legendäre Name »Texaco Towers«. Die eingeschworene Gemeinschaft war beseelt vom Spirit des Gegenentwurfs. Als Ausdruck dieses Lebensgefühls hissten sie sogar die Piratenflagge auf dem Dach des Gebäudes – die Augenklappe auf dem Schädel war das Apple-Logo. Wie die Geschichte ausging, ist bekannt: Apple launchte den Macintosh am 24. Januar 1984. Eine Erfolgsgeschichte, die auch mich irgendwann erreichte: Kein IBM-PC und kein Apple II steht heute auf meinem Tisch – sondern ein MacBook Pro.

GEISTIGE TRAMPELPFADE

Am nächsten Morgen spule ich wieder meine Routinen ab – Espresso-maschine aus, Haustür zu, Auto auf, Ladekabel raus, Navi an, Spotify an, und los. Während ich mich im Schneckentempo mit der Auto-schlange durch den Petueltunnel bewege, rasen meine Gedanken. Apple war damals ein junges Unternehmen – nur acht Jahre zuvor in der Garage von Steves Eltern gegründet; der Mitbegründer eines neuen Marktes: die Personal-Computer-Branche. Trotz dieser kome-tenhaften Anfangsdynamik waren die Strukturen und die Politik bei Apple nur wenige Jahre nach dem Start schon starr geworden. So starr, dass der große Wurf mit dem Mac nur möglich wurde, *weil* sich Steve Jobs und seine eingeschworene Truppe erneut von allem lösten, was an Erfahrungen, Meinungen und Routinen im Konzern vorhan-den war – um nochmals wahrhaft neu und auf einem weißen Blatt Papier zu denken.

Das Fahrzeug bremst ruckartig, der Warnton piepst schrill, ich blicke auf und direkt in die Rücklichter des Fahrzeugs, an dessen Stoßstange ich mich mit der Automated Cruise Control gehängt habe. Wie ist das erst in Unternehmen und Branchen, wenn sie einhundert Jahre auf dem Buckel haben? Wie zum Beispiel in der Automobilindustrie, deren blechgewordener Output mich ringsherum vierspurig umgibt. Die eingefleischten, gewachsenen Strukturen der OEMs (wie sie im Automotive-Jargon heißen) sind, nicht wie damals bei Apple eine Dekade, sondern *ein Jahrhundert* lang auf einen einzigen Zweck hin getrimmt: die Produktion, Perfektionierung und Vermarktung einer technischen Innovation, die einhundert Jahre zurückliegt – die Erfindung des Verbrennungsmotors.

Was das bedeutet, erlebe ich in meinem Job tagtäglich: Das *Produkt* ist der ruhende Weltmittelpunkt, umgeben von einem komplexen Universum an rotierenden Himmelskörpern, die sich einzig und allein darum drehen. Wie jedes Universum erweckt auch dieses den Anschein, schon immer da gewesen zu sein und für alle Ewigkeit weiter zu bestehen. Die Erschütterungen, die in der Automobilindustrie spürbar zugenommen haben, kommen entsprechend der kopernikanischen Wende gleich: Langsam sickert die Erkenntnis durch, dass das Produkt vielleicht gar nicht das Zentrum der Welt ist. Sondern auch nur ein kleines Licht in einem dynamischen Gesamtgefüge, das sich um etwas ganz anderes dreht – bei Kopernikus um die Sonne. Im Falle der Automobilindustrie – um die Mobilität der Zukunft. Aber ist es möglich, diese *innerhalb der alten Strukturen* zu erfinden?

Mir fällt es wie Schuppen von den Augen, ich bin so nah dran, dass ich förmlich mit der Nase darauf stoßen muss – ich *sitze* in einem Ergebnis eines solchen Moments, als sich ein Fenster aufgetan hat und Unmögliches möglich geworden ist: der BMW i3, das erste Elektroauto von BMW. Ich erinnere mich, dass ich damals, um 2013, in der Presse einiges über die Entstehungsgeschichte dieses neuartigen Vehikels gelesen habe, und selbst durch die abgeklärte »seen it all«-Journaille blitzte Begeisterung durch. Auch hier gab es ein legendäres Team, das *project i*. Der Designer des Fahrzeugs, Benoit Jacob, erzählte in Interviews, dass sie das gesamte Fahrzeug eben nicht geozentrisch vom Verbrennungsmotor, sondern komplett vom Elektroantrieb aus gedacht hätten. So sei jedes einzelne Detail, das den Fahrer seit Anbeginn der Individualmotorisierung zum Reiter eines Feuerstuhls machte (Zündung, Gaspedal, Kupplung, Tacho, Drehzahlmesser, Kühlerhaube, Auspuff), hinterfragt und auf einem weißen Blatt Papier neu gedacht worden. Und diese Leistung nicht nur innerhalb einer alten Konzernstruktur; sondern überhaupt innerhalb einer alten Branche, die seit einhundert Jahren im Prinzip auf den gleichen geistigen Trampelpfaden unterwegs ist, die nach jahrelangem Gebrauch so tiefe Spurrillen hinterlassen haben, dass man daraus nicht so leicht ausscheren kann.

Ich muss mit Benoit sprechen! Er war dabei, und er war derjenige gewesen, der der Zukunft der Mobilität, dem ersten ernsthaften Veränderungsschritt der Automobilindustrie seit der Erfindung des Verbrennungsmotors, mit der ungewöhnlichen Physiognomie des i3 ein Gesicht gegeben hat.

Am Freitag darauf bin ich mit Benoit zum Lunch verabredet. Er setzt sich mit einem »Salut! Hello!« zu mir an den Tisch – lässiger Typ, lange Haare, stacheliger Bart, schwarz gerahmte Brille. Wir bringen die Logistik schnell hinter uns: eine Flasche Wasser und zweimal Business-Lunch – die Bestellung im gleichen babylonischen Sprachgewirr aus Französischdeutschenglisch wie das Gespräch, das wir sofort aufnehmen.

Benoit hat die Konzernstruktur vor einiger Zeit hinter sich gelassen und sich in das nächste Abenteuer gestürzt – er arbeitet für ein chinesisches Elektromobilitäts-Start-up. Die Geschichte, die mich interessiert, liegt schon eine Weile zurück, in seiner Zeit bei BMW: seine Arbeit für das *project i* und die Entwicklung des i3.

Benoit erzählt mir, er habe sich damals nach einigen Jahren der Arbeit an Serienfahrzeugen mit Begeisterung in dieses Projekt gestürzt. Befreit von Wasserfallprozessen und Entscheidungshierarchien sei die Vorgehensweise ganz anders gewesen, fast *irrational*. Innerhalb des Konzerns ist das project i in dieser Zeit eine eigene Entität, eine Art »company in the company«. Sie arbeiten in einem Studio außerhalb der Zentrale, streng geheim. So geheim, dass einflussreiche Bereiche des Konzerns nicht involviert sind, nicht einmal das mächtige Entwicklungsressort. Entsprechend gibt es auch viele Animositäten und Gegenwind, als das Thema irgendwann doch durchsickert: Leute aus allen Richtungen versuchen, das Projekt zu torpedieren.

Das Designteam vom project i geht daraufhin einen mutigen, klugen Schritt. Statt sich ihre Vision zerreden zu lassen, tun sie genau das Gegenteil, sozusagen mit ihrer ureigenen Geheimwaffe: Sie machen ihre Vision *sichtbar*. Sie bauen ein superrealistisches Modell, ein fahrfähiges Concept Car, bei dem alles funktioniert, sogar die Musikanlage und das User Interface. Am allerwichtigsten jedoch: der Elektromotor. Mit dem mühelos schwebenden Fahrgefühl des Elektrofahrzeugs überzeugen sie alle. So ist der Mensch: Wenn er etwas selbst erlebt, wenn er Teil einer Bewegung wird, dann packt ihn die Begeisterung. Entsprechend geht das project-i-Team mit dem i3-Modell im Konzern regelrecht auf Tour, zeigt das Fahrzeug weit über eintausend Leuten und lässt die Kollegen anfassen, begreifen, fahren und testen. »That changed everything«, erzählt Benoit beim Espresso. Ab diesem Zeitpunkt bekommen sie weniger Gegenwind – stattdessen eine zunehmend große Schar an Unterstützern.

Von außen betrachtet haben sie noch viel Größeres geschafft, denke ich auf dem Rückweg ins Büro: Sie haben die Industrialisierung *reverse engineered*. Dieses Team hat die fragmentierte Konzernstruktur, in unzählige Silos, Hierarchieebenen, Abteilungen, Unterabteilungen, Handlungs- und Einflussbereiche und Tausende losgelöste Handgriffe zergliedert, wieder *zusammengeführt* – in einem einzigen, völlig neuartigen Prototyp. Sie taten dies intuitiv mit der ureigensten Fähigkeit, über die Designer verfügen: der abstrakten Vorstellung eine konkrete Form geben. Und hielten damit dem gesamten Unternehmen den Spiegel vor: dass sein Ursprung in einer verdammt guten Idee und Vision lag. Sie erinnerten daran, worum es eigentlich geht und wozu Menschen in der Lage sind, wenn sie frei denken und zusammenarbeiten: zu echter Wertschöpfung, ja, zur Erschaffung einer bahnbrechenden Innovation.

Das ist der wahre Grund für die Begeisterung, die sich ebenso intuitiv bei allen einstellte, die die prototypgewordene Idee begutachteten. Menschen, die nach Jahren in der Konzernstruktur und Jahrhunderten im Industriezeitalter vergessen haben, dass jeder Einzelne etwas mit seinen eigenen Händen erschaffen kann; die sich innerlich so weit von ihrer Arbeit entfremdet haben und damit auch meilenweit von sich selbst, schöpften Hoffnung – dass sie etwas bewirken können.

KURZWEIL-KURVE

Zurück an meinem Arbeitsplatz suche ich im Internet herum, das Gespräch mit Benoit noch im Kopf. Ich will noch mehr darüber wissen, unter welchen Umständen in unserer durchstrukturierten, hierarchisierten und fragmentierten Arbeitswelt Neues entstehen kann. Ist das wirklich nur außerhalb der Unternehmen und Strukturen möglich? Einer plötzlichen Eingebung folgend googele ich »Innovation Labs« und stoße sogleich auf eine Studie über den Boom der Labs und Digital Innovation Units. Darin steht, dass es in Deutschland bereits knapp einhundert davon gibt – und täglich kommen neue hinzu. In den nächsten drei Jahren ist ein Anstieg auf dreihundert bis sechshundert vorausgesagt.

Vor meinem geistigen Auge sehe ich eine Landschaft, in der die Innovation Labs aus dem Boden sprießen wie Pilze. Sie wachsen munter kreuz und quer auf den alten Trümmern und Brocken im Untergrund, auf den Überresten einer untergegangenen Kultur. Was bedeutet das in der echten Welt? Heißt das, dass da gerade eine Art neue Parallelwirtschaft heranwächst? Und die alte ist die »Bad Bank«, die man sich selbst überlässt, weil sie unrettbar ist? Das ist doch die Bankrotterklärung an die alten Strukturen! Die Tatsache, dass sie nicht in der Lage sind, sich zu *verändern*, ist der Beweis, dass sie nicht mehr in unsere Zeit passen.

Der Sound einer Kalendererinnerung schreckt mich aus meinen Gedanken auf. Es ist höchste Zeit, mich in meinen Call einzuwählen. Dieser ist wie so oft abends angesetzt; wenn wir aufhören zu arbeiten, fangen die Amerikaner gerade an. Morgens wiederum ist das Zeitfenster, um mit den Asiaten in Kontakt zu treten – in einer globalisierten Welt sollte man ganz einfach rund um die Uhr arbeiten, denke ich zynisch. Ich tippe die Nummer und gebe mein Passwort ein, *followed by the hash key*. Das Gespräch der Kollegen ist schon im Gang. Wenige Augenblicke später legt sich die Anonymität des Calls über mich wie ein Deckmantel, unter dem ich ungehindert verschwinden und meine Gedanken weiterverfolgen kann.

Während ich mit Kugelschreiber die Kästchen auf dem Ausdruck der Salespipe-Exceltabelle vor mir ausmale, denke ich weiter: Warum baut der Mensch überhaupt Strukturen, die *nicht* in der Lage sind, sich zu verändern?

Ich kritzle eine Pyramide und stelle mir gleichzeitig das *ewigste* aller Bauwerke vor: die Cheops-Pyramide, im gleißenden Sonnenlicht des Gizeh-Plateaus. Die Bauherren von damals haben sich wahrscheinlich auch nicht träumen lassen, dass der Zahn der Zeit an ihren Bauwerken nagt, diese Kathedralen der Ewigkeit von Grabräubern ausgeräumt oder ihre gesamte Kultur einfach mal untergehen würde. Wenn der Mensch baut, dann verleitet ihn die menschliche Eitelkeit dazu, sich selbst ein Denkmal zu errichten. Wenn der Mensch baut, dann geht er davon aus, dass diese Strukturen *ewig bestehen*. Wie das »Tausendjährige Reich«, dass die Nationalsozialisten einst ausriefen – Ewigkeitsanspruch ist immer auch gleichzusetzen mit Machtanspruch.

Aber das entspricht der alten Weltsicht, denn genau dieser Ewigkeitsanspruch ist in unserer Zeit ins Wanken geraten. Überall in meiner Stadt sehe ich diese Auflösungserscheinungen der alten Orte und der terrestrischen Ordnung; und mit ihnen zusammen das des alten Paradigmas, dass die Dinge *Bestand haben müssen*. Die alten, steinernen, gebauten Machtstrukturen stehen zwar noch; aber sie werden bevölkert durch etwas Neues: neuer Content, neue Kulturen, aber vor allem – *temporäre* Formate. Das ehemalige E.ON-Headquarter in München, protzig gebaut in Marmor und einen ganzen Gebäudeblock an der Brienner Straße in bester Lage einnehmend, ist jetzt neue Heimat des »Learning + Innovation Centers« von Steelcase, einem amerikanischen Design- und Büromöbelhersteller. Im ehemaligen herrschaftlichen Gebäude der Bayerischen Staatsbank mit seiner rustizierten Fassade und seinen korinthischen Säulen residierte eine ganze Zeit lang das Pop-up-Hotel Lovelace. Auf den Plakaten, mit denen die Hipster-Hotel-Betreiber die alte, marmorne Schalterhalle plakatierten, stand ein Satz, der genau mit diesem Kontrast spielt: »All places are temporary.«

Aber noch eine weitere Eigenschaft der Zeit hat sich in den letzten Jahren grundsätzlich verändert: Und das ist die *Geschwindigkeit*, mit der sich alles wandelt.

Das ist eine Weltsicht, die Silicon-Valley-Propheten wie Ray Kurzweil – Autor, Erfinder, Futurist und »Director of Engineering« bei Google – predigen: Wir befinden uns auf einer Exponentialkurve der technologischen Innovation! Und zwar ziemlich genau an dem Punkt, an dem die Kurve ihre Richtung steil nach oben einschlägt und geradewegs durch die Decke geht.

Ich male eine Art Exponentialkurve in meine Exceltabelle und versuche, mich zu erinnern, was ich über Ray Kurzweil gelesen habe. Auf der »Kurzweil-Kurve« liegen zwischen der landwirtschaftlichen und der Industriellen Revolution achttausend Jahre. In kürzerem Abstand daneben male ich eine Glühbirne – diese wurde nur hundertzwanzig Jahre später erfunden. Danach die Mondlandung: neunzig Jahre später. Zwischen dieser und der Erfindung des Internets: zweiundzwanzig Jahre. Und der Abstand zwischen jenem und der Entschlüsselung des menschlichen Genoms: neun Jahre. 2045 wird laut Kurzweil die weltweit zur Verfügung stehende Computerrechenleistung die aller menschlichen Gehirne dieses Planeten übertreffen – the singularity is near! Unaufhaltsame, exponentielle Beschleunigung. Für den Menschen mit seinem linearen Denken schwer zu begreifen.

Wie soll das weitergehen? Wird die Entwicklung irgendwann einfach an uns vorbeirasen und den Menschen links liegen lassen?

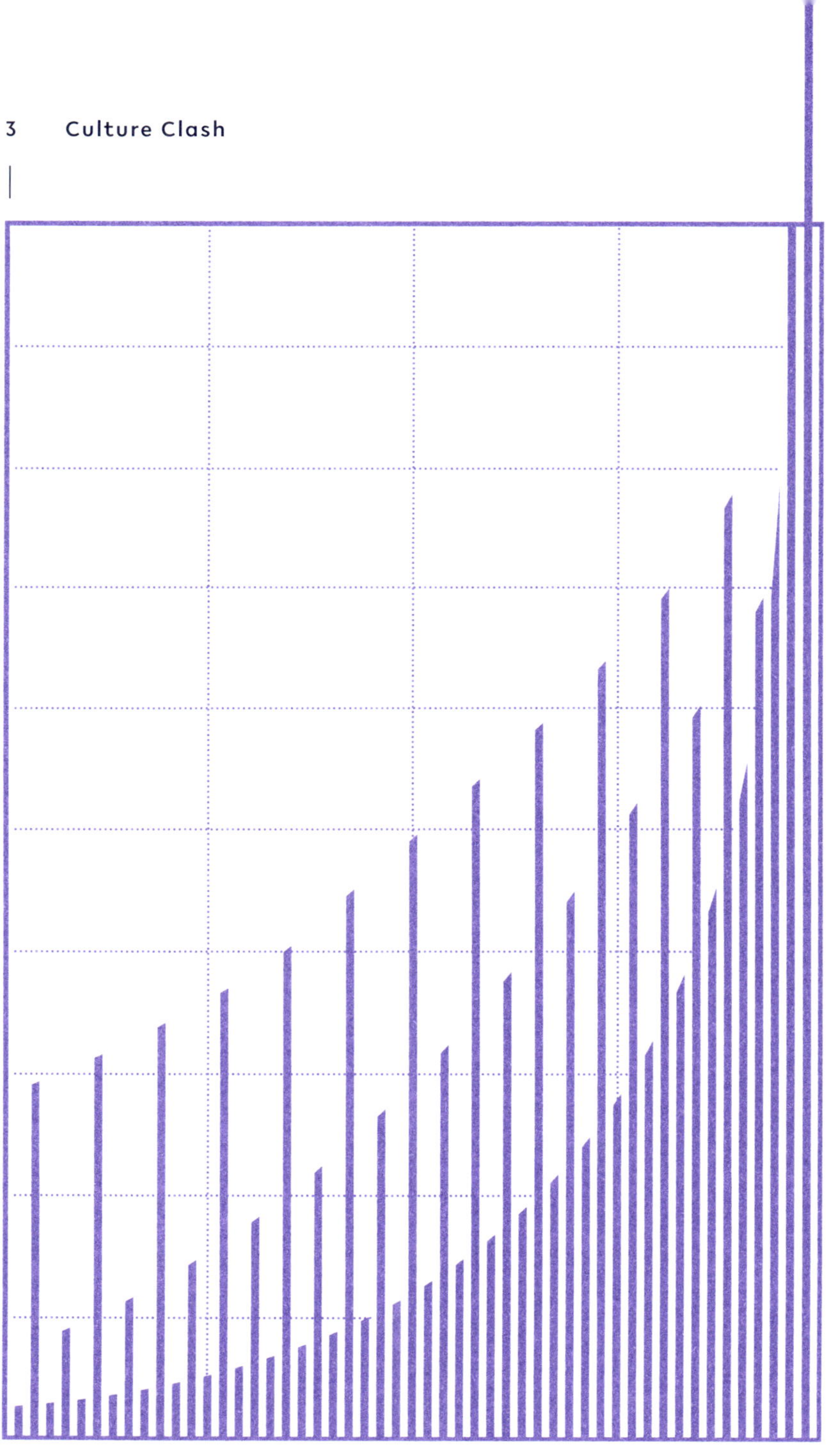

3   Culture Clash

Stell dir vor, es ist Digitalisierung und keiner kommt mit? Ein neues Bild erscheint in meinem Kopfkino: Der Millennium-Falke, dieses uralte, klapprige Raumschiff aus Star Wars; Han Solo und der haarige Chewbacca beschleunigen gerade auf Lichtgeschwindigkeit; dabei ächzt und kracht das alte Material, sodass sie jede Sekunde befürchten müssen, dass es einfach auseinanderbricht.

Das beschreibt ziemlich genau das Gefühl der Menschen heute in den Strukturen: wie an Bord eines alten Raumschiffs auf dem Sprung in den Hyperraum. Alle klammern sich ängstlich fest in ihren Sesseln, während die Beschleunigung sie in die Rückenlehnen presst; die Typen in der Kommandozentrale drücken hektisch auf den bunten Lämpchen im Cockpit herum und starren dabei wie gebannt auf die Lichtstreifen, die vorne in einem Punkt zusammenlaufen.

Während sich die Geschwindigkeit exponentiell erhöht, werden wir zwar kräftig durchgerüttelt, aber die Strukturen in den Unternehmen verändern sich gar nicht. Bei der Beschleunigung auf Lichtgeschwindigkeit hängen wir in einer Zeitfalte: Während die Welt auf ihrer Flugbahn in die Zukunft rast, stecken wir in den Unternehmen in Strukturen fest wie vor einhundert Jahren. Daher rührt wahrscheinlich auch das Gefühl der Anstrengung, das wir alle, eine ganze Business-Generation, permanent empfinden: weil wir alle ständig versuchen, alte Systeme aufrechtzuerhalten, die gar nicht mehr funktionieren – und die zum Zerreißen gespannt sind.

Wir haben neue Tools, neue Aufgaben – und versuchen, diese mit den alten Strukturen der Organisation und Zusammenarbeit zu lösen. Das muss unweigerlich im Culture Clash enden. Das Ergebnis ist, dass die Möglichkeiten der Digitalisierung für freies, wertbasiertes Arbeiten beim Einzelnen in der Unternehmensstruktur gar nicht ankommen. Der Einzelne, das Team, die ganze Organisationsstruktur mit all ihren institutionalisierten Plattformen sind so nicht in der Lage, zum Nachdenken zu kommen und eine *Vision* zu entwickeln. Diese Strukturen verhindern und zerstören systematisch Kreativität, eigenständiges Denken und Innovation. »Solange wir das nicht erkennen und in den alten Strukturen weitermachen, wird das Toxische der

Digitalisierung nicht aufhören«, denke ich, triumphierend über meine Erkenntnis. »Es kann nur entgiftet werden, wenn die Strukturen sich ändern!«

Ich höre meinen Namen aus weiter Ferne, eine Adrenalinausschüttung katapultiert mich *real time* wieder in die Jetztzeit: Der CEO hat mir eine Frage gestellt. Die ganze Zeit fand der Call auf seine ritualisierte Weise statt, ähnlich einer Unterrichtsstunde in einem gestrengen Knabengymnasium der 1950er-Jahre, mit einem autoritären Lehrer vor einer ängstlichen Klasse. Ich bin aufgerufen und bringe ein paar Sätze heraus wie in einer Lateinabfrage, in der man die Vokabeln nicht gelernt hat. Gott sei Dank wendet sich die Aufmerksamkeit relativ schnell dem nächsten schwarzen Schaf zu. Trotzdem fühle ich mich wie als Schülerin dreißig Jahre zuvor, mir ist heiß und mein Herz klopft. Gleichzeitig aber trete ich einen Schritt neben die Situation: Ich bin nicht in einem Klassenzimmer und auch keinem Lehrertyrannen ausgeliefert. Die anderen, das sind nur Stimmen, das Drumherum ein entleertes Ritual. Wovor habe ich eigentlich Angst? Was hält mich davon ab, aufzustehen und wegzugehen?

ARCHITEKTUR DES ALLTAGS

Es ist klar, dass ich die Antwort auf meine Fragen nicht im Internet, sondern in einem Buch finden werde. Beharrlich bin ich über Monate der Bücherspur gefolgt – ein Buch enthält oft Hinweise auf andere Bücher, auf die der Autor sich bezieht. Ich habe es mir zur Angewohnheit gemacht, diesem natürlichen Suchalgorithmus zu vertrauen.

Und so halte ich ihn kurze Zeit später – freilich ohne es zu ahnen – in der Hand: den entscheidenden Auslöser für meine Erkenntnis, dass ich zwar die Unternehmensstruktur nicht ohne Weiteres verändern kann; sehr wohl jedoch die Struktur meines Alltags – Mason Curreys Buch »Daily Rituals«.

Im Mittelpunkt der Porträts bekannter Schriftsteller, Komponisten, Maler, Philosophen und Denker steht: ihr Alltag. Wie verbrachten Jane Austen, Thomas Mann, Louise Bourgeois, Le Corbusier oder Andy Warhol ihre Tage? Wann standen sie morgens auf? Was machten sie als allererstes nach dem Aufstehen? Wann erledigten sie die Korrespondenz? Wann aßen sie? Wann suchten sie die Einsamkeit, wann umgaben sie sich mit Menschen? Und, ganz zentral, wann fanden sie in diesen täglichen Routinen und ihrem normalen, kleinteiligen Tagesablauf die Zeit, Wert zu schöpfen, Großes zu denken und schließlich das »Werk« zu schaffen, für das wir sie heute noch kennen und bewundern?

Es ist so naheliegend wie ungewöhnlich, den Blick nicht wieder auf das *Jahrhundertwerk* zu richten, sondern auf das ganz normale Leben und den Alltag, die es hervorgebracht haben. Wie wenig wir über die Tagesabläufe, Gewohnheiten und Rituale dieser Menschen wissen! Bekannt und verehrt ist nur das, was am Ende dabei herauskommt: das alles überschattende Werk. Stattdessen geistern nur Mythen über einsame Genies und Ammenmärchen über Ideen, die eines Tages vom Himmel herabfahren wie ein Blitz, durch unser Allgemeinwissen. Warum haben wir landläufig ein so falsches Bild von Kreativität?

Wahrscheinlich ist es genau das, was mich von Anfang an an den Porträts in dem Buch fasziniert: Es sind nicht die gängigen Künstlerklischees wie der absolute Exzess und der nächtliche Rausch, von denen die Rede ist. Sondern von weit weniger Spektakulärem: Ruhe, Konzentration und Kontinuität. Und Selbstbestimmtheit: Die Künstler sind allesamt Architekten ihres Alltags.

Eine dieser stillen Geschichten handelt von Alltag und Leben des Schweizer Psychiaters und Begründers der analytischen Psychologie Carl Gustav Jung. Dieser baut sich im Laufe der Jahre einen Turm, den »Bollinger Turm«, wohin er sich an Wochenenden und in den Ferien zurückzieht, um sich von seinem mit Patientensitzungen vollgestopften Alltag zu erholen. Nur dort schreibt er seine Bücher. Er sagt selbst, dass Bollingen sein *echtes Leben* sei, dass er nur da er selbst sein kann. Dort führt er ein Leben in Einfachheit, ohne Elektrizität, mit Öllampen; Wasser pumpt er aus dem Brunnen und schlägt abends das Feuerholz, das er zum Heizen braucht. »Diese einfachen Tätigkeiten machen auch den Menschen einfach. Denn wie schwierig ist es, einfach zu sein!«, sinniert C. G. Jung.

Einfachheit, das klingt wie eine blasse Erinnerung für mich. Im Vergleich zu einem einfachen Leben im Bollinger Turm ist der Arbeitsalltag in den Strukturen des Digitalzeitalters enorm kleinteilig und komplex. Den ganzen Tag prasseln Fetzen von digitaler Kommunikation herein, die eine sofortige Reaktion erfordern. Der Bollinger Turm ist nicht nur ein Rückzugsort. C. G. Jung hat sich damit seinen *geistigen Raum* geschaffen, in den er nach Ausflügen in die Außenwelt wieder zu sich zurückkehren kann. Muss man dazu einen Turm bauen? Oder kann das auch ein »Denkraum« sein?

Einen eigenen Gedanken zu formulieren und diesem auch noch Ausdruck zu verleihen, ist für viele der beschriebenen Künstler jedoch auch eine erschreckende Erfahrung. Sie fühlen sich dabei nackt, gebeutelt von Selbstzweifeln und Scham. Andere wissen genau, dass sie diesen zerbrechlichen Wachstumsprozess einer neuen Idee um keinen Preis stören dürfen. Für den kreativen Schaffensakt suchen deshalb viele bewusst die Einsamkeit. Jeder potenzielle Zuhörer, und sei es nur in Gedanken, führt sonst zur Blockade. Dazu gehört, die Tür zu schließen, um die Welt auszuschließen. Der Komponist Igor Stravinsky schließt immer erst das Fenster seines Studios – er kann nicht komponieren, wenn nicht zu einhundert Prozent sicher ist, dass ihn niemand hört. Gustav Mahler, der nur im Urlaub komponiert, weit weg von seinem fordernden Engagement als Dirigent der Wiener Staatsoper, macht die morgendliche Einsamkeit sogar zu einer strikten Auflage: Er kann nicht ertragen, mit irgendjemandem zu sprechen, bevor er morgens seine kreative Arbeit begonnen hat. Deshalb muss ihm sein Koch das Frühstück auf einem rutschigen Seitenpfad zu einer Hütte im Wald tragen, wo Mahler komponiert – um eine Begegnung auf dem Hauptweg in jedem Fall auszuschließen.

Charles Darwin spricht sogar viele Jahre lang mit nur wenigen Einge-
weihten über das revolutionäre Gedankengut, an dem er heimlich
arbeitet. Er lässt mit seiner Familie das Londoner Großstadtleben
hinter sich und zieht, wie er selbst sagt, »ans Ende der Welt«, in ein
abgeschiedenes Pfarrhaus in Kent, um über zwanzig Jahre lang an
seinem Geheimprojekt zu arbeiten: der Evolutionstheorie. Er weiß
genau, dass der Gedanke, der Mensch stamme vom Affen ab, in der
eitlen, viktorianischen Gesellschaft nicht auf Beifall treffen und,
einmal publiziert, seine gesamte Existenz gefährden könnte. Als
er sich einem befreundeten Kollegen anvertraut, fühlt er sich, als
würde er »einen Mord gestehen«.

Wieder denke ich an mein Arbeitsumfeld – immerhin die
Kreativbranche. Die Möglichkeit, sich zurückzuziehen, um einen
aufkeimenden Gedanken überhaupt in Ruhe entwickeln zu können,
ist angesichts von Großraumbüro und Teamarbeit eigentlich nie
gegeben. Wir Digitalarbeiter sind nie wirklich gedanklich alleine, wir
sind *vernetzt* – die Strömungen und Stimmungen der Kollegen beeinflussen permanent unser Handeln, wie Störsender auf unserer Fre-
quenz. Unsere eigene Stimme hören wir in diesem babylonischen,
digitalen Stimmengewirr schon lange nicht mehr.

Um sein Mammutwerk in Tausenden von Arbeitsstunden zu
Papier zu bringen, folgen Darwin und seine Frau Emma viele Jahre
lang minutiös abgestimmten Ritualen: Aufstehen, ein kurzer Spaziergang, Frühstück alleine, dann eine erste, eineinhalbstündige Arbeitseinheit. Dann Korrespondenzen und Romane, von seiner Frau vor-
gelesen, dann die zweite, eineinhalbstündige Arbeitseinheit. Ein
weiterer Spaziergang, Mittagessen. Zeitung lesen, Briefe schreiben,
Ruhen auf dem Sofa, Vorlesen. Nachmittags der dritte Spaziergang,
dann die dritte, einstündige Arbeitseinheit. Danach Ruhen, Lesen,
Abendessen mit der Familie, Backgammon mit Emma, Lesen, Emma
spielt auf dem Klavier etwas vor. »Ach, Emma«, denke ich. Es sind
oft die Ehefrauen, die ihren Alltag und somit ihr ganzes Leben danach ausrichten, dass ihre Männer Großes schaffen können – in die
Geschichte eingegangen sind sie so natürlich nie.

Trotzdem beeindruckt mich dieser ruhig dahinfließende Rhythmus, mit dem die Darwins und viele andere ihren Alltag in sinnvolle Abschnitte gliedern. Dabei gibt es konzentrierte Phasen des Machens, die sich abwechseln mit Ruhephasen, Spaziergängen, Lesen und Gesprächen. Das ist der »natürliche Arbeitsrhythmus«, wie ihn Tom Hodgkinson beschrieben hat!

Die New Yorker Illustratorin Maira Kalman beschreibt ihr Studio und ihren Tagesrhythmus so: »Ich habe kein Telefon, kein E-Mail, kein Essen oder irgendetwas, das mich ablenkt. Nur Musik und Arbeit. Aber ich habe eine grüne Liege, wenn ich mal ein Nickerchen brauche. Und nachmittags brauche ich das oft.«

Ich stelle mir vor, was die Kollegen sagen würden, wenn ich mich nachmittags wie Maira für ein kurzes Nickerchen auf zwei zusammengeschobenen Bürostühlen in einer Ecke des Konferenzraums einrollen würde. Oder dreimal am Tag zu Spaziergängen aufbrechen würde wie Charles Darwin. Undenkbar! Im Büro regiert die Maxime der *Produktivität*. Allein aufgrund des Gruppenzwangs muss man immer beschäftigt wirken – und wenn es nur reiner Aktivismus ist. Eine Weile über etwas nachzudenken oder die Dinge einfach mal ruhen zu lassen, ist unmöglich. Wie würde es hingegen im Büro zugehen, wenn wir der Maxime der *Kreativität* folgen würden?

Ein konzentrierter Schaffensprozess ist kein Fulltime-Job. Das Zeitfenster, das die porträtierten Künstler für die eigentliche Wertschöpfung und Kreation anberaumen, ist relativ kurz: Bei den meisten konzentriert sich diese Phase auf den Morgen, über einen Zeitraum von zwei bis drei Stunden. Viele beginnen den Tag sehr früh, bevor die Welt erwacht. Für Günter Grass käme nichts anderes infrage: »Niemals, niemals nachts. Ich glaube überhaupt nicht an das nächtliche Schreiben. Ich brauche Tageslicht, um anzufangen.« Andere machen sich an die kreative Arbeit, nachdem sie ihre ausführlichen Morgenrituale wie Frühstücken und »Luftbaden« (Benjamin Franklin stand jeden Morgen nackt am Fenster) abgeschlossen haben. Aber sie haben eines gemeinsam: Mittags ist das Tagwerk bereits vollbracht! Was danach kommt, ist Muße, Korrespondenz und

Beziehungspflege. Das ist eine sinnvolle Einteilung des Tages – zuerst die Wertschöpfung, dann alles andere. Spätestens seit wir unsere Arbeitstage mithilfe der digitalen Tools organisieren, haben wir diesen großen Unterschied aus den Augen verloren.

Während ich ein Porträt nach dem anderen lese, wird mir klar, dass sich mir hier eine ganz andere Arbeitsweise darbietet, die in unseren durchindustrialisierten und durchprofessionalisierten Zeiten fast in Vergessenheit geraten ist: die des Künstlers. Die das Commitment erfordert, die gesamte Struktur des Alltags konsequent nach der *kreativen Arbeit* auszurichten; die jedoch im Gegenzug auch Außergewöhnliches hervorbringt.

Können wir daraus etwas lernen? Ist das nicht eine neue, alte Arbeitsweise, die viel besser ins digitale Zeitalter passt? Eine, mit der wir uns wieder auf *Wertschöpfung* konzentrieren können? Wie viel mehr unseres Potenzials könnten wir so nutzen, das wir ansonsten – eingepfercht in unsere Strukturen – gar nicht abrufen?

Manchmal haben wir die Lösung so dicht vor der Nase, dass wir sie schier übersehen. Die Lösung liegt in der *Architektur des Alltags*! Damit haben wir einen mächtigen Hebel in der Hand: So, wie wir unseren Alltag strukturieren, strukturieren wir unser Denken – und unsere Arbeit. Es liegt in meiner Hand, meinen *Tag* anders zu organisieren, um mein Denken zu verändern. Denn, das begreife ich jetzt: Mit der Art und Weise, wie wir unseren Alltag strukturieren, stellen wir die Weichen für unser Leben.

Aber wohin ich auch blicke, um mich herum sehe ich nur Menschen, deren Alltag aus einem wilden, fremdbestimmten Stakkato besteht, das morgens über sie hereinbricht und abends spät abebbt, wenn sie sich auf die Couch gerettet haben – nur um sich in ihren Träumen fortzusetzen. Warum leben wir ein solches Leben, wie auf Autopilot? Und merken es jahrelang noch nicht einmal?

DER ANFANG DES NICHTS

Einige Tage später muss ich eine größere Reise antreten – geschäftliche Gespräche und Meetings in Singapur. Am Flughafen ziehe ich mein Smartphone aus der Tasche, halte der Beamtin meine elektronische Bordkarte hin, nicke ihr zu und gehe weiter zur Sicherheitskontrolle. Während ich meine Sachen eine nach der anderen in graue Plastikwannen lege – iPhone, MacBook, Flüssigkeiten in einem Extrabeutel, Mantel, Handgepäck –, klingt das kleine Künstlerbuch in meinen Gedanken nach.

Die Künstler richten ihren Tagesablauf darauf aus, konzentriert arbeiten und damit etwas *erschaffen* zu können. Jeder der Künstler definiert dabei ein wenig anders, was es eigentlich ist, das ihn vorantreibt: Jean-Paul Sartre erzählt in späteren Jahren, alle seine Ideen seien schon immer da gewesen, als Rohmasse in seinem Kopf. Seine Aufgabe wäre gewesen, diese auseinander zu wirren und zu Papier zu bringen. Die französische Schriftstellerin und Feministin George Sand schreibt in ihrer Autobiografie: »Inspiration kann immer durch deine Seele fließen, egal ob während einer Orgie oder eines Waldspaziergangs. Aber wenn du deinen Gedanken eine Form verleihst, ob in deinem stillen Kämmerlein oder auf den Bühnenbrettern, musst du vor allem *ganz bei dir sein*.«

Allesamt haben die Künstler einen radikalen Entschluss gefasst: *Sie haben ihr gesamtes Leben auf Kreativität und Wertschöpfung ausgerichtet.*

Ich gehe durch den Körperscanner, packe auf der anderen Seite meine Sachen wieder ein und fahre die Rolltreppe hoch in Richtung International Departures. Ich kann nicht anders, als das Gelesene und meine Erkenntnisse direkt auf die wirtschaftliche Welt zu übertragen. *Kreativität und Wertschöpfung* – ich habe immer idealistisch daran geglaubt, dass es in der Business-Welt genau darum geht. Aber stimmt das wirklich, angesichts der Strukturen und Systeme, in denen wir Menschen unsere Arbeit, unsere Unternehmen, unsere Städte, unsere Kommunikation und unsere Zusammenkünfte organisieren?

Ich schaue auf die vielen Menschen um mich herum, die sich alle geschäftig und mit schnellen Schritten ihre Wege zu den Gates bahnen. Geht es hier wirklich nur um mich und meine persönliche Befreiung? Ich bin doch nur ein winziges Einzelpartikel, ein Symptom für ein viel größeres Problem, das ich jetzt erstmals ganz klar sehe – und das mich nicht mehr loslässt. Wir stecken insgesamt einfach fest in unseren alten Strukturen, die aus einer alten Zeit, noch aus dem Industriezeitalter, stammen und damals für ganz andere Zwecke errichtet wurden: die Perfektionierung, Produktion und Vermarktung von Maschinen und Produkten. Um diese Kernanforderung der Industrie herum ist unsere gesamte Gesellschaftsordnung aufgebaut. Entsprechend haben wir unsere Arbeitskraft zu leisten. Entsprechend haben wir unsere Schulen konstruiert, um unsere Kinder möglichst gut auf diese Struktur vorzubereiten. Im Lehrplan und im Stundenplan meiner Kinder spiegeln sich die gleichen abgetrennten Silos und der gleiche unnatürliche Arbeitsrhythmus wider wie in den Konzernstrukturen. So emsig haben wir an diesen Strukturen gebaut, dass wir dabei etwas ganz Wesentliches aus den Augen verloren haben – das, worauf es ankommt.

Die ganze Zeit schlendere ich an den Shops des Gates vorbei, ich weiß nicht genau, warum ich ausgerechnet vor den hell erleuchteten Schaufenstern einer Flughafen-Ladenzeile auf einmal an fünfzigtausend Jahre Menschheitsgeschichte denke. So viele Jahre sind in etwa seit der *Kognitiven Revolution* vergangen, jener Quantensprung, als der Mensch aus ungeklärter Ursache die Fähigkeit zu Imagination und Sprache entwickelte. Erstmals löste er sich so von der rein dinglichen Welt und schuf eine virtuelle, gedankliche Welt, die er mittels der Sprache beschreiben konnte. Dies versetzte ihn in die Lage, sich in großen Gruppen zu organisieren, die einer *kollektiven Idee* folgen.

Das Ergebnis war nichts weniger als der Durchbruch des ehemals in einer Nebenrolle der Evolution vor sich hindümpelnden Homo sapiens: Aus versprengten Tribes, die nichts miteinander zu tun hatten, wurde so erstmals eine vernetzte Gemeinschaft – die Voraussetzung dafür, sowohl weltumspannende Reiche, Religionen als auch global agierende Unternehmen zu errichten.

Endlich komme ich am Gate an, stelle mein Gepäck ab und setze mich auf einen der wenigen freien Sitze. Mein Blick bleibt an dem Lufthansa-Logo an der kleinen Kaffeebar am Gate hängen. Auch globale Unternehmen wissen, dass es eben eine solche Idee ist, die die ganze Unternehmung im Innersten zusammenhält. *Just do it, Freude am Fahren, Think different, Vorsprung durch Technik* sind ja nicht nur für Konsumentenohren gemacht; sie sind der Grund, warum die Mitarbeiter jeden Morgen zur Arbeit gehen und stolz sind, wenn sie ihren Freunden von ihrem Job erzählen. Sie *glauben* daran.

Jede Art von menschlicher Kollaboration fängt irgendwann an mit einer solchen Idee, so, als entzündet man ein Feuer im Inneren, das fortan brennt: jede Unternehmung, jede Lehre, jedes Ritual, jeder Staat, jeder Tribe, jede Institution, jede Partei, jede Bewegung. Auf Basis dieses Kerns haben diese mannigfaltigen Ausprägungen menschlicher Kollaboration ihre Strukturen errichtet, um die Idee zu organisieren, zu pflegen, weiterzuentwickeln und zu verbreiten. Während sich diese Strukturen ausdifferenzieren und professionalisieren, ist es immer die gemeinsame Idee, die alles im Innersten zusammenhält. Diese Macht der Vision ist stärker als alle anderen Kräfte, die im menschlichen Universum wirken.

Nachdenklich blicke ich mich am Gate um – überall die gleichen grauen Mäuse, Business-Typen mit Anzügen und Rollkoffern, die in ihre Handys starren. In ihnen brennt offensichtlich kein Feuer. Sie sprechen kein Wort miteinander, und die einzige Gemeinsamkeit, die sie mit ihren Mitreisenden teilen, ist die Flugnummer und dass sie ihre Körper in derselben fliegenden Blechbüchse in die gleiche Stadt verfrachten. Das hat die Moderne aus den alten Dorfgemeinschaften, Gilden und Familienbanden gemacht: extrem effiziente Einzelkämpfer. Die technologische Entwicklung und die damit einhergehende Digitalisierung der Welt haben in der letzten Dekade zu einem unheimlichen Effekt beigetragen: Wir sind zwar vernetzt wie nie zuvor. Aber in Wirklichkeit ist unsere Verbindung zueinander abgerissen. Genau diese kollektive Idee, die die Menschen seit Jahrtausenden in unterschiedlichen Kontexten verband, ist in unseren Strukturen vollends erodiert.

Egal, wo ich in den vergangenen Wochen hingeschaut habe, ist mir dieses Muster begegnet. Da ist nicht nur die ewig schlechte Stimmung, die in der Arbeitswelt omnipräsent zu sein scheint – maulende Angestellte, die griesgrämig ihre Kalendertage abarbeiten, sich darüber beschweren, über dieses und jenes nicht informiert worden zu sein und die permanent ihre Rolle diskutieren wollen – wo ist ihre Begeisterung geblieben? Da haben wir uns in der Designbranche so professionalisiert, all unsere Prozesse durchstrukturiert und an die Strukturen unserer Auftraggeber angepasst – wo ist die Kreativität geblieben? Ich schaue Animationsfilme mit meinen Kids, die vor krassen Kampfszenen und hyperrealistischen Effekten nur so flimmern – aber wo ist die Story geblieben?

Wo ich hinschaue, begegnen mir Beispiele für diesen verloren gegangenen Kern: In der Netflix-Doku »Chef's Table« sagt ein Gemüselieferant mit Bewunderung über Dan Barber vom *Blue Hill Restaurant* in New York City, dieser sei »der erste und einzige«, der ihn nicht gefragt hätte, Ertrag, Haltbarkeit oder Stapelbarkeit seiner Gemüse zu verbessern – sondern den Geschmack. Was für eine Welt haben wir konstruiert, in der wir vor lauter Effizienz und Systemperformance diese innerste Qualität vergessen haben, um die es eigentlich geht? Wo ist der Geschmack, wo die Schönheit geblieben? Da bröckelt die Solidargemeinschaft, anonymisieren sich Nachbarn, vereinzelt sich die Bevölkerung, brechen Familien auseinander, wird die Demokratie gehackt, da wackeln ganze Nationen und zerfallen Staatenbündnisse – wo ist die Idee der Gemeinschaft geblieben? Je ausdifferenzierter, perfekter und effizienter unsere Systeme werden, desto mehr gehen die inhaltliche Qualität, der ursprüngliche Kerngedanke verloren. Kann es sein, dass ich tatsächlich in eine Zeit hineingeboren bin, in der alle in den letzten Jahrzehnten errichteten Systeme nur noch als Kartenhäuser existieren, innen drin ausgehöhlt und leer? Sich sogar kurz vor dem Kollaps befinden?

»Your flight Lufthansa blablabla is now ready for boarding. Please proceed to Gate ...« Ich schrecke auf, als sich rings um mich herum Aktivität entfaltet und die Leute sich um den Schalter scharen. Ich raffe meine Sachen zusammen und stelle mich in die unkoordinierte Schlange.

Die vielen grauen Männer am Gate erinnern mich an Michael Ende, und ich muss auf einmal an seine »Unendliche Geschichte« denken, die ich als Kind mehrmals gelesen habe. Darin wird das Land Phantásien, still und langsam, von einer unheimlichen Kraft, dem *Nichts*, ausgelöscht, weil die Menschenkinder in der echten Welt aufhören, an Phantásien zu glauben. Jetzt, in der grellen Beleuchtung des Abfluggates denke ich, dass in den Strukturen der modernen Welt nach und nach all das verschwunden ist – die Schönheit, die Liebe, der Gemeinschaftssinn. Dieser magische Moment, wenn es »Klick« macht – wenn Menschen sich gegenseitig inspirieren.

Aber wann genau hat das angefangen, das »Nichts«? Ist das eine weitere Eigenart des Digitalzeitalters? Oder hat es eine Entwicklung beschleunigt, die sowieso im Gang war?

Ich gehe mit ratterndem Rollkoffer die Gangway entlang und betrete den Flieger, verstaue mein Gepäck und lasse mich in den grauen Ledersitz fallen.

In was für eine verrückte Zeit ich hineingeboren bin, denke ich. Ich bin nicht Generation Y oder Z. Ich bin weder Boomer, noch Millennial und auch kein Digital Native. Mitten durch unsere Generation, die Generation X, verläuft ein Spalt. Wir kennen beide Welten, die analoge und die digitale. Meine Kindheit ist in ein paar sepiafarbenen Aufnahmen in einem Fotoalbum mit milchigen, knisternden Trennseiten und 1960er-Jahre-Muster dokumentiert, während ich im

|

ersten Lebensjahr meiner eigenen Kinder zehntausend Fotos in die
Cloud gejagt habe. Musik hörte ich als Kind auf Kassette, als Teenager
auf Vinyl, als Twen auf CD, in den 30ern auf dem iPod und den 40ern
auf Spotify. Ich gehöre einem Jahrgang an, der im ersten Semester
des Designstudiums noch mit Rapidograph gezeichnet hat, um im
vierten Semester »if-then« mit Lingo zu coden. Ich gehöre der zerris-
senen Generation an, die mit einem Bein im analogen und mit dem
anderen im digitalen Zeitalter steht.

Ich schaue durch die Stewardess hindurch, die genau vor mir
mit halbkreisförmigen Bewegungen die Lage der Notausgänge an-
deutet, und mir wird klar, welche Rolle meine Generation und ergo
ich selbst spielen werden: Wir sind die Generation des Übergangs
ins Digitalzeitalter. Wir haben die Chance, die Welt neu zu erfinden,
ergriffen!

Und während die Triebwerke des Airbus A 380 auf volle Leistung
schalten, die Beschleunigung mich in meinen Sitz presst und der
Flieger Richtung Singapur abhebt, reise ich in Gedanken in meine
Vergangenheit zurück. Ich will mich erinnern, wann die Dinge ihren
Anfang nahmen. Wann die digitale Seite anfing, sich zu formieren –
um sich von der echten Welt abzuspalten wie durch Zellteilung. Wann
die terrestrische Ordnung begann, sich aufzulösen. Wann genau die
Beschleunigung einsetzte, die den alten Millennium-Falken rattern
und vibrieren und fast auseinanderbrechen ließ. Wann mein Gehirn
begann, sich zu fragmentieren. Und wann uns der Sinn, in dem, was
wir tun, abhanden kam.

◊

VERNETZTE WEISHEIT

München, 2020

Wie findet man im digitalen Zeitalter Antworten auf große Fragen? Wir haben uns so daran gewöhnt, reflexartig zu googeln, wenn wir Dinge nicht wissen oder schnell eine Information brauchen, dass wir das vergessen haben. Das Internet ist ein riesiger Referenzraum für Informationen – aber nicht für tiefes Wissen, Weisheit und Wahrheit. Diese sind langsamer getaktet. Genauso schnell wie ich googele, bekomme ich spiegelbildlich auch die Antwort: die Öffnungszeiten vom Blumenladen, ein Kochrezept für Kürbissuppe, wie sich das Gesicht von Meg Ryan in den letzten Jahren durch Botox verändert hat, wie ich die Dateigröße eines PDFs komprimiere oder was »Fehler E23« auf dem Display meiner Siemens-Waschmaschine bedeutet. Schnelle Frage, schnelle Antwort. Aber zwei Sekunden Google-Suche zu investieren, wenn ich auf der Suche nach Wissen, Weisheit und Wahrheit bin oder mich aus einer Sinnkrise befreien möchte, ist unverhältnismäßig wenig Zeiteinsatz – deshalb liefert mir Google zwar fast zehntausend Treffer auf die Suchanfrage »Sinnkrise Digitalisierung«, aber keine Antworten.

Ein Buch schon.

Weil es sowohl vom Autor als auch vom Leser einen Zeiteinsatz einfordert. Und zwar zeitversetzt: Der Autor hat die Zeit investiert, das Buch zu schreiben. Das ist kein leichtes Geschäft und auch nicht mal eben erledigt. Der Leser wiederum entscheidet sich, seine Zeit zu investieren, um sich mit der Sache, um die es in dem Buch geht, auf einer tieferen Ebene auseinanderzusetzen. So verbringen Autor und Leser gemeinsame Zeit in einem Bedeutungsraum, und es kann eine ziemlich intensive Beziehung zwischen beiden entstehen, in etwa so, als hätten sie einen Abend tief greifender Gespräche bei zwei Flaschen Rotwein verbracht. Oder wie es einer der meistgelesenen Schriftsteller der Welt, Stephen King, in seiner fantastischen Autobiografie »On Writing – A Memoir of the Craft« beschreibt, eine *telepathische Verbindung.* Der Autor erschafft ein Bild, das der Leser tatsächlich vor seinem inneren Auge sehen kann. »We're having a meeting of the minds«, nennt King diesen Zustand. Autor und Leser sehen beide das Gleiche, obwohl sie räumlich und zeitlich vielleicht sogar Jahre getrennt sind voneinander. Sie lassen sich aufeinander ein. Und das ist die Voraussetzung, wenn man nicht nur schnelle Antworten erwartet. Sondern in der Lage sein will, überhaupt erst mal die richtigen Fragen zu stellen.

GENERATIONEN-ECHOKAMMER

Die Erkenntnis, dass die Welt komplexer ist als »Fehler E23«, führt mich in Richtung tiefes Wissen. Der Impuls, tiefere Fragen zu stellen, führt mich in Richtung Weisheit. Wenn ich www.delphi.com eingebe, lande ich nicht etwa bei einem allwissenden Internet-Orakel – sondern auf einer kommerziellen Website, die »advanced propulsion and aftermarket solutions« anbietet.

Das Internet ist und bleibt ein Informationsnetzwerk, aber Bücher sind für mich ein *Wissensnetzwerk.* Zu tieferem Wissen befähigt das Büchernetzwerk auch dadurch, dass es über eine viel gigantischere

Zeitspanne entstanden ist und ergo einen viel tieferen Referenzraum beschreibt als das Internet. Bücher gibt es schon seit Tausend Jahren. In Büchern sind die Dinge nicht nur so beschrieben, wie wir sie heute sehen, sondern auch unveränderlich fixiert, wie man sie damals gesehen hat, als das Buch geschrieben wurde. Und durch diese »Wahrnehmungsschere« zwischen gestern und heute tut sich ein neuer Raum auf, aus dem ich manchmal mehr über die Welt lernen kann als aus dem Buchstoff selbst.

Ernst H. Gombrichs »Eine kurze Weltgeschichte für junge Leser« ist für mich eines der weisesten und schönsten Kinder- und Jugendbücher, das jemals geschrieben wurde. Er schildert die Geschichte der Welt auf eine so nahbare und erzählerische Weise, dass es mir manchmal beim Lesen die Tränen in die Augen treibt. *Er spricht mit mir*, fast meine ich, seine Stimme zu hören. *Er sieht die Welt durch meine Augen*, aber zeigt mir die Dinge dabei so, wie ich sie noch nie betrachtet habe. Er geht so wunderbar auf mich als Leserin ein, dass ich das Gefühl habe, zwischen uns entsteht ein echter Dialog.

Gombrich zeichnet in diesem Buch ein großes Bild der Menschheitsgeschichte, von der Steinzeit bis heute – aber was ist »heute«? Gombrich schrieb sein Buch 1935, kurz nach der Machtergreifung der Nazis. Obwohl er es ist, der mir in diesem Buch sein Wissen vermitteln möchte, so weiß ich doch mehr als er: Ich weiß, dass seine Perspektive eben die Sichtweise eines Menschen ist, der noch nicht ahnen kann, dass die Welt nur wenige Jahre später erneut im Chaos versinken wird. Ich weiß, dass die Geschichte danach neu geschrieben werden muss. Ich weiß, zu welcher Welt die Geschehnisse führen, die er mir erzählt – er nicht.

Diese Diskrepanz beschäftigte Gombrich selbst viele Jahre sehr. Sechzig Jahre nach der Erstausgabe überarbeitete er sein Buch und fügte ein neues, letztes Kapitel hinzu: »Das Stückchen Weltgeschichte,

das ich selbst erlebt habe – ein Rückblick«. Hierin versucht er, dem
jungen Leser zu erklären, was danach geschah – und welche Punkte
seiner Darstellungen er aus heutiger Sicht anders sieht. In dieser über-
arbeiteten Neuausgabe, die ich in den Händen halte, steht die Wid-
mung »Für Ilse. Wie du stets dir's angehört, also stets dir's angehört.
Wien, Oktober 1935. London, Februar 1998.« Welch gigantischer Raum
an Geschichte, an neuen Sichtweisen auf den Stoff und die Welt ergibt
sich aus diesen beiden Daten?

In der »Weltgeschichte« zeigt sich in einem einzigen Buch, was
alle Bücher gemeinsam haben: Sie repräsentieren die Weltsicht einer
bestimmten Zeit. Deshalb kann ich als Leserin die Welt – die meiner
eigenen Zeit, der Vergangenheit, der Zukunft – aus mehrdimensionalen
Perspektiven betrachten: aus der Sicht meiner Zeit, der Vergangenheit
und der Zukunft. Die Erkenntnisse aus dieser mehrdimensionalen, sich
mehrfach überkreuzenden Betrachtung machen aus tiefem Wissen –
Weisheit.

Ganz im Gegensatz dazu das flache Wissen im Netz: Es ist ledig-
lich so alt wie mein eigenes Wissen! Denn ich bin so alt wie das Internet.
Mein Geburtsjahr 1973 ist bei Wikipedia auf einer der ersten rudimen-
tären Netzwerk-Skizzen des ARPANET zu sehen – dem Vorläufer des
heutigen Internets. Kein halbes Jahrhundert an Informationen – gegenüber einem Jahrtausend an Weisheit.

Ich stoße auf meinen Ausflügen in die tieferen Sedimentschichten
des Internets manchmal auf »digitale Fossilien« – Content, der nicht
weiter zurückliegt als die 1990er-Jahre. Auch wenn ich noch so sehr
suche, älter wird er nicht, der Stoff im Internet.

Den ältesten Google-Treffer, der mir jemals begegnet ist, fand ich
auf der Suche nach einem Buch. Er führte mich auf eine abgelegene
Archivseite der New York Times, zu einer Buchbesprechung vom 9. Juli
1995 – Mary Karrs fantastische Autobiografie »The Liar's Club«. Oben

links ein altes, verpixeltes Logo: »New York Times ON THE WEB«. Darunter winzige Menü-Buttons, für die alte Screen-Size 640 x 480 Pixel optimiert: SITE SEARCH und SITE INDEX.

Ich kann mich erinnern, dass ich, als ich auf dieser alten Website herumstöberte, irgendwie aufgeregt war und ein ganz merkwürdiges Gefühl hatte, das sich bei mir immer einstellt, wenn ich die Dinge aus historischen Perspektiven betrachte. Normalerweise eher der Blick zurück in die Vergangenheit – in diesem Fall war es jedoch der Blick aus der Zukunft zurück, auf unsere Zeit. Ich fragte mich: Wie wird die kommende Generation auf uns zurückblicken? Auf die Sedimentschicht, die wir im Internet hinterlassen? Sucht sie mittels Archäo-Bots und generiert Geschichtsschreibung mittels Datenvisualisierung?

Anders als die Kelten, über die wir heute so wenig wissen, weil sie ihre Geschichte nie schriftlich dokumentierten, produzieren wir zu viele, dafür wenig relevante Informationen! Wer erklärt das alles? Wer interpretiert die Daten? Was wird von den Exabyte an Content im Netz übrig bleiben?

Diese Fragen waren der Grund, warum ich meinen Blog »diary of the digital age« startete. Ich will erzählen, wie es ist, in dieser Zeit zu leben. In etwa so wie die flämischen Maler im 16. und 17. Jahrhundert, die Brueghel hießen und alle irgendwie miteinander verwandt waren. Sie haben den ganz normalen Alltag der Menschen gemalt: wie sie arbeiten, Karten spielen, heiraten oder Schlittschuh laufen. Wenn du dir die Menschen auf den Bildern genau anschaust – durch die Ölschicht, die sie vor einem halben Jahrtausend verewigt hat, durch die etwas altertümlich wirkende Kleidung und durch deine eigene Wahrnehmung hindurch, die eben immer alles als alt abstempelt, was alt aussieht –, wirst du merken, dass diese Menschen eigentlich so aussehen wie Menschen, die man heute noch antreffen könnte. Ich will es genauso machen, als eine Art *writing Brueghel*. Ich möchte das Bild meiner Zeit aus einem historischen Bewusstsein heraus beschreiben: aus Sicht der Vergangenheit, um zu verstehen, wo die Dinge ihren Anfang nahmen. Und aus der Sicht der Zukunft: wie wir auf unsere Zeit zurückblicken werden.

Die ältesten Google-Treffer am Boden des Internets dokumentieren die Sichtweise der Menschen Mitte der 1990er-Jahre, die Real-Time-Treffer sind die Breaking News dieser Sekunde. Das also ist alles, was uns der Referenzraum des Internets zu bieten hat? Das bedeutet doch, dass die gesamte, googlende Menschheit einer extrem eindimensionalen Sichtweise ausgeliefert ist: der Perspektive von etwa zwanzig Jahren – seit Informationen im Internet digital gespeichert werden. Was ist mit allem, was *vor* dieser Zäsur geschah? Alle analogen Denker, alles analoge Wissen? Das finden wir – trotz Retro-Digitalisierungsprojekten wie Google Books oder Google Art Project – nicht beim googeln. Das bedeutet, dass wir uns kollektiv als Generation in einer Zeitblase aus flachem Wissen und begrenzter Perspektive bewegen, die uns umgibt, seit wir mündige Teilnehmer der Erwachsenenwelt sind.

Irgendwie hat unsere Wahrnehmung der Welt durch dieses omnipräsente Erklärungsmodell des Internets eine enorm kurzfristige und verflachte Perspektive eingenommen – wir stellen schnelle Fragen und geben uns zufrieden mit den schnellen Antworten, die uns Google, Social Media und die News-Seiten liefern: bruchstückhaft, kleinteilig, extrem verhaftet im Hier und Jetzt. Wir haben verlernt, die Dinge aus unterschiedlichen Zeit- und Generationenperspektiven zu betrachten – und damit unsere eigene Sichtweise zu relativieren. Wir stecken nicht nur in der algorithmischen Echokammer, die uns immer nur die News ausspielt, die unserem Profil entsprechen; das Internet selbst *ist* unsere Generationen-Echokammer.

Das wird sich auch in Zukunft nicht so schnell ändern, selbst wenn das Internet irgendwann Jahrhunderte auf dem Buckel haben wird. Denn

Denn im Wesen von Daten ist angelegt, dass sie eine sehr kurze Lebens-
dauer haben, sie veralten extrem schnell. Ich habe einmal eine auf-
schlussreiche Statistik im Blog der Wirtschaftswoche dazu gesehen:
Ein Blog-Post lebt zwei Jahre. Ein LinkedIn-Post vierundzwanzig Stunden. Ein Facebook-Post fünf Stunden. Ein Twitter-Post achtzehn Minuten. Zum Vergleich: Gombrichs Weltgeschichte lebt seit achtzig Jahren.
Wir werden also weiterhin Real-Time-Content ins Netz kippen, um die
Welt zu beschreiben. Und unser Bild der Welt wird ergo weiterhin das
digitale Real-Time-Bild sein, das das Netz uns zeigt.

Seit fünftausend Jahren dokumentiert der Mensch seine Geschichte schriftlich. Ich connecte deshalb so gerne mit dem Büchernetzwerk, weil das Wissen dort langsamer getaktet ist und sich auf
größere Zeitläufe bezieht; vor allem aber, weil es *mehrdimensionale* Perspektiven beschreibt – und damit ein größeres Bild der Welt. Wir, die
Internetkinder – deren Leben heute aus Tausenden von News-Fetzen,
Mails und Kalender-Pings besteht, deren Weltsicht völlig fragmentiert
und innen drin leer ist –, werden dieses größere, tiefere und langsamere
Bild brauchen, um aus unserer Echokammer auszubrechen. Um zu
erkennen, was verkehrt läuft.

DAS BÜCHERNETZWERK

Dass Bücher ein größeres Bild beschreiben können, hat aber noch einen
weiteren Grund. Bücher sind eben kein gigantischer, hermetisch abge-
riegelter Offline-Contentspeicher aus altem Wissen, wie es heute in der
hippen Digitalblase oft unterstellt wird. Bücher sind miteinander vernetzt. Das kommt daher, dass Menschen, die Bücher schreiben, selbst

auch viele Bücher lesen. Und deshalb enthält *ein Buch unendlich viele Bücher.*

Ein Buch ist nicht nur ein dreidimensionales Objekt aus Papier und Buchdeckel – in Wirklichkeit ist es ein Knotenpunkt mit Verbindungslinien zu ganz vielen anderen Büchern. Stell dir dieses gigantische Büchernetzwerk an Verlinkungen als Bild vor: Es sieht ähnlich aus wie diese Weltkarte mit den Flugverbindungen im Lufthansa-Magazin. Es gibt einige sehr alte Knotenpunkt-Bücher, auf die ganz viele Linien verweisen, wie Aristoteles' »Nikomachische Ethik« oder Dante Alighieris »Göttliche Komödie« – ich kann nicht mehr zählen, wie oft ich beim Lesen diese Bücher zitiert gefunden habe. Solche Bücher entsprechen auf der Map des Büchernetzwerks Flughäfen wie London Heathrow oder Beijing Capital. Aber auch jedes neuere Buch, das erscheint, ist ein weiterer, potenzieller Hub auf dieser Karte. Yuval Noah Harari hat mit »Eine kurze Geschichte der Menschheit« beispielsweise einen solchen relativ neuen Knotenpunkt geschaffen.

Seit ich denken kann, hatte ich nie das Gefühl, *ein* Buch zu lesen; eher bewege ich mich beim Lesen in diesem gigantischen Büchernetzwerk und Wissensspeicher herum. Kein Buch ist in meinen Augen isoliert zu sehen; vielmehr profitieren alle Beteiligten, wenn ein Buch Spuren legt zu anderen Büchern. Aus mehreren Gründen: Erstens, um auf andere Bücher zu referenzieren, die in das eigene Denken eingeflossen sind, und ihnen dafür den Credit zu geben. Zweitens, weil sich das Wissen der Welt vernetzen muss, damit es fließen kann. Und drittens, um Spuren zu legen für den Leser. Denn die Chance, dass, wenn ihm das eine Buch gefällt, ihm das weisheitsvernetzte Buch auch zusagt, ist hoch. Gegen diese organische, wertvolle Verbindung wirkt der Amazon-Algorithmus »Kunden, die diesen Artikel gekauft haben, kauften auch« wie eine dieser körperlosen Computerstimmen-Telefonansagen – im Vergleich zu einem guten Gespräch.

TEIL II

GENERATION ONE

1994 – 2000

GESICHT DER ZUKUNFT

4. Kapitel

Schwäbisch Gmünd, 1994

*Mein Blick fällt auf den Satz, der in großen Buchstaben auf
der Stirnseite der obersten Treppenstufe vor dem Haupteingang
steht: »Ich will Designer werden.« Mit einer Gänsehaut im Nacken
überschreite ich ihn und trete durch das schwere Eichenportal.
Ich stehe in der Eingangshalle, deren Decke sich über dicken, aus
Granitblöcken geformten Säulen wölbt.*

IN DER ZEITBLASE

Als das Flugzeug die geplante Reiseflughöhe erreicht hat und die
Kontrolllampen ausgegangen sind, richte ich mich auf meinem Sitz
häuslich ein. Viele Stunden Flug liegen vor mir. Ich fliege mit fast
Tausend Kilometern pro Stunde gen Osten und bewege mich in der
Zeit also vorwärts. In meinen Gedanken fliege ich rückwärts: Ich
versuche, mich an die Zeit zu erinnern, als ich studierte. Ich weiß
nicht mehr, wie ich meine Tage verbracht habe, wann ich aufgestan-
den bin, was ich gefrühstückt, wann ich mich morgens auf den Weg
zur Hochschule gemacht und was ich nachmittags getan habe. Aber
bestimmte Erinnerungen ragen kristallklar aus dem Nebel heraus.
Merkwürdigerweise habe ich anscheinend in diesen Momenten
begriffen, dass etwas Bedeutungsvolles geschieht (sonst hätte ich es
ja nicht vom Kurzzeit- in den Langzeitspeicher übertragen) – obwohl
ich es erst jetzt, Jahre später, einordnen und erklären kann. An was
ich mich sehr genau erinnere, ist die Grundstimmung – wie sich die

Zeit anfühlte: Dass ich mit Beginn meines Studiums, ab dem ersten Moment, in dem ich das Gebäude betrat, in eine *Zeitblase* eintauchte.

Zeitblasen begegnen einem ab und zu – mich erregt dieses Phänomen jedes Mal so, dass mir das Herz bis zum Hals klopft und meine Finger kribbeln – ähnlich wie es einem Geologen ergehen mag, der unverhofft auf ein riesiges, unterirdisches Höhlensystem stößt. Zeitblasen sind *konservierte Zeit*. Sie können sich in hermetisch abgeriegelten Bereichen über Jahrzehnte halten. Jeder kennt dieses Phänomen; der Volksmund verwendet es beispielsweise zur Beschreibung von Orten, an denen »die Zeit stehen geblieben ist«.

Vorletzten Sommer, fällt mir plötzlich ein, habe ich ganz unerwartet eine hübsche Zeitblase entdeckt: den italienischen Strand. In Viareggio war alles noch genau so, wie ich es aus den Italienurlauben meiner Kindheit erinnerte. Gelb-rot gestreifte Sonnenschirme und Liegestühle, in endlosen Reihen am Strand entlang aufgebaut. Der Salvataggio mit Goldkettchen, der neben seinem roten Rettungsruderboot sitzt und aufs Meer hinausschaut. Der Ragazzo mit dem blauen Plastikeimer, der herumgeht und mit seinem Singsang »Cocoooo Coco Bellooo« Kokosnüsse verkauft. Italienische Familien, die um sich herum ein ganzes Arsenal an Klappstühlen, Kühlboxen und anderem Hausrat für den Strandtag aufgebaut haben. Die Frauen liegen in geblümten Badeanzügen herum und schwatzen oder schreien ihren Kindern hinterher, die Männer stehen mit verschränkten Armen in Gruppen mit den Füßen in der Brandung und unterhalten sich.

Am italienischen Strand fühlt es sich so an, als hätte sich seit der Frühzeit des Massentourismus in den 1970er-Jahren nichts Wesentliches mehr verändert.

Das gleiche Gefühl habe ich manchmal auch beim Betreten einer Arztpraxis, in die, der Einrichtung nach zu urteilen, zuletzt in den 1980er-Jahren investiert wurde – was Rückschlüsse auf die in der Praxis vorhandene Offenheit für neues Wissen zulässt. Auch in Unternehmen bilden sich Zeitblasen. Der Besuch bei einem Mittelständler in der Provinz kann so unversehens zu einer Zeitreise dreißig Jahre zurück geraten; mit überquellenden Dreh-Drück-Aschenbechern, Pirelli-Kalendern an der Wand und einer »Das haben wir schon immer so gemacht«-Einstellung der Zeitblasen-Bewohner.

Zeitblasen entstehen immer dann, wenn zu wenig Austausch mit der Außenwelt besteht. Wenn Veränderung nicht nötig ist, wie im italienischen Tourismus, in besagter Arztpraxis oder bei dem Mittelständler – wenn die Touristen, Patienten oder Kunden *sowieso* kommen.

Zeitblasen entstehen jedoch noch aus einem anderen Grund: Dann dienen sie der Konservierung von Erinnerungen. Wenn man in die Wohnung von alten Leuten kommt, fühlt es sich manchmal so an; zum Beispiel bei Helga, meiner Schwiegeroma in Wuppertal: auf weißen Häkeldeckchen stehen Zinnbierkrüge und folkloristisch gekleidete Puppen, griechisch anmutende Skulpturen, kleine Stofftiermäuse mit Cowboyhut, eingerahmte Kinder- und Enkelfotos. An den Wänden im Wohnzimmer Ölschinken mit goldenen Schnörkelrahmen: eine Szenerie in Venedig mit türkisem Wasser und Gondeln; und der Wasserfall in Bad Gastein, der tosend durch die Häuserschlucht der Stadt in den Abgrund stürzt. Bei einem meiner letzten Besuche bei ihr ist es mir wie Schuppen von den Augen gefallen: *In ihrer Wohnung hält sie die Zeit ihrer glücklichsten Erinnerungen fest* – als würden sich die Dinge dadurch niemals ändern.

ZEICHEN FÜR DIE EWIGKEIT

Während der Airbus die östlichen Kalkalpen überfliegt und die Stewardess auf ihrem Getränkewagen neben mir Eiswürfel in das Glas fallen lässt, denke ich darüber nach, dass ich das Eintauchen in die Zeitblase meines Studiums anfangs gar nicht wahrgenommen habe. Als junger Mensch nimmt man die Erwachsenenwelt als gegeben; alles macht den Eindruck, als wäre es schon immer da gewesen, seit Anbeginn.

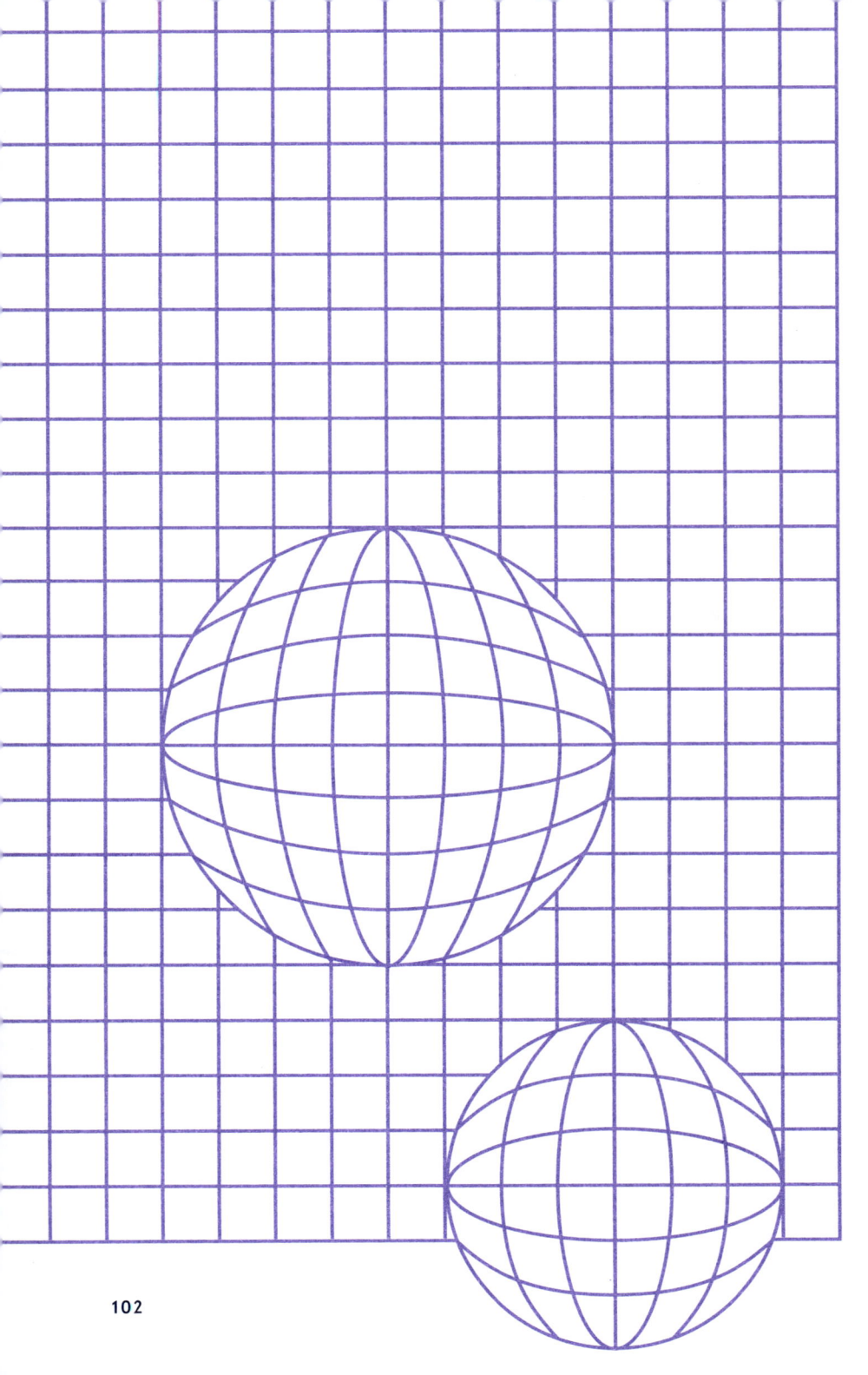

Die Hochschule schuf ihre Zeitblase mit ihrem *geistigen Überbau*; und auch sie konservierte damit ihre glücklichste Zeit: die 1960er-Jahre. Ich verbrachte mein Grundstudium im langen Schatten einer Zeit, in der Gestaltung in Deutschland nach dem Krieg ihre goldenen Jahre erlebte. Eine ernste Zeit, mit Seitenscheitel-Menschen in Rollkragen-pullovern und dicken Hornbrillen, skandinavischen Teakmöbeln mit starker Maserung, Röhrenfernsehern, Schneewittchensarg-Platten-spielern im Wohnzimmer und modernen Haushaltsgeräten in der Küche. Gleichzeitig begannen in diesen 1960er-Jahren einflussreiche Personen, wie Otl Aicher, Inge Aicher-Scholl, Max Bill und Dieter Rams, die Strukturen zu schaffen, die Design in Deutschland brauchte, nachdem das Land durch die Nationalsozialisten viele progressive Denker des Bauhauses verloren hatte. Einige Jahre zuvor hatten sie die Ulmer Hochschule für Gestaltung gegründet, Rams wurde gerade Leiter der Formgebung bei Braun und würde bald anfangen, an seinen »Zehn Thesen für gutes Design« zu arbeiten.

Die Hochschule für Gestaltung Schwäbisch Gmünd war in meiner Studienzeit eine kontrollierte Welt, die sorgsam ihr Erbe bewahrte und es gegen die störenden Einflüsse der Außenwelt verteidigte. Und doch sollte während meiner Zeit dort genau das passieren: Der immer stärker werdende Sog der Zukunft würde letztlich dazu führen, dass die alte Zeitblase aufplatzte. Und diesen Moment sollte ich sogar selbst miterleben. Doch davon, so wird mir klar, während ich die Eiswürfel in meinem Glas langsam kreisen lasse, ahnte ich zunächst nichts.

Alles in Gmünd war Raster. Struktur. Reduktion. Abstraktion. Funktion. Das war die Idee von Gestaltung, die an der Hochschule gelehrt und praktiziert wurde. Wir Erstsemester saßen jede Woche in der Aula, einem wunderschönen Jugendstilsaal mit meterhohen Fenstern und offener Galerie an Egon-Eiermann-Tischen und zeich-neten *Transformationen*. Die Aufsicht führten zwei Dozenten, Götte und Meloni, Ersterer weiß gekleidet, Letzterer schwarz (Professor Michael Götte schenkte mir später Sten Nadolnys »Die Entdeckung der Langsamkeit« – ein langsames Buch für eine sich beschleunigende Generation).

Transformationen sind sich Schritt für Schritt verändernde Grundformen: sich öffnende Kreise, verschiebende Quadrate, rotierende Dreiecke. So entwarfen wir Zeichensysteme, die durch ihren hohen Abstraktionsgrad universelle Gültigkeit anstrebten. Jedes Zierrat, jeder Schnörkel, jede Unnötigkeit wurden dabei aus unseren Gehirnwindungen wegreduziert. Regelmäßig präsentierten wir unsere Arbeiten und unsere Erkenntnisse. Unsere Dozenten setzten alles daran, meinen schwäbischen Kommilitonen das dabei oft verwendete »Muschter« auszutreiben, und stattdessen den Begriff »Struktur« zu verwenden – oder »Raster« (das sich auf schwäbisch anhört wie »Raschter«).

Unsere Vorbilder waren die wunderbaren Erscheinungsbilder der 1960er- und 70er-Jahre, alle mit diesem universellen Gültigkeitsanspruch entstanden – sowohl in geografischer Hinsicht: weltweit, über alle Sprachen hinweg; als auch in zeitlicher Hinsicht: über alle Zeiten hinweg und für die Ewigkeit. Otl Aichers Erscheinungsbild für die Olympischen Sommerspiele in München 1972 sowie das dazugehörige, auf einem strengen, isometrischen Raster basierende Piktogrammsystem aller sportlichen Disziplinen. Ebenso seine Wort-Bildmarke für die Lufthansa von 1963, die Wort-Bildmarke für die Sparkasse von 1971 oder die Deutsche-Bank-Bildmarke von Anton Stankowski von 1974. Diese berühmten Zeichen lösten Ehrfurcht in mir aus. Sie waren für mich Insignien der Erwachsenenwelt, von Unternehmen, die da- standen wie Bastionen. Unerreichbar. Unveränderlich. Untouchable.

Es sollten Jahre vergehen, bevor mir die tiefere Bedeutung und eigentliche Rolle von Gestaltern klar wurde. Sie sind diejenigen, die – gewollt oder ungewollt – die Weltsicht ihrer jeweiligen Zeit sichtbar machen. Sozusagen die Übersetzer zwischen Welt und kollektivem Bewusstsein, oder Welt und kollektivem Bildergedächtnis. Sie geben ihrer Zeit ein Gesicht – und sind damit Gestalter des Weltbilds. Entsprechend spiegelt der universelle Charakter dieser berühmten

Arbeiten aus den 1960er- und 70er-Jahren eine Weltsicht wider, die auf unveränderlichen Wahrheiten und ewig gültigen Prinzipien beruht. Ebenso dachten Designer und ihre Auftraggeber ja auch, dass die Unternehmen, für die sie diese Zeichen und Produkte entwarfen, ewig bestehen würden. Man wollte, nach dem Chaos und der totalen Zerstörung des Kriegs, eine stabile Weltordnung. Genau darin bestand die Zeitblase, in der wir lebten, als Studenten in Gmünd.

Diese Zeitblase fand in den schwarzen Rollkragenpullovern, dem um die Schulter geworfenen Schal und den vielen in den Vorlesungen von Professoren und Studenten gerauchten Zigaretten ihren Ausdruck; aber auch in den ernsten Debatten und Themen. Wir diskutierten mit Professor Thomas Rurik Marshall McLuhans These »The medium is the message«. Wir analysierten Stilmittel des deutschen Expressionismus im Film »Citizen Cane«. Wir hörten Mittwochsseminare über Buckminster Fuller und dessen geodätische Kuppeln. Wir betrachteten Arbeiten von Jan Tschichold und setzten Texte des Philosophen Paul Virilio in Flattersatz. Wir setzten Texte mit Bleisatzlettern und druckten Plakate im benebelnden Lösungsmitteldampf einer alten Siebdruckmaschine. Wir gestalteten Plakate über die Anfänge unserer Schriftkultur – karolingische Minuskel und römische Antiqua. Wir entwarfen Broschüren über die Plakatkünstler John Heartfield und Klaus Staeck, die ihr Medium vor allem als Träger einer politischen Botschaft begriffen. Alles, was wir taten, war der alten Zeit verpflichtet und durch eine tiefe Ernsthaftigkeit geprägt.

SECOND REALITY

»Wann habe ich erste Anzeichen der neuen Zeit wahrgenommen?«, frage ich mich, als wir gerade die endlosen Weiten der Großen Ungarischen Tiefebene überfliegen. Sie kamen schleichend. Es war eine Art innere Ablösung, die sich bei den Studenten breitmachte: Das *Greifen* und das *Begreifen* drifteten auseinander. Sichtbar wurde dieses Abwenden vom Kraftfeld der Zeitblase daran, was wir taten – an unserer Arbeitsweise.

1994

Eigentlich ist das Arbeiten mit der Hand von den Professoren vorgegeben. Sie sehen es nicht nur als eine Verpflichtung gegenüber dem alten Handwerk, sondern auch programmatisch als »Philosophie des Machens«, wie es Otl Aicher in seinem Manifest »Analog und Digital« nennt. Hand und Gehirn, Greifen und Begreifen sind so eng miteinander verwoben, dass sie ohne einander nicht funktionieren. Also zeichnen wir lange Transformationsreihen auf weißem Papier. Wir pausen große Lettern mit Bleistift auf Transparentpapier ab, um daraus Logoentwürfe zu entwickeln. Wir zeichnen Drahtrahmenschachteln, um darin dreidimensionale Körper zu konstruieren.

Als ich jetzt daran zurückdenke, kann ich mich genau an das Kribbeln in meinen Fingern erinnern, wenn ein Layout auf einmal Spannung erzeugt – und gut aussieht. Ich war damals überzeugt: *Gutes Design musst du in den Fingern spüren.*

Immer öfter höre ich aber nun von Kommilitonen, dass sie ihre Transformationen heimlich am Computer zeichnen und dann abpausen. Oder ihre Layouts am Computer anlegen, diese dann ausdrucken, zerschneiden und wieder auf Papier kleben, um sie dann den Professoren zu präsentieren. Handmade, aber Fake. Analoges Reverse Engineering, sozusagen.

Ich finde das anfangs befremdlich. Ich liebe das sorgfältige Zeichnen, erst mit einem gespitzten Bleistift, dann mit Rapidographen, diesen feinen Tuschezeichnern, die es in Dutzenden von Strichstärken gibt. Ich mag die Linearität der Arbeit: Stundenlang sitze ich an meinem kleinen Schreibtisch unter dem Fenster meines Studentenwohnheimzimmers, das ich im ersten Semester mein

Zuhause nenne, und zeichne. Ein Schritt folgt dem nächsten. Und ehe ich mich versehe, habe ich – steter Tropfen – ein riesiges Formenrepertoire geschaffen.

Mich faszinieren die gestalterische Freiheit und die Anzahl an Möglichkeiten, die ich entdecke – trotz der beschränkten Wahl der Mittel: schwarz und weiß. Kreis, Quadrat und Dreieck. Je mehr Formen ich zeichne, desto mehr Möglichkeiten entdecke ich. Und irgendwie haben diese Aspekte – Sorgfalt, Linearität und Freiheit – auch direkt mit der Arbeit mit den Händen zu tun. Ich muss eben durch den ganzen mühsamen Weg durch, um zur Erkenntnis zu gelangen. Der Weg ist sozusagen das Ziel. Was meine Kommilitonen da tun, kommt mir vor wie ein billiger Shortcut, bei dem sie den besten Teil aussparen.

Doch bald konnte auch ich dem Sog der Technologie nicht mehr widerstehen. Im zweiten Semester stand mein erster Computer auf dem Schreibtisch meines WG-Zimmers: ein Apple Mac Performa 630. Es war nur ein kleiner Schritt. Mein erstes Layout-Programm – Page-Maker – war gar nicht so weit entfernt vom Handwerk. Denn die Software-Macher hatten sich einfach die Arbeitsweise der Grafik-designer zum Vorbild genommen – und bildeten diese in der virtuellen Welt nach.

Ich habe ein weißes Blatt Papier vor mir liegen, nur eben nicht auf meinem echten, sondern auf dem virtuellen Desktop auf meinem Bildschirm. Links daneben, wie auf einem ordentlich hergerichteten Arbeitsplatz, ein paar nützliche Werkzeuge. Ich fange einfach an, Buchstaben und Texte auf das Papier zu bringen, herumzuschieben – wie in der echten Welt. Es ist eine vertraute Analogie in einer vertrauten Welt, in der ich schnell immer sicherer werde. Schon im dritten Semester ist mir mit QuarkXPress quasi eine dritte Hand gewachsen. Aber mein virtueller Schreibtisch ist immer noch eine kleine Welt – sie endet am Rande der vertrauten Hemisphäre des virtuellen DIN-A4-Blatts.

Diese kleine Hemisphäre weitete sich im vierten Semester massiv aus, als wir uns aufmachten, in die Landschaft des digitalen Raums vorzustoßen. Den Boden dafür bereiteten zwei brandneue Anwendungen aus Kalifornien: Adobe Photoshop und Macromedia Director. Es waren diese beiden Programme und die neue Denkweise, die wir uns durch sie aneigneten, die an den Fundamenten der Zeitblase rüttelten. Indem wir uns Schritt für Schritt von der terrestrischen Ordnung entfernten – und in den mehrdimensionalen, virtuellen Raum katapultiert wurden.

1995

In der Photoshop-Schulung erstellen, bearbeiten und verändern wir Bilder Pixel für Pixel, mithilfe von Radiergummi, Stempel und einem Haufen weiterer virtueller Werkzeuge.

Ich betrachte das Foto einer Frau auf meinem Bildschirm. Ich wähle mit dem Lasso-Werkzeug ihr rechtes Auge aus, dupliziere es, lege eine neue Ebene an und setze es ihr auf die Stirn. Dann entferne ich ihr ein Muttermal mit dem Stempel-Werkzeug und verdreifache das lockige Haarvolumen, ganz einfach dadurch, dass ich große Teile auswähle, kopiere und wieder einsetze:

Apfel a, Apfel c, Apfel v.

Ich starre auf den Bildschirm.

Ich habe relativ krude gearbeitet. Aber es sieht so echt aus! Auf einmal habe ich das Gefühl, als würde der Kameramann in meinen Augen die Blende aufziehen, sodass der Raum tiefer wird und sich der Abstand der Realitätsschichten vergrößert. In diesem Moment verändert sich meine Sicht auf die Welt. Ich habe bis jetzt den Bildern, die ich sehe, immer geglaubt – in den Nachrichten, in den Zeitungen, sogar in der Fernsehwerbung. Klar, Journalisten gehen auf eine andere Weise mit ihnen um als Werbeleute. Und klar gab es immer schon Manipulation in den Bildern. Aber immerhin waren sich bisher immer noch alle einig, dass Bilder ein Abbild der Realität sind. Eine Art geeichter Standard, auf dem unsere aller Wirklichkeitswahrnehmung beruht.

In dieser Photoshop-Schulung wusste ich zwar noch nicht, dass die Menschen zwanzig Jahre später keinem einzigen Bild und keinem einzigen Video mehr trauen können, das sie sehen. Ich wusste noch nicht, dass Jan Böhmermann im Neo Magazin Royale aller Welt vorführen würde, wie leicht man einen politischen Skandal und einen landesweiten Aufschrei der Empörung produzieren kann, wenn man mit ein paar Klicks einem Politiker in einem Video einen Stinkefinger andichtet – den er in Wahrheit nie gezeigt hat. Dass Hoaxes und Fake News zu einem gängigen Format werden würden, da sie Garanten für Zwietracht und damit hohe Klickzahlen sind. Dass es Algorithmen auf Google und Facebook geben würde, die immer weiter dafür perfektioniert würden, mit diesen Bildern eine passgenaue Realität um jeden Einzelnen von uns herum zu konstruieren – und dass uns genau deshalb diese kollektive Wirklichkeitswahrnehmung, der geeichte Realitätsstandard, abhanden kommen würde.

> *Ich bin einfach nur aufgeregt, erwartungsvoll, unstoppable. Denn was ich in diesem Augenblick begreife, ist, dass die Bilder durch Photoshop eine neue, eigenständige Realität darstellen können.*
>
> *Eine* Second Reality.
>
> *Mit Photoshop erstellen wir alle Einzelteile unseres interaktiven Systems: Die einzelnen Objekte, Buttons, Cursor, Fenster, Menüs, Texte, Bilder. Mit »Director« setzen wir uns, wie der Name suggeriert, in den Regiestuhl – und lassen die Puppen tanzen. Director bedient sich tatsächlich der Analogie eines Marionettentheaters: Ein Programm, mit dem ich meine Objekte auf der Bühne mit unsichtbaren Fäden versehen und ihre Bewegungen und Interaktionen programmieren kann. Ich kann also einem Button sagen, dass er klickbar ist und was passiert, wenn man es tut: einen Sound abspielen, ein Fenster aufpoppen lassen oder auf eine weiterführende Seite geleitet werden.*

In dem Moment, in dem die Anschnallzeichen wegen möglicher Turbulenzen über den Südkarpaten aufleuchten, hole ich nun wieder eine dieser kristallklaren Erinnerungen aus meinem inneren Archiv – das irre Gefühl, das ich in dem Moment empfand, als ich das erste Mal einem Objekt auf meinem Bildschirm mit einem einfachen »if-then«-Befehl – *wenn* ich diesen Button anklicke, dann passiert Folgendes – sagte, was es tun sollte.

1995

Ich klicke ein Objekt auf dem Bildschirm an, das ich erstellt und mit einem Befehl versehen habe – und es bewegt sich! Ich lache laut auf und habe ein Terabyte Schmetterlinge im Bauch. Ich finde es einfach nur irre. Ich starre in den Bildschirm: In diesem Moment habe ich ein Tor in eine andere Welt für mich aufgestoßen. Eine Welt, die ich selbst erschaffen habe. Diese stellt alle physikalischen Gesetze, die ich gelernt habe, auf den Kopf: Denn sie existiert gar nicht wirklich; aber dennoch kann ich komplett in sie hineintauchen. Und was noch viel wichtiger ist: Ich habe das Prinzip verstanden, wie diese neue Welt funktioniert. Sogar die Programme selber, die ich nutze – QuarkXPress, Photoshop, Director –, sind genau so gemacht.

In den nächsten Wochen bauen wir den Prototyp unseres interaktiven Systems, einen Nacht-Stadtführer. Wir verfügen auf einmal über viel mehr Dimensionen, mit denen wir gestalten können: Wir stellen dem User mehrere Auswahlmöglichkeiten mit Schiebereglern zur Verfügung. Je nach Einstellung verändern sich die Ergebnisse – kein Inhaltsverzeichnis eines Buchs kann das. Wir entwickeln eine Benutzerführung, jeder Menüpunkt und jeder Button muss unterschiedliche Zustände und Dimensionen anzeigen können: rückwärts oder vorwärts, gelesen oder ungelesen, aktiv oder inaktiv. Keine Typografie in einer Broschüre oder auf einem Plakat besitzt diese Mehrdimensionalität – seit gefühlten Jahrhunderten ist sie auf Druckplatte oder in Bleisatzlettern gebannt und dadurch immer unveränderlich.

Typografie in digitalen Medien löst jedoch genau diesen unveränderlichen Zustand auf – stattdessen ist die Veränderung ihre Konstante; das, was man sieht, ist immer nur ein temporärer

> *Zustand, der sich kontextabhängig verändert. Und langsam beginnen wir durch diese Arbeit in den neuen Medien die alten Gesetze der Gestaltung, die den Anspruch haben, ewig gültig zu sein, anzuzweifeln. Was hilft einem der Goldene Schnitt, wenn man in einem unendlichen, virtuellen Raum unterwegs ist? Und die alte Zeitblase, die unsichtbar wie eine schützende Hülle über der Schule am Rechberg liegt, bekommt feine Risse.*

Zehn Jahre später, 2007, funktionierten die ersten Apps des iPhone, mit denen wir unser Leben, unsere Arbeit und unseren Alltag organisierten – Kalender, Mail, Banking, Social Media, News, Shopping – nach genau diesen Prinzipien, die wir Designer der ersten Stunde entwickelt hatten; und noch mal rund zehn Jahre später, 2017, kommunizieren wir auf diese Weise mit den intelligenten, vernetzten Maschinen des Internet of Things: Fahrzeugen, Heizungen, Waschmaschinen, Sportgeräten und Kaffeeautomaten.

Obwohl ich damals keine Vorstellung davon hatte, wie die technologische Entwicklung weitergehen würde, streifte mich doch schon eine diffuse Ahnung, eine besondere Zeit zu erleben. Ich hatte das Gefühl, zu den Auserwählten zu gehören; Mitglied einer neuen Profession zu sein, die einen Part in der aufdämmernden Ära spielte. Als Designerin würde ich diejenige sein, die *Maschinenlogik* in *Menschenlogik* übersetzte. Und so erst Kommunikation möglich machte! Schließlich wollte jemand, der später bei Amazon »Harry Potter und der Stein der Weisen« zu kaufen vorhatte, einfach das Buch auf seinem Bildschirm betrachten. Und nicht etwa *$ display https://imagesna.sslimagesamazon.com/images/I/51QgkZysKcL._ SX335_BO1,204,203,200_.jpg* auf einem schwarzen Screen tippen. Jemand, der sich morgens einen Kaffee aus seinem Vollautomaten rausließ, wollte einfach auf ein kleines, hübsch leuchtendes Kaffee-Icon drücken. Und nicht einen Laptop anschließen und seiner Kaffeemaschine in Arduino den Befehl *void setup(){attachInterrupt (StartBrewingButton, MakeCoffee, RISING)}* geben. Wir waren diejenigen, die dem virtuellen Raum, der *Software*, ein Gesicht gaben.

Mitleidig schaute ich damals auf die Studenten und Professoren, die immer noch an ihren Printbroschüren und Plakatserien arbeiteten. Sie waren jetzt – in meinen Augen – die Rückwärtsgewandten. Ohne dass mir das in voller Tragweite bewusst war, wandte ich mich ein Stück vom Kraftfeld der Zeitblase, in der unsere Hochschule lebte, ab.

HTML-TEXT

In dieser Zeit entstanden an der Hochschule immer mehr derartiger Projekte: interaktive Systeme und die ersten Websites. Das waren die Projekte, die Furore machten, die *gehypt* waren, bei deren Schlusspräsentationen sich die Leute an der Eingangstür drängelten und der Saal gesteckt voll war mit interessierten Mitstudenten. Alle konnten spüren: Da entstand ein neues Gravitationszentrum.

Es war während einer dieser Präsentationen, als die Ereignisse sich vollends drehten. Als die Zukunft die Vergangenheit überholte und die Zeitblase endgültig platzte. Ich war dabei.

1996 *Die Studenten des siebten Semesters präsentieren an diesem Tag nicht etwa im Elfenbeinturm der Aula – dort gibt es kein Internet. Sondern in einem Zwischengeschoss im Treppenhaus, ebenda, wo die Hochschule die ersten Internetarbeitsplätze untergebracht hat (komische Vorstellung, denke ich in der Rückschau, dass früher das Internet punktuell verortet war).*

Die Gruppe, die an diesem Tag ihr Semesterprojekt vorstellt, besteht aus drei Studenten – einer hübschen, pausbäckigen Studentin mit einem strammen Pagenkopf, einem Studenten mit wuscheligen Haaren, die abgesehen von seiner Brille sein Gesicht komplett verdecken, und einem dritten, dunkelhaarigen Typen.

Die drei haben das erste Webprojekt der Hochschule entwickelt, eine Arbeit mit dem kruden Namen »Kommunikativer Server«, eine Mischung aus Website und Hochschulserver. Sie sind sichtlich stolz; sie haben sich tief in unbekanntes Terrain vorgewagt: das Internet. Denn während mein Projekt noch ein in sich geschlossenes, kontrollierbares, interaktives System gewesen ist, hat diese Gruppe eine Website entwickelt, die tatsächlich von überall in der Welt ansteuerbar ist. Jetzt laufen sie mit ihren Erkenntnissen im Gepäck den Heimathafen an, wir Zuschauer sind die begeisterte Menge, die sich drängt, um die Abenteurer willkommen zu heißen – und ihre Geschichte zu hören. Ihr Forschergeist ist ansteckend, ich fiebere förmlich mit, als sie von ihren Erfahrungen in dieser neuen Welt berichten – von den Unsicherheiten und Schwierigkeiten, aber auch von den Entscheidungen, Durchbrüchen und Erkenntnissen. Ich ahne, dass hier Großes im Entstehen ist.

Nachdem die drei – von aufgeregtem Gemurmel aus der Zuhörerschaft begleitet – ihre Website präsentiert haben, gibt es viele Fragen aus dem Publikum; die meisten technischer Art, oder nach Navigation und Benutzerführung. Die Professoren haben bis zu diesem Zeitpunkt noch nichts zur Diskussion beigetragen – sie sind eine schweigende Insel im aufgewiegelten Meer der Studenten. Schließlich räuspert sich einer von ihnen. Alle Blicke der Studentenschaft richten sich auf ihn. Er fragt in die plötzliche Stille hinein:

»Ist es möglich, die Schriftgröße in der Typografie etwas kleiner zu machen?«

Ich brauche ein paar Sekunden, bis mir klar wird, was er da gerade gesagt hat. Und ein Blick in die Runde zeigt mir, dass die anderen ebenso empfinden: Wir sind fassungslos. Das eine ist die mikroskopisch kleine Perspektive, von der aus er seine Frage formuliert. Da kommen gerade drei Abenteurer von einer Expedition zu einem unbekannten Kontinent zurück – und die einzige Frage, die von der Professorenschaft kommt, ist zu einem mikrotypografischen Detail wie Schriftgröße? Das ist in etwa so, als

würden die ersten Siedler Sydneys berichten, wie sie mit bloßen
Händen die Straßen in den steinigen Grund geschlagen und die
ersten Häuser des Stadtteils »The Rocks« zusammengezimmert
haben – und zu Hause würde man sie einzig und allein nach den
Beschriftungen an den Fassaden fragen.

Noch viel schlimmer aber ist, dass der Professor sich mit seiner
Frage selbst entlarvt: Er ist noch hoffnungslos in der alten, dinglichen Welt verhaftet. Er betrachtet die Website wie eine gedruckte
Broschüre und glaubt natürlich, dass auch hier die ewigen Gesetze
der Gestaltung Gültigkeit haben. Er nimmt alles, was er auf der
Internetseite sieht, für absolut. Das ist der Denkfehler. Denn jedes
Objekt auf der Website ist generisch – das genaue Gegenteil. Das,
was man am Bildschirm sieht, ist nicht mehr das Objekt selbst. Es
ist zerlegt worden in Parameter, die das Objekt beschreiben, und
der Browser generiert in diesem Augenblick ein Abbild, das dieser
Beschreibung entspricht.

Wir Studenten haben das vielleicht nicht alle technisch durchdrungen. Wir haben es intuitiv verstanden: dass die Dinge in der
neuen Welt eben nicht mehr das sind, was sie zu sein scheinen.
Dass wir uns von den »dinglichen Dingen« langsam verabschieden
müssen, da an ihre Stelle »generische Objekte« treten. Der Siebt-
semester-Student, der mit der Nerd-Brille, antwortet deshalb ganz
lapidar – in seiner Antwort die ganze Wucht der Wahrheit:

»Das ist HTML-Text.«

Der Professor beharrt darauf, dass man ja auch HTML-Text etwas
kleiner darstellen könnte. Um mich herum Getuschel. Der Siebtsemester erwidert nun mit hörbarem Spott in der Stimme:

»HTML-Text ist generischer Text.«

Der Siebtsemester lässt den Professor zappeln. Unterdrücktes
Gelächter und rollende Augen im Publikum. Der Professor blickt sich
hilfesuchend zu seinen Kollegen um, als der Student zum finalen
Schlag ausholt:

»Generischer Text heißt: Der Text wird an jedem Computerbildschirm anders aussehen. Je nachdem, wie der User die Schrift in

seinem Browser eingestellt hat. Und deshalb diskutiere ich jetzt
hier auch nicht weiter über Schriftgrößen mit Ihnen.«

Jetzt ist es raus. Der Professor zuckt zusammen, als wäre er vom
Schlag getroffen. Das, was er in diesem Moment erlebt, ist sein
eigener Bedeutungsverlust. Seine Autorität, die auf seinem Wissen,
seiner Erfahrung und seiner Erklärung der Welt basiert, fällt in sich
zusammen. Er wird blass und still, tritt einen Schritt zurück, um mit
der anwesenden Professorenriege zu verschmelzen und unsichtbar
zu werden. Er tut mir leid. Aber diese erste Reaktion wird von einem
noch stärkeren Gefühl überdeckt: Ich triumphiere.

In diesem Augenblick fällt noch etwas anderes in sich zusammen:
die Zeitblase. Wie eine schillernde Seifenblase, die zuvor scheinbar
perfekt im Raum schwebte. Ich kann das »Plopp« förmlich hören
und den herabrieselnden Seifennebel im Gesicht spüren. Alle
anderen im Raum auch! Die goldenen Regeln der Gestaltung, der
Glaube, dass es unumstößliche und ewig gültige Gesetze der
Formgebung gibt – all das hat auf einmal keine Gültigkeit mehr.
Denn die Typografie, die in der echten Welt physisch mit Rapido-
graph gezeichnet, deren Position auf einem weißen Papier mit
Kribbeln in den Fingern geografisch ausgelotet, deren ideale
Größe mit Bleisatzlettern bis in alle Ewigkeit festgelegt und
gedruckt wurde; ihre unumstößliche, perfekte Erscheinungs-
form ist durch ein generisches Objekt ersetzt worden, das de
facto nicht existiert. Über dessen individuelle Erscheinungs-
form man demzufolge auch nicht mehr urteilen oder die alten
Gesetze anwenden kann.

Während der Diskussion zwischen dem Siebtsemester und dem
Professor hatte ich zum ersten Mal das Gefühl, dass sich ein tiefer
Graben zwischen den Denkweisen der Generationen auftat. Es
sollte nicht das letzte Mal sein. Die Schere zwischen »neuer Denke«
und »alter Denke« fing an, sich weiter zu öffnen. Wir Studenten
erarbeiteten uns, unterstützt von den jüngeren Dozenten, blitz-

schnell die neuen Technologien und eigneten uns im Umgang
mit selbigen innerhalb von wenigen Semestern eine neue Denkweise an.

Es veränderte die Sicht auf die echte Welt, wenn man in Photoshop erfuhr, wie leicht es war, eine *Second Reality* zu erschaffen. Es
veränderte etwas an der Auffassung von Realität, wenn das ehemals echte Objekt einer *generischen Beschreibung des Objekts* wich.
Wir fingen an, uns darüber lustig zu machen, dass »die mit der
alten Denke« angesichts der neuen Anwendungen, Lingo-Code und
animierter, flashiger Buttons, auf ihren alten, verstaubten Gesetzen
beharrten. Wir waren die jungen, forschen Tech-Revoluzzer – sie die
alte Garde. Das Killerargument der Besitzstandswahrer, dass man
Dinge so zu machen hat, weil man sie immer schon so gemacht hat,
zählte nicht mehr. Und wie jeder Stellvertreter der nachwachsenden
Generation hatte auch ich meine diebische Freude daran, die alte
Erwachsenenwelt wanken zu sehen.

Es herrschte Aufbruchstimmung, uns verband ein neues Gemein-
schaftsgefühl. Wir waren beseelt vom Pioniergeist, wie alle, die neue
Welten entdecken: Captain James Cook, der mit einer Gruppe von
Wissenschaftlern, Astronomen, Botanikern und Abenteurern auf
der Suche nach dem sagenhaften, unbekannten Südkontinent mit
der *Endeavour* an der australischen Küste gelandet war. Die Landkarte des virtuellen Raums war ebenso blank wie die alten Karten
der *terra australis incognita*: Es gab noch kein Google und kein Wikipedia, die einem den Weg wiesen; nicht mal das Handwerkszeug
der Navigation – Home- und Back-Button, Rollover, Sandwich-Menü –
war zu dem Zeitpunkt erfunden.

Aber genau das Undefinierte war es, das uns in Begeisterung
versetzte. Wir waren stolz, dass wir es waren, die Designer, die als
eine der Ersten diese unbekannte Dimension erkundeten und
kartografierten. Die Antworteten auf die ungelösten Fragen fanden:
*Wie navigiert der User in diesen Sphären? Wie findet er, was er sucht,
und wie findet er den Weg zurück? Welche Analogien der bekannten*

Welt muss man dem User mit auf den Weg geben, dass er sich orientieren kann? Endlich konnten wir den Staub von den jahrhundertealten Enzyklopädien pusten; und statt sie in alphabetischer Reihenfolge durchzublättern, erfanden wir neue Formen des Suchens und Findens im Netz. Eine zeitgemäße, mehrdimensionale Aufbereitung von Inhalten und der Wissensvermittlung. Wir befreiten uns aus der Zeitblase von Verehrung und Huldigung einer besseren Vergangenheit – und gaben der Zukunft ein Gesicht.

EVIL OR GOOD

Wir waren die erste Generation. Wir konnten nicht wissen, wie dieses unbekannte Land zwanzig Jahre später aussehen würde. Wenn ich mich jetzt, zehntausend Meter über dem Schwarzen Meer, in meinem Flugzeugsitz Nummer 26C an mein Studium erinnere, weiß ich es. Zwanzig Jahre, nachdem wir damals – langsam, vorsichtig – den Fuß auf das unbekannte Land der digitalen Medien und des Internets setzten, ist die Welt einmal durch den Fleischwolf der Software- und Internetlogik gekurbelt worden. Mein Denken, Handeln und Wollen sind heute von den glasklaren und gnadenlosen Prinzipien durchdrungen, die mir meine supereffizienten, digitalen Tools vorgeben. Sie sind darauf angelegt, *so viel meiner Zeit wie möglich zu binden.* Durch den Dauerbeschuss digitaler Kommunikationsfetzen komme ich noch nicht einmal dazu, mir meinen eigenen Zustand wirklich vor Augen zu führen. Ich bin sediert und agitiert zugleich – ein Zustand der Verwirrung.

Ich schaue auf mein iPhone. Ich kenne die Muster, die sich dabei als besonders erfolgreich herausgestellt haben. Sie sind von Designern entwickelt worden – wie ich eine bin.

Ich schaue auf die bunten Icons auf meinem Home-Bildschirm – ich habe sie nach Farbe geordnet. An vielen sind kleine, rote Kreise:

Push Notifications und *Likes*. Die sind die Köder, die auf das Wesen unseres schieren Menschseins ausgerichtet sind: als soziale Wesen, die Anerkennung im Sozialverbund suchen und neugierig sind. Die roten, runden Badges auf den App-Icons oder die kleinen Fenster, die ungefragt auf dem Home-Bildschirm des Smartphones aufpoppen, signalisieren dem User, dass er ungelesene Nachrichten hat. Alle Apps, die niemals wollen, dass die Party endet, schicken dem User Push Notifications und gießen damit gleichermaßen Öl ins Feuer. Der Effekt versetzt das menschliche Gehirn automatisch in Stress, die kleine rote Badge verursacht eine Dopamin-Ausschüttung im Gehirn und serviert dem User unmittelbar einen Gefühlscocktail aus Bringschuld und FOMO – Fear of missing out. Dieser Effekt hat, auf regelmäßige und lange Sicht gesehen, ein riesiges Suchtpotenzial – der User kann gar nicht anders, als zu klicken.

Ich öffne Instagram, schaue, wie viele neue Likes und Follower ich habe. Und finde mich bald darauf in einem Bilderstream wieder: Der *Infinite Scroll*. Ich kenne ihn, und trotzdem falle ich auf ihn herein wie ein Kind in einem »All You Can Eat«-Süßigkeitenladen. Der Infinite Scroll ist der *Hack*, der unseren Willen aushebelt. Statt Sweets lockt hier der Content auf Social-Media-Seiten – und er hört einfach niemals auf, er hängt als unendliche Newsfeed-Fahne kilometerlang unter dem Screen. Oder als Binge-Watching-Loop auf YouTube und Netflix.

Der Trick funktioniert so: Unsere Gehirne sind auf *Finishibility* trainiert – es gibt uns ein gutes Gefühl, wenn wir einen Teller leer gegessen oder ein Buch *zu Ende* gelesen haben. Mit einem Teller, der niemals leer wird oder einer Geschichte, die niemals endet, wissen wir nicht umzugehen – wir sind dagegen machtlos. Wir scrollen und scrollen und scrollen, die Algorithmen füllen den Feed mit immer mehr Content und wir können nicht aufhören. Wir sind dem willenlos ausgeliefert.

Während ich über all das nachdenke, macht es auf einmal »Klick« in meinem Kopf, und die Vergangenheit und die Gegenwart verbinden sich zu einem roten Faden, und die Erkenntnis ist wie ein

Spiegel vor meinem inneren Auge: *Ich bin gefangen in der Welt, die ich selbst miterfunden habe.*

Ich schnalle mich ab, um mir die Beine etwas zu vertreten. Es ist Nacht, die Beleuchtung in der Kabine ist heruntergedimmt. Ich gehe Reihe für Reihe den Gang entlang, bis nach ganz hinten. In jeder Reihe dasselbe Bild: Ein bläulich erleuchtetes Gesicht, das wie hypnotisiert in den Screen eines Smartphones starrt. Ihre Körper sitzen hier bei mir im Flieger. Aber ihr Geist ist woanders: in dem gleichen, virtuellen Raum, den ich damals als eine der Ersten erschlossen habe. Der Unterschied zu damals ist nur, dass man sich nicht mehr im Rechenzentrum oder Zwischengeschoss irgendeiner Hochschule herumtreiben muss, um Zugang zu dieser Welt zu erhalten. Heute trägt jeder seine eigene Eingangstür zu dieser Welt in der Hosentasche mit sich.

Mir fällt Tony Fadell ein. Gerade habe ich ein Interview mit dem ehemaligen Apple Vice President und Mitentwickler des iPhone gelesen. Was Fadell sagte, geht mir nicht mehr aus dem Kopf: »Ich wache nachts schweißgebadet auf und frage mich, was wir da auf die Menschheit losgelassen haben.« Er zerbreche sich ständig den Kopf, ob es eine Atombombe war, die sie erfunden hätten, die die Gehirne von Menschen sprengt und sie mit Fake News umprogrammiert. Oder ob sie den Menschen das Licht der Erkenntnis gebracht und damit eine gute Tat getan hätten?

TERMINATOR

Ich schnalle mich wieder an und kann nicht anders, als in den Bildschirm vor mir zu starren: Filme und Serien, um die Zeit totzuschlagen während des Langstreckenflugs. Doch meine Gedanken driften zu einem anderen Film; zu einer bestimmten Szene in *Terminator 2 – Judgement Day*, die sich mir plastisch in die Netzhaut eingebrannt hat.

*Es ist ein Albtraum, den Sarah Connor immer wieder hat, die
Geschehnisse laufen merkwürdig verblasst und in Zeitlupe ab. Sie
klammert sich an einen Maschendrahtzaun, der einen Spielplatz
umsäumt, im Hintergrund erstreckt sich die Stadtkulisse von Los
Angeles. Auf dem Spielplatz spielen Kinder, sie fahren Karussell
und schaukeln. Sarah Connor schreit und rüttelt wie wahnsinnig
an dem Zaun, aber kein Laut dringt aus ihrem weit aufgerissenen
Mund. Es sind die letzten Sekunden vor dem Atomschlag. Sie weiß,
was passieren wird, aber keiner hört sie. Vollkommen machtlos
muss sie mit ansehen, wie die atomare Explosion alles Leben um
sie herum auslöscht. Die Szene endet im überblendenden Weiß.*

In der Story schickt Sarah Connor einen Terminator in die Vergangenheit zurück – um die unausweichliche Zukunft zu ändern. Diese
Zukunft, das ist der Atomkrieg zwischen den Menschen und den von
ihnen geschaffenen Maschinen.

Man kann Hollywood-Filmen ja alles Mögliche nachsagen. Aber
eines muss man den Amerikanern lassen: Sie sind große Geschichtenerzähler. Hinter der aufgebauschten Handlung, der dominierenden
Figur von Arnold Schwarzenegger und den damals bahnbrechenden
Special Effects stehen wahrhaft große Fragen der Menschheit. Kann
man die Vergangenheit ungeschehen machen? Wie kann aus etwas
an sich Gutem wie Pionier- und Forschergeist so viel Schlechtes
entstehen? Mit dieser Frage schlägt sich die Menschheit spätestens
seit Marie Curies Nobelpreis für die Entdeckung der Radioaktivität
herum. Tony Fadell bereitet sie schlaflose Nächte. Und mir?

Während mich der Airbus A380 mit Tausend Kilometern pro
Stunde nach Osten trägt, stelle ich mir eine Frage. Wenn ich, wie
Sarah Connor, einen Terminator in die Vergangenheit zurückschicken
könnte, um die digitale Zukunft zu verändern – an welchen Ort und in
welche Zeit würde ich ihn schicken? Was würde ich verändern?

Im Film ist es einfach. Die Ereignisse lassen sich auf einen ganz
bestimmten Punkt in der Vergangenheit zurückverfolgen, von wo aus
sie ihren Anfang nahmen. Aber ist es in der Realität nicht komplizier-

ter? Gibt es wirklich diesen einen Punkt in der Vergangenheit? Ich könnte jetzt sagen: Ganz klar, die Zukunft wurde im Silicon Valley erfunden. Von Jungs wie Tony Fadell und einem Haufen junger Typen, die eine Aura von Überflieger umgab. Die ein megacooles Gerät erfinden wollten, das den User mit der ganzen Welt vernetzt. Die nie gedacht hätten, dass ihre Erfindung auch Schattenseiten haben könnte. Also den Terminator dorthin schicken.

Aber enthält Tonys Geschichte nicht auch viel von meiner eigenen? Die Zukunft ist eben auch in Schwäbisch Gmünd erfunden worden. Auch wir waren ein Haufen junger Studenten, die eine Aura der Überflieger umgab. Auch wir wollten Gutes! Wir wollten eine neue Welt entdecken und sie allen zugänglich machen, die nach uns kamen. Wir glaubten, einen Forschungs- und Informationsauftrag im Interesse des Users zu haben, der in diesen neuen Sphären frei und demokratisch navigieren sollte – und auf ihn zugeschneiderten Zugang zu Wissen erhalten. Vieles, was sich heute zum Unguten verändert hat, war auch unser Werk.

Ich denke an mich, wie ich damals war. Jung, umtriebig, zukunftsoptimistisch. Was aber habe ich wirklich gedacht?

Ich weiß nicht, ob es mein traumartiger Zustand am Rande des Jetlags ist oder der White Russian, den ich mir zuvor genehmigt habe, oder irgendein abgefahrener Zeitschichten-Hack: Aber auf einmal treffe ich auf mein damaliges Ich.

1996 / 2017

Hey, Julia_1996. Hier spricht Julia_2017. Leg mal deine oldschool Kabelmaus für einen Moment zur Seite und hör mir zu.
Hey! Ja klar. Was gibt's?
Wenn du da so sitzt im Rechenzentrum und in Photoshop die Realität veränderst, ahnst du eigentlich, was das für Folgen hat?
Nein, was für Folgen denn? Es ist einfach so irre, was möglich ist! Daran ist doch nichts Schlechtes.
Aber irgendwann wird die ganze Welt nur noch Fake sein. Niemand wird den Bildern mehr trauen können.

121

Hm. Okay, wenn alle Bilder, die wir sehen, im Photoshop bearbeitet sind – das verändert wirklich alles. Da muss ich noch mal drüber nachdenken.

Und wenn du dich in den virtuellen Raum vorwagst und dort die ersten Informationsarchitekturen errichtest – hast du dir da nicht auch mal überlegt, was das für Konsequenzen haben könnte?

Konsequenzen? Nein, das hab ich mir noch nie überlegt. Ich bin so mit dem Bauen beschäftigt, ich habe keine Zeit, über so etwas nachzudenken.

Aber später, in meiner Zeit, werden die Menschen der virtuellen Welt nicht mehr entkommen können. Sie werden zwar körperlich in der echten Welt sein. Aber im Geiste werden sie in der Digitalzone festhängen, rund um die Uhr.

Echt? Okay, krass. Das klingt ja wie im Film. Aber klar, die virtuelle Welt ist ein besserer Ort. Sie erzeugt eine enorme Sogwirkung. Kann ich mir schon vorstellen, dass das zu Problemen führt.

Und als die Zeitblase platzte, da warst du doch dabei. Hast du dir nicht gedacht, dass da auch etwas verloren geht?

Verloren? Nein. Das ist ein Aufbruch! Es ist richtig, das Alte hinter sich zu lassen, wenn es Zeit ist, weiterzuziehen.

Da gebe ich dir recht. Aber eines weiß ich: Es gibt immer auch einen Preis, den wir bezahlen.

Ja, kann sein. Aber ich muss jetzt weitermachen.

Ich habe damals gewusst, dass wir an etwas Großem arbeiten. Ich nahm es bewusst wahr, jedes Mal, wenn der Zug über eine Weiche fuhr. Ich wusste genau, dass sich in diesem Augenblick etwas grundsätzlich veränderte, und dass danach nichts mehr so sein würde wie vorher. Immerhin waren das genau die Momente, die mir glasklar in Erinnerung blieben, während alles andere im Nebel versank. Ich traf jedes Mal eine Entscheidung, und war dabei absolut überzeugt, das Richtige zu tun: Weil es gut war, die alten Zeitsedimente und Zeitblasen zu verlassen, die uns daran hinderten, neu zu denken. Weil es gut war, das Neue zu umarmen. So denke ich auch heute noch. Aber jetzt versuche ich, auch die andere Seite zu sehen. Und eben, weil ich beide Seiten sehe, lässt mich das mit einem gemischten Gefühl zurück. Einem *Tony-Fadell-Gefühl.*

Ich schaue auf mein Handy – 8:22 am Singapore Time. Da habe ich es in den eigenen Händen, das Device, das Tony Fadell, mir und dem Rest der Menschheit schlaflose Nächte bereitet. Ich versuche, mich zu erinnern, wie ich diese Zeit erlebt habe – als das anfing. Als das iPhone schon fast zum Greifen in der Luft lag.

Ich sehe eine Stadt: London.

Ich sehe eine rastlose junge Frau, *immer on the run.* Sie trägt eine große, armeefarbene Umhängetasche, die viele Tools enthält, mit denen sie sich für den *Urban Jungle* rüstet: ein Nokia-Handy, einen mp3-Player, ein London A–Z und eine Canon IXUS. Während sie in ihrer Tasche herumwühlt, fragt sie: »Warum kann nicht mal jemand EIN Gerät für ALLES erfinden?«

Und Sarah Connor schickt den Terminator zurück in diese Zeit. Ins Jahr 1999.

◊

SOUNDTRACK DES EIGENEN LEBENS

5. Kapitel

London, 1999

I was dreaming when I wrote this,
forgive me if it goes astray.
But when I woke up this morning,
could've sworn it was judgement day.
The sky was all purple,
there were people running everywhere.
Trying to run from the destruction,
you know I didn't even care.
Say say two thousand zero zero
party over, oops, out of time.
So tonight I'm gonna party
like it's nineteen ninety-nine!

Prince

MILLENNIUM BUG

Die Zeitrechnung scheint absolut. Seit ich auf der Welt bin, läuft die Zahl, die hinten am Datum hängt, einfach mit, jedes Jahr erhöht sie sich um +1. Sie gibt uns Orientierung und das beruhigende Gefühl, dass wir wissen, an welchem Punkt der Zeit wir uns befinden. Aber bei näherer Betrachtung ist sie nur eine konstruierte Koordinate. Der Homo sapiens existiert seit zweihundert-, vielleicht dreihunderttausend Jahren. Seit etwa zweitausend Jahren (der Zeitrechnung der

westlichen Welt zufolge) zählt der Mensch mit – das ist ein Hundert-
stel der Menschheitsgeschichte. In Wirklichkeit befinden wir uns
irgendwo im Nirgendwo der Unendlichkeit.

Aber wie erklärt sich dann, dass die endgültige Zeitenwende
zum digitalen Zeitalter genau auf den Jahrtausendwechsel fiel? Die
einzig mögliche Erklärung ist, dass ein menschengemachtes System
wie die Zeitrechnung natürlich direkten Einfluss auf die Menschen
ausübt, eine Art *self-fulfilling prophecy*.

Diese Vorahnung äußerte sich in den Diskussionen um den
»Millennium Bug«. Es gab viele, die fest damit rechneten, dass in der
Silvesternacht zum neuen Jahrtausend zentrale Betriebssysteme,
Programme und Datenbanken auf unvorhersehbare Weise versagen
würden. Es wucherten wilde Gerüchte, die apokalyptische Szenen
voraussagten und uns quasi in die Steinzeit zurückprognostizierten.

Ich tauche aus meinen Gedanken auf und muss mich, Zeit und Raum
völlig enthoben, kurz orientieren. Auf dem Display vor mir sehe ich,
dass wir uns kurz vor dem Kaspischen Meer befinden. *Distance
Traveled: 4.013 km, Altitude: 11,8 km, Singapore Time 9:49 am.* Es
sind diese rationalen Zahlen, die mich daran erinnern, dass das
Y2K-Problem vor allem ein *Zahlen*problem war, eines, das sehr früh
in den Kindertagen des Computerzeitalters wurzelte. Um kostbaren
Speicherplatz zu sparen, legte die erste Programmierer-Generation
der 1960er- und 70er Jahreszahlen zwei- und nicht vierstellig an.

Wenn nun in der Nacht zum neuen Jahrtausend, so die verbrei-
tete Angst, alle Stellen, die die Jahreszahl anzeigten, auf 00 sprängen,
brächte das sämtliche Datenoperationen durcheinander, die *Zeiten
und Vorgänge* berechneten: Altersangaben, Zinsen, Termine, Zah-
lungsrückstände, Flugverkehr und so weiter. Denn die 00 würde sich
in der linearen Reihenfolge der Zahlen natürlich vor die 99 setzen,
obwohl die 2000 eigentlich *nach* der 1999 kommt. In den noch jungen,
digitalen Systemen herrschte bereits so ein Wildwuchs, dass viele
Unternehmen nicht einmal genau sagen konnten, *welche* Rechenvor-
gänge das Datum involvierten. Aber es blieb ihnen gar nichts anderes

übrig: Unternehmen und Institutionen auf der ganzen Welt investierten mehrere Hundert Milliarden US-Dollar, um das Problem zu beseitigen und Datenbanken und Rechenoperationen auf das vierstellige Jahr 2000 hin zu erweitern.

In der Silvesternacht des 31. Dezember 1999 feierten wir eine rauschende Party. Einige Spiel- und Fahrkartenautomaten irgendwo auf diesem Planeten verrechneten sich im Datum, ein armer Tropf irgendwo in England erhielt eine Rechnung mit Beitragsforderungen aus den letzten hundert Jahren, in Japan fiel das Informationssystem für Kleinflugzeuge aus – ansonsten passierte gar nichts.

Und doch geschah etwas Großes: In dieser Nacht ging mit dem 20. Jahrhundert das analoge Zeitalter, die Epoche der Industrialisierung und der unverrückbaren Wahrheiten, endgültig zu Ende.

Aber ist nicht der »Millennium Bug« nur ein prominenter Stellvertreter für ein weitgreifendes Phänomen dieser Zeit – dass nämlich rund um die Jahrtausendwende die großen Ordnungssysteme zu eng geworden waren? Sie stammten zum Teil aus dem 19. Jahrhundert, waren verwildert, inkonsistent – und spiegelten die alte Welt. Sie mussten in einem gewaltigen Kraftakt neu aufgesetzt werden, um eine konsistente Struktur, ein erweitertes System und größere Wirkungskreise zu umfassen. Nicht nur in den alten Datenbanken war das nötig; auch die engen, terrestrischen Strukturen wurden durch die EU-Erweiterung geöffnet. In der Folge entstand der Bedarf weiterer Zahlen- und Nummernsysteme: Die EU-Kennzeichen kamen zwei Jahre vor Y2K, der Euro zwei Jahre danach.

Die neuen Zahlensysteme hatten jedoch auch eine andere Aufgabe: Sie zählten nicht nur die Zeit oder markierten terrestrische Regionen. Sie schufen vor allem die Voraussetzung für die *Automatisierung*. In Deutschland hatte der Mauerfall schon 1989 ein einheitliches, auf fünf Stellen erweitertes Postleitzahlsystem nötig gemacht. Mir fällt die gelbe Comic-Hand und der kalauerhafte Claim »Fünf ist Trümpf« wieder ein, mit der die Deutsche Post kurz nach meinem Abitur, am 1. Juli 1993, das neue System einführte. Wie war noch mal

der Name der Hand? Rolf! Rolf hatte immer eine schwarze Sonnen-
brille an (was wohl cool sein sollte – vielleicht war er der Urahn von
dem Sonnenbrillen-Smiley, den mir WhatsApp immer vorschlägt,
wenn ich »cool« tippe). Was die volksnahe Marketing-Kampagne nicht
thematisierte, war das eigentliche logistische Super-Update dahinter: Die Einführung der fünfstelligen Postleitzahlen schuf die Grundlage für die Automatisierung der Briefzentren, wo Briefe in nur zwei
Durchgängen für die Zustellung vorsortiert wurden. Das alte, vierstellige System war nämlich noch auf die Sortierung *von Hand* ausgelegt.

Kann man nicht den wachsenden Einfluss der Digitalisierung
generell anhand der Upgrades der Zahlensysteme ablesen? Ebenfalls
im Y2K, während ich in London war, wurde die Londoner Vorwahl
geändert: aus 0171 (»O One Seven One«) wurde 020. Statt auf Kalauer
griffen die Briten auf einen ihrer alten, imperialen Größe entsprechen-
den Projektnamen zurück: der BIG NUMBER CHANGE – kurz BNC. Die
Telefonnummern in London und anderen Städten drohten kurz vor
der Jahrtausendwende schlicht und ergreifend auszugehen, die stark
boomenden Mobilfunknummern waren unsortiert und den Festnetz-
nummern zu ähnlich, es gab zu wenig Kapazitäten für Hotlines, Free-
und Premiumnummern. Mit dem BNC verschaffte sich das Vereinigte
Königreich immense neue Kapazitäten, um das explosionsartige
Wachstum der Telekommunikation aufzufangen – und somit Menschen über die engen Grenzen der terrestrischen Ordnung hinweg zu
verbinden. Apropos terrestrische Grenzen: Ich bin irgendwo über
Afghanistan. In den glasklar und eiskalt kalkulierenden Zahlensyste-
men gemessen, die mir im Kopf herumschwirren: *Distance Traveled:
5.773 km, Altitude: 12 km, Singapore Time 10:31 am*. Ich muss in mich
hineinlächeln, als ich nun an einen sehr einsamen Abend in London
denke, an dem mich eine SMS an meine erste, englische Mobilfunk-
nummer rettete.

Ich denke an die Stadt, in der ich damals bis zum Millennium lebte.
Als ich dort ankam, war sie schon nicht mehr »die Alte«. Denn noch
ein Londoner Tag mit großem Namen hatte ein altes, zahlenbasiertes

Ordnungssystem und dessen engen, terrestrischen Wirkungskreis zugunsten einer neuen Ordnung gesprengt: BIG BANG DAY. An diesem 27. Oktober 1986 öffnete Margaret Thatcher per Gesetz den Finanzmarkt der Londoner City. Danach war die Stadt nie mehr dieselbe. Das Kapital, das zuvor jahrhundertelang träge durch die Stadt mäandert war wie der River Thames, verdoppelte sich innerhalb kürzester Zeit. Durch die weitreichende Deregulierung fluteten internationale Großbanken die Stadt, bauten ihre bis dahin bescheidenen Dependancen um ein Hundertfaches auf und kauften sich in den bislang nur durch einheimische Banken geprägten Markt ein.

Genauso, wie der BIG BANG DAY explosionsartig den Wirkungskreis der Londoner Finanzindustrie auf den gesamten Globus erweiterte, so durchstieß er auch die Grenze in eine andere Dimension: den digitalen Raum. Denn mit Thatchers Gesetz verlagerte sich der Handel vom Parkett am Capel Court schlagartig auf den elektronischen Börsenhandel und damit auf den Bildschirm. Dieser Systemwechsel katapultierte Londons *Bowler Hat City* des 19. Jahrhunderts *real time* ins 21. Jahrhundert. Und beendete die Zeit, in der alte Beziehungen und ein gutes Mittagessen wichtiger waren als der Profit, der bei einem Deal am Ende heraussprang. In einem internen Analysepapier aus Regierungskreisen zur Vorbereitung des Gesetzes stellte ein Berater Thatchers die Hypothese auf, dass die Deregulierung eventuell moralische Konsequenzen haben und zu einer Zunahme der Gier führen könnte; sie wurde jedoch als irrelevant verworfen.

Ich wusste von all dem damals nichts. Ich wusste nicht, dass meine Zeit in London an der Schwelle zum neuen Jahrtausend in der Rückschau einmal die sein würde, in der die großen Systeme allesamt ein Update erhielten – um die Welt noch effizienter zu strukturieren, zu standardisieren, zu professionalisieren, zu digitalisieren und zu automatisieren. Ich war nur ein Einzelpartikel, eines von sieben Millionen, die in der Stadt umherwirbelten. Doch jetzt, elf Kilometer über der afghanischen Wüste und in der Rückschau, sah ich das in einem viel größeren Zusammenhang: Die neuen Strukturen, die damals in Stellung gebracht wurden, prägen uns bis heute. Nur, dass sie in der Zwischenzeit noch einmal fast zwanzig Jahre mehr Zeit hatten, sich weiter zu perfektionieren! Angesichts der grüblerischen letzten Monate, in denen ich so viel über inhaltslose Digital-Korrespondenzen, sinnentleerte Corporate Structures und andere ausgehöhlte Gemeinschaften nachgedacht habe, aus denen unsere Lebenswelt besteht, wird mir nun eines umso klarer: Je ausgereifter und effizienter die Systeme werden, desto seelenloser wird das Leben jedes Einzelnen, der sich im System bewegt.

Trotz meiner Unwissenheit über die großen Zusammenhänge legte ich damals in London eine natürliche Schutzreaktion an den Tag: Ich versuchte, einen Raum zwischen mich und die Realität zu bringen. Und mir meine eigene Welt zu erschaffen.

DER RAUM ZWISCHEN REALITÄT UND STORY

1998

Ich muss mir die neue Stadt erschließen, in die ich mich direkt nach dem Studium, mit dem Diplom in der Tasche, hineingestürzt habe. Der erste pragmatische Schritt ist, die beiden wesentlichen Punkte auf der Landkarte zu verbinden: A und B. A ist meine kleine Wohnung in Kennington (nein, leider nicht Kensington), einem unscheinbaren Stadtteil südlich des Flusses. B ist das Designoffice im Norden der Innenstadt, in dem ich meinen ersten Job ergattert habe. Um von A nach B zu kommen, steige ich morgens bei »Oval« in die Tube, fahre mit der Northern Line sieben Stationen, unterquere dabei die Themse, durchkreuze die City (an der Station »Bank« spuckt die Tube Heerscharen von in dunkle Anzüge gepackten Bankern aus, die im Finanzdistrikt arbeiten), um bei »Angel« in Islington auf der anderen Seite des Flusses wieder auszusteigen.

So einfach ist es vielleicht auf dem Spielbrett von »Scotland Yard«, das wir als Kinder oft gespielt haben. Aber nicht im echten Leben. Denn

130

eines wurde mir sehr bald klar: Zwischen A und B lag nicht einfach nur eine Strecke. Der Zwischenraum zwischen A und B, das war der *eigentliche Raum*. Das war die Stadt. Das waren Quadratkilometer auf Quadratkilometer *Urban Jungle*, den es jeden Tag zu durchqueren galt. Dieser Weg durch die Stadt verlangte mir vom ersten Tag viel mehr ab, als ich für möglich gehalten hätte.

> *Um in der Tube der Enge und der Nähe so vieler fremder Menschen zu entfliehen, habe ich in meiner Army-Umhängetasche immer ein Buch dabei, das ich im dichtesten Gedränge lese. Damit halte ich das Fenster zu einer anderen Welt in den Händen. Und flüchte mich in den Monaten unter der Erde, unter fremde Achselhöhlen gedrängt, spitze Ellenbogen in den Rippen und übel riechenden Atem im Nacken, in die Welten englischsprachiger Klassiker:* The Catcher in the Rye *von J. D. Salinger,* The Great Gatsby *von F. Scott Fitzgerald,* The Picture of Dorian Gray *von Oscar Wilde.*
>
> *Aus Neugier, wie seine einzigartige Sprache auf Englisch klingen würde, lese ich Thomas Mann,* The Magic Mountain. *Der Protagonist Hans Castorp befindet sich gerade auf seiner Reise von Hamburg in die Schweizer Alpen, während ich die Station »London Bridge« passiere – mit direktem Körperkontakt zu ungefähr zehn Menschen, dicht an mich gepresst. Während der Zug ruckelt, beschleunigt und bremst, wogen die Körper um mich herum wellenartig hin und her, und ich woge mit. Die einzige Möglichkeit, mich festzuhalten, sind die Schlaufen, die an einer Eisenstange oberhalb des Gedränges aufgehängt sind. In der anderen Hand halte ich das Buch.*
>
> *Während die Tube sich anschickt, in einer engen Röhre unter der Themse durchzutauchen, schraubt sich die Dampflok bei Thomas Mann an jähen Felsabstürzen entlang in immer schwindelerregendere Gefilde des Hochgebirges hinauf. Je mehr Raum die stampfende Eisenbahn von Sekunde zu Sekunde zwischen Castorp und seine norddeutsche Heimat bringt, desto mehr scheint diese auch*

schon in seiner Erinnerung zu verblassen. »Space, like time,
engenders forgetfulness.«

Während die Reise im Buch Raum schafft, ist es in der Tube
umgekehrt: Sie nimmt Raum. Denn genau in dem Moment, als sich
Castorps schweifendem Blick die fantastisch-mächtige Gipfelwelt
des Schweizer Hochgebirges öffnet und der unendliche Raum ihn
sein altes Leben vergessen lässt, kommt meine Tube ruckartig mit
einem Kreischen zum Stehen. Durch die mich auf Tuchfühlung
umfassende Wand aus fremden Körpern kann ich aus dem Fenster
die enge, alte Betonröhre sehen, in der der Zug steckt. Zwischen
Zug und Röhre sind nur wenige Zentimeter Platz – deshalb heißt
die Tube »Tube«.

Ein neuer, bedrückender Gedanke verdrängt das Bild von wilden
Schweizer Berggipfeln, das noch in meinen Gedanken hängt: Wir
sind genau unter dem Fluss! Und wie als ob die Situation auf die
aufkeimende Panik noch einen draufsetzen will, stoppt das Rattern
der alten Transistoren, das Licht fängt an zu flackern und verlischt
plötzlich ganz. Wir stehen einige Sekunden in absoluter Dunkelheit.
Ich sehe die anderen Körper nicht mehr, ich höre sie nur: Atmen,
unterdrücktes Husten, Rascheln von hundert Menschen oder mehr.
Der Augenblick ist fast surreal.

In diesem Moment wird mir die Enge um mich herum bewusst wie
noch nie. Wie eine Zwiebel mit sieben Häuten hat sie sich um mich
gelegt: Ich bin umhüllt von fremden Körpern, die umhüllt sind von
Dunkelheit, die umhüllt ist von einem engen Zug, der umhüllt ist
von einer engen Betonröhre, die umhüllt ist von mehreren Millionen
Tonnen Wasser und Erde.

Hans Castorp bricht auf zu einer Reise in ein neues Leben – wollte
ich das nicht auch? Während ich mit der Dunkelheit verschmelze,
hallt der Satz, den ich zuletzt gelesen habe, durch meine Gedanken: »Space, like time, engenders forgetfulness.« Warum funktioniert das bei Thomas Manns Reise, aber hier, in der Tube und dieser
engen Stadt, eben nicht? Die einzige Möglichkeit für Vergessenheit
wäre, diesen Augenblick schnellstmöglich zu vergessen.

Im gleichen Moment drehen die Transistoren wieder auf, das Licht springt an und der Zug setzt sich ruckelnd in Bewegung. Ich tauche aus der Dunkelheit auf mit der Erkenntnis, dass es nur einen Weg gibt, der massiven, aufdringlichen und intensiven Gegenwärtigkeit der Stadt zu entkommen: einen Raum zwischen mir und der Realität zu errichten.

Nach diesem Erlebnis unter dem Fluss beschloss ich, dass »Abkapselung von der Außenwelt« die beste Strategie war, um mir Raum zu verschaffen. Die Maßnahme war naheliegend: Musik im Ohr. Musik im Ohr funktionierte unmittelbar – ein großer Teil der Weltlast, die auf mich hereinbrach, wurde dadurch ausgeschaltet. Ich schaue mich im Flugzeug um: Das ist auch heute noch so, mit steigender Tendenz. Die Zahl der Leute, die nur noch mit ihren Noise Cancelling und Beats Solo 3 Wireless Headphones unterwegs sind, nimmt beträchtlich zu. Alles geplagte Menschen der Moderne, die sich die Welt so weit wie möglich vom Leib halten. Kein Wunder, dass Apple drei Jahre zuvor die Kopfhörer-Brand Beats von Westcoast-Rapper Dr. Dre übenahm – für drei Milliarden US-Dollar.

Ich tippe auf das grüne Spotify-Icon und starte *Discovery weekly*, meine algorithmisch zusammengestellte Playlist der Woche – die AirPods habe ich sowieso schon im Ohr. Trug ich damals in London in meiner Army-Umhängetasche einen Walkman oder einen Discman mit mir herum? Ich kann mich nicht erinnern. Auch nicht, wann genau ich diese durch einen mp3-Player ersetzte. Auch die Musikindustrie war, wie die Telekommunikation vor dem BIG NUMBER CHANGE oder die City vor dem BIG BANG DAY, eines dieser alten, verwilderten, analogen Systeme, die rund um die Jahrtausendwende eine alles durchdringende *Durchdigitalisierung* erfuhr.

Diese Ungenauigkeit in meiner Erinnerung spiegelt eigentlich nur den permanenten, ungelösten Zwischenzustand wider, in dem sich meine Musiksammlung gefühlt ein ganzes Jahrzehnt befand, bevor ich irgendwann iTunes installierte und meinen ersten iPod kaufte. Zuvor fing ich irgendwann in den 1990ern an, CDs zu kaufen

und meine Vinylplattensammlung im Regal verstauben zu lassen –
nur um sie Jahre später für ein paar lausige Scheine auf einem Flohmarkt in Berlin zu verhökern.

Im Unterschied zu Schallplatten habe ich CDs nie geliebt. Das
heilige Ritual, mit dem ich als Teenager eine Vinylplatte aus der Hülle
nahm, ersetzte in meinen Zwanzigern ein profanes Quietsch-Klapp-
Geräusch, das die hässliche Plastikhülle einer CD von sich gibt, wenn
man sie öffnet und schließt. Aus Plattencovern – Ikonen der Pop-Kultur (denke an das Bananen-Cover von Velvet Underground & Nico
oder das pinke, krakelige Type-Cover von *Never Mind the Bollocks,
Here's the Sex Pistols*) – wurden CD-Booklets. Der Akt, die Nadel auf
die Rille zu setzen, wich einem Knopfdruck, mit dem man die Lade
des CD-Players schloss. Der Akt war weg, der Kult war weg, das Ritual
war weg. CDs waren ein Zwischenzustand, abgelöst von einem weiter-
en Zwischenzustand: mp3. Irgendwann fing ich an, erste illegale
mp3-Sammlungen aus dunklen Kanälen genauso in die digitale
Musikbibliothek auf meinem Mac einzuspeisen wie all meine CDs.
Einmal auf dem Rechner, konnte man die CDs eigentlich wegwerfen.
Und das entlarvte sie als das, was sie immer gewesen sind: Daten-
träger. Nicht mehr.

Walkman, Discman und mp3-Player hatten noch etwas zur
Folge, das mir heute so selbstverständlich erscheint, dass ich es fast
vergessen habe: Sie machten die Musik *mobil*. Früher war Musik
hören vor allem eine *ortsgebundene* Tätigkeit: Als Teenager setzte ich
mir einen Kopfhörer auf, der an einem langen Kabel hing, legte ein
Album von Michael Jackson auf und fläzte mich in den Ikea-Sessel im
Wohnzimmer meiner Eltern. Ein Jahrzehnt später konnte ich mein
junges Erwachsenenleben in der Großstadt nur noch ertragen, wenn
ich *permanent und überall Musik im Ohr* hatte.

Auf meiner Spotify-Playlist kommt ganz unverhofft David Bowie,
Space Oddity – der Algorithmus wandelt manchmal auf unergründ-
lichen Pfaden.

For here am I sitting in a tin can,
far above the world,
planet earth is blue,
and there's nothing I can do.

David Bowie wusste es schon immer. In einem Interview aus den
Jahren kurz nach Y2K, das mir erst kürzlich irgendwo begegnete,
zeigte er sich absolut visionär; denn er beschrieb genau diesen
Zustand – und damit die Zukunft der Musikindustrie: »*Music itself
is going to become like running water or electricity*« – Musik würde
sozusagen die Menschen umspülen. Er sah damit voraus, wohin sich
die Baustelle in meiner Umhängetasche und meiner privaten Musiksammlung entwickeln würde: *Music Streaming Services* wie Apple
Music oder Spotify würden dem Wildwuchs der Mixtapes, Daten-
träger, illegalen Download-Plattformen und Platten- und CD-Samm-
lungen ein Ende bereiten. Wir würden unsere kollektive, emotionale
Realitäts- und Erinnerungsebene schließlich an diese effizienten,
digitalisierten Services abgeben, genauso, wie wir unsere Platten-
sammlungen auf Flohmärkten verhökerten.

Dieses *Umspültsein* von Musik hatte jedoch noch einen viel
weitreichenderen Effekt. Im Nachhinein würde ich sogar sagen, dass
dies eine mächtige Realitätsverschiebung bewirkte, die das Realitäts-
erleben meiner Generation veränderte.

1998 *Musik im Ohr macht aus dem realen und oft unerträglichen und
hässlichen Leben in London, das sich unmittelbar vor meinen
Augen abspielt, eine Szene, die ich betrachte. Sie bringt einen
Raum zwischen mich und die Welt. Sie verleiht einem unspektaku-
lären Moment das Potenzial, eine Szene in einem Film zu sein.
Jeder kennt das: Wenn du aus dem Fenster eines fahrenden Zugs
schaust und dabei Musik hörst, betrachtest du die Szene anders.
Aus der vorbeiziehenden Landschaft, den hässlichen Vororten und
eintönigen Industriegebieten wird auf einmal der Stoff, aus dem
Geschichte gemacht ist: Aufbruch zu einer Reise ins Unbekannte,*

135

*Symbole des postmodernen Lebens, Philosophieren über den
Unsinn des Lebens.*

   *Ich bin mit Filmen aufgewachsen, die das düstere, profane Leben
zu einer Kunstform überhöhten: Bladerunner, 12 Monkeys, Fight
Club, Train Spotting, Pulp Fiction. Ist es ein Wunder, dass ich hier in
London angesichts der morbiden Ästhetik der urbanen Kulisse
anfange, mein eigenes Leben als Film zu betrachten?*

   *Ich tauche die endlose Rolltreppenröhre von »Angel« Tube Station
hinunter in den Abgrund der Stadt: Dissolved Girl, Massive Attack.
Ich laufe durch die trostlose Stadtlandschaft aus Beton und
Neonlicht bei Elephant & Castle: Strangers, Portishead. Ich drücke
mein Gesicht an die Scheibe, aus verwischten Schemen werden
einzelne Gesichter, während die Tube mit hoher Geschwindigkeit in
die Station »Old Street« rauscht: Timeless, Goldie.*

Inner city life.
Inner city pressure taking over me.

Das ist der Soundtrack meines Lebens.

Es gibt diesen inneren Ablösungsmechanismus, der den modernen
Menschen schon länger von sich selbst entfremdet. Schon frühere
Generationen waren nicht mehr einfach *im Augenblick anwesend.*
Sie begaben sich auf träumerische Fluchten in fremde Welten, wie
die *Romanleserey*, die Ende des 18. Jahrhunderts von den Meinungs-
führern der Aufklärung scharf kritisiert wurde.

   Auch wir als Generation erlebten diese Entfremdung, nur war sie
nicht mehr träumerisch. Dafür waren wir viel zu realistisch und
abgeklärt, stilsicher und selbstbewusst. Während ich in London war,
lag Florian Illies in den Endzügen seines Erfolgsbuchs »Generation
Golf«. Er benannte in weiser Vorausschau damals schon das Phänomen, dass unsere Generation »das *ironisch Gebrochene* bei jeder
Handlung mitdenkt«. Ja, wir dachten immer einmal um die Ecke –
aber dieses Denkmanöver kam einem Bumerang gleich zurück und

rückte *uns selbst ins Zentrum der Aufmerksamkeit*. Wir wurden uns selbst *bewusst* und begannen, das eigene Leben ständig zu *reflektieren* und von außen zu betrachten.

Irgendwo über Pakistan (*Distance Traveled: 6.510 km, Altitude: 11,3 km, Singapore Time 11:17 am*) sehe ich es: Im Bewusstsein einer ganzen Generation tat sich damals ein kollektiver, psychotischer Riss auf. Das Millennium-Ich bestand nicht mehr länger aus dem Freud'schen Ich, Es und Über-Ich. Das Millennium-Ich spaltete sich auf in zwei Persönlichkeiten: *das erlebende Ich* und das *sich-selbst-beob-achtende Ich*. Das sichtbare Symptom dieser Aufspaltung, die heute eine eitle Generation sich selbst betrachten lässt wie einst Dorian Gray sein eigenes Bildnis, ist: das *Selfie*.

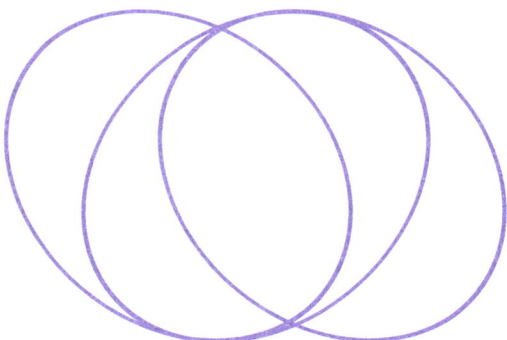

In der Enge der Tube suchte ich nach einem Raum zwischen mir und der Welt. Und ich fand ihn: Ich löste mich von der Wirklichkeit ab, trat einen Schritt zurück und begann aus dieser neu gewonnenen Perspektive, sie als Szene zu beobachten – mit mir mittendrin. Dieser neu entstandene Raum half mir, die auf mich hereinprasselnde Realität zu ertragen; der Preis, den ich dafür bezahlte, war ein Riss, der sich durch meine Wahrnehmung zog – meine Wahrnehmung der Welt, aber auch meiner selbst.

LOST IN TRANSLATION

1998

Nicht nur der Weg durch das Unterholz des urbanen Dschungels ist eine Grenzerfahrung für mich. Auch im Büro stoße ich zunehmend auf Schwierigkeiten. Nicht laut und offensichtlich. Eher subtil, auf zwischenmenschlicher Ebene. Ich bin die einzige Ausländerin, noch dazu Deutsche, was jeden Briten reflexartig die Hacken knallen, die Hand zum Hitlergruß heben und mit schnarrender Stimme und rollendem »R« irgendwelche militärisch klingenden Wörter hervorstoßen lässt. Und ich bin in weiterer Hinsicht eine Minderheit, nämlich eine der wenigen Frauen in einem ziemlich rüpelhaften, englischen Designoffice. Ich bin nicht schnell genug, die zotigen Witze zu kontern. Ich bin meiner Sprache beraubt; das ist in etwa dasselbe, wie der eigenen Identität beraubt zu sein. Ich weiß einfach nicht, wie der Hase läuft, wie die Facetten des Umgangs miteinander funktionieren. Es gibt einen unsichtbaren kulturellen Code, der mir nie bewusst war, solange ich mich immer nur im vertrauten Terrain meines eigenen Heimatlands bewegt habe. Weil ich den nicht kenne, bin ich automatisch eine Außenseiterin. Ich gehe anderen auf die Nerven und ecke an, ohne genau zu wissen warum.

Eines Tages ruft mich mein Boss an seinen Schreibtisch – Robin, ein hochgewachsener Typ mit markanten Augenbrauen. Er rügt mich, ich solle aufhören, meinem Teamleiter auf die Nerven zu gehen, während er mich mit eindringlich hochgezogenen Brauen anschaut. Ich gehe zurück an meinen Schreibtisch und setze mich, als im gleichen Moment das Telefon klingelt. Ein Mann mit einem ausländischen Akzent verlangt einen Kollegen von mir, Sam, zu sprechen. Ich schalte auf mute und rufe Sam quer über unser Schreibtisch-

karree zu, wer dran ist. Sam schaut mich kurz an, zieht verächtlich seine Oberlippe hoch und sagt: »A foreigner? No thanks.«

Ich habe das Gefühl, allein einer feindlich gesinnten Welt gegenüberzustehen. Mit diesem Gefühl der Hilflosigkeit trete ich nach der Arbeit hinaus auf die Straße – und treffe eine spontane Entscheidung: Statt mich wie gewohnt nach Norden zu wenden, um die Tube nach Hause zu nehmen, laufe ich einfach los in die entgegengesetzte Richtung, nach Südwesten, die Rosebery Avenue entlang. Irgendwie gibt mir das das Gefühl, die Dinge wieder in die Hand zu nehmen.

Ich laufe und laufe, aus der Rosebery Avenue wird irgendwann die Theobalds Road und dann die New Oxford Street. An mir brettert schon der fünfte 38er-Doppeldeckerbus vorbei, ich gehe weiter zu Fuß, obwohl es zu nieseln angefangen hat. Je mehr ich mich den Theatern in Covent Garden und Soho nähere, desto belebter werden die Straßen. Aus der Shaftesbury Avenue kommen mir Trauben von lachenden, schwatzenden Menschen entgegen. An dem ikonischen Hochhaus mit den Betonwaben an der Tottenham Court Road biege ich scharf links nach Süden in die Charing Cross Road ab und gehe weiter, Richtung Fluss. Mittlerweile ist das Nieseln in Regen übergegangen. Trotzdem herrscht am Leicester Square wie immer ein niemals enden wollendes Fest amüsier-wütiger Feiernder, die sich am liebsten im Schwarm bewegen; die blinkenden Lichterketten und Leuchtreklamen verbreiten zusätzliche Partystimmung.

Im Vorbeigehen bleibt mein Blick an einem Plakat in einem Schaufenster hängen, das sich vom Umfeld deutlich unterscheidet. Ein schwarzes Plakat mit einem orangefarbenen Logo und einem Versprechen in Helvetica ultra thin: »The Future's Bright. The Future's Orange.« Einem plötzlichen Impuls folgend betrete ich das Geschäft, Carphone Warehouse, eine etwas lieblose Kette, die immer mehr Läden in der Stadt aufmacht. Ebenso wächst die Mobilfunkbranche in England quasi über Nacht aus dem Boden,

immer mehr Leute um mich herum kaufen sich ein Mobile, gelockt
durch handliche Geräte und neue, günstige Kundentarife. Auch
ich fülle an diesem Abend einen Vertrag aus, und als ich den
Laden wieder verlasse, habe ich den Gegenständen in meiner
Army-Umhängetasche ein neues Device hinzugefügt: ein Nokia-
Handy.

Von Soho aus gehe ich weiter nach Süden, überquere den Fluss
über die Vauxhall Bridge und erreiche die merkwürdig tote,
betonierte Uferbebauung der Südseite. Ich passiere den durch
mächtige Sperrzäune abgesicherten Gebäudekoloss des Secret
Intelligence Service. Den gewaltigen, postmodernen Bau, im
gleichen Jahr fertiggestellt, in dem Pierce Brosnan der neue Bond
wurde – 1994 –, nennen die Londoner aufgrund seiner verschach-
telten Würfeloptik aus Sandstein und grünem Glas »Legoland«.
Weiter themseaufwärts kann ich die mächtige Battersea Power-
station sehen, die wie ein mystisches Industriedenkmal aufragt.
Ich folge der stark befahrenen Straße weiter nach Südosten, bis
ich schließlich, nach drei Stunden Fußmarsch, zu Hause ankomme.

Niemand wartet auf mich, niemand hat bemerkt, dass ich
überhaupt weg war. Ich stehe am Küchenfenster und starre
hinaus auf die Clapham Road, die sich in die eine Richtung kilometerlang nach Südwesten zieht, bis die Stadtteile langsam in
Vororte übergehen und die Stadt irgendwo im Sande verläuft;
in die andere Richtung, aus der ich gerade gekommen bin, verläuft
das Netz der Straßen ebenso unendlich, bis irgendwann der Fluss
kommt, nur um auf der anderen Seite des Flusses ebenso unendlich ins Nichts zu führen. Und irgendwo in diesem Straßennetz
ich. Mich überwältigt ein existenzielles, bis dahin unbekanntes
Einsamkeitsgefühl. Mich fröstelt, ich schlinge meine Arme um
mich selbst, wie um die einzige Person zu umarmen, die ich in
diesem Moment habe: mich selbst. Ich hauche an die Glasscheibe,
um mein kaltes Gesicht zu wärmen und die Stadt nicht mehr
sehen zu müssen.

Das Gefühl: Zwar am richtigen Ort, aber völlig verloren zu sein. Nur wenige Jahre später erlebte ich ein echtes Déjà-vu, als ich Sofia Coppolas Film »Lost in Translation« sah – ich war mir sicher, dass nicht nur sie, sondern viele andere zur genau gleichen Zeit etwas Ähnliches erlebt hatten wie ich: Einsamkeit und Verlorenheit in einer glitzernden, fremden Stadt voller Menschen.

Charlotte sitzt mit angezogenen Knien am Fenster ihres Hotelzimmers und schaut auf die steinerne Stadtlandschaft, die sich in alle Richtungen bis zum Horizont erstreckt – begleitet vom elektronisch verfremdeten, metallischen Fender Rhodes Sound von Squarepusher. Vor ihr ragen die Hochhäuser auf wie Termitenbauten mit Hunderten winziger Fenster, die Landschaft ist durchzogen von tiefen Straßenschluchten, auf deren Grund sich ameisenartige Ströme von Autos bewegen.

Sie ruft aus einem Einsamkeitsgefühl heraus zu Hause an, man hört das Freizeichen des Ferngesprächs. Die Freundin meldet sich:
»Charlotte! Hey! OH MEIN GOTT, wie ist es in Tokyo?«
Charlotte: »Es ist toll hier, alles wirklich super.«

Dann aber erzählt sie leise, dass sie in einem Tempel war und sich eine Zeremonie angesehen hat – und dabei gar nichts empfunden hat. Dass ihr eigener Mann ihr so fremd ist. Aber die Freundin hört ihr gar nicht zu und wimmelt Charlotte ab.

Ich kenne dieses merkwürdige Auseinanderklaffen zwischen Realität und Story: Wenn ich mit jemandem zu Hause telefoniere oder Leute in Deutschland treffe und erzähle, dass ich in London lebe, klingt es groß und glamourös. Ich brauche es gar nicht weiter auszuschmücken, das Kopfkino entsteht von ganz alleine vor dem inneren Auge des Gegenübers: die glitzernden Lichter der Großstadt, rote Doppeldeckerbusse, hippe Agenturen, coole Partys, London Design Week, London Calling. Ich merke, dass es beim anderen eine feste Vorstellung davon gibt, wie die Dinge zu sein haben. Eine Collage aus vielen

> *Abziehbildern, die im kollektiven Bildergedächtnis vorhanden ist*
> *und auf Knopfdruck abgerufen wird. Besonders eigenartig ist, dass*
> *der andere überhaupt nicht wissen will, dass mein echtes Leben in*
> *der Großstadt nicht seinem Bild entspricht!*

Ich beobachtete einen Riss, eine feine Haarlinie, die sich da auftat
zwischen der Realität und der Vorstellung, die wir uns von der
Realität machten. Ich wusste es damals noch nicht, aber jetzt,
zwanzig Jahre später, geht dieser Riss viel tiefer – und genau aus
diesem entstandenen Raum zwischen den auseinanderklaffenden
Ebenen, der harten Realität und der Sehnsucht nach einfachen
Bildern, ist eine Erfindung hervorgegangen, die unser aller Wirklichkeitsempfinden verändert hat: *Social Media*. Eine wunderschöne
Geschichte erzählen, Bilder an Bilder aneinanderreihen, die die
Idee von einem idealen Leben entwerfen; sie entstehen von ganz
alleine im Auge des Betrachters, lassen ihn wiederum einsam in
seinem grauen, normalen Alltag zurück – und sorgen dafür,
dass die Story die Realität als den gemeinsamen Wirklichkeitsstandard ablöst.

1998

Als ich an diesem einsamsten Abend in London aus dem Fenster
starre, schreckt mich auf einmal ein eigenartiges Geräusch auf: Ich
höre eine elektronisch-schrille, fröhliche Dur-Ton-Melodie, die ich
zuerst nicht zuordnen kann. Nach einer kurzen Pause ertönt sie
wieder, und ich mache mich auf die Suche nach der Quelle des
Geräuschs. Beim dritten Klingeln fällt es mir siedend heiß ein: Es ist
mein neues Handy, das da klingelt! Ich ziehe es hektisch aus den
Tiefen meiner Army-Umhängetasche, das Display leuchtet mir grün
entgegen. Es ist mein Vater. Es ist tröstlich, seine Stimme zu hören.
Ich erzähle ihm von meinen Schwierigkeiten mit der Stadt, mit den
Kollegen, mit meinem Chef. Er hört sich alles an. Er sagt ein paar
aufmunternde Worte. Danach geht es mir besser.
*   Später sitze ich im Nebenzimmer, als ich wieder ein ungewohntes*
Piep-Geräusch aus der Küche höre. Ich gehe hinüber, mein Handy

liegt auf dem Küchentisch, wieder leuchtet das Display grün und verkündet in kruder Pixelschrift: »1 message received«. Mein Vater hat mir noch eine SMS hinterhergeschickt – einen Satz, den ich nie vergessen werde: »denk dran: deine freiheit kann dir keiner nehmen. gruß paps«. Nur sechzig von einhundertsechzig Zeichen. Und dennoch durchströmt mich ein warmes Gefühl der Freude. Endlich bin ich nicht mehr lost.

Die technische Innovation – Handy und Mobilfunk – hat den Raum überwunden und sieben Millionen frei umherwirbelnde Einzelpartikel mit einem grün leuchtenden Hoffnungsschimmer in einen neuen Seinszustand katapultiert: Wir waren zum ersten Mal connected. Da mochten sich an anderer Stelle Risse auftun – hier fügte sich auch etwas Mächtiges zusammen.

WIE ICH DIE WELT SAH

Ab da gehe ich nur noch zu Fuß. Wie Forrest Gump, der eines Tages losläuft und drei Jahre, zwei Monate, vierzehn Tage und sechzehn Stunden nicht mehr stehenbleibt. Es ist meine Art und Weise, zu mir selbst zurückzufinden, die Einsamkeit, die gigantischen Ausmaße der Stadt und ihren Wahnsinn zu verarbeiten: Schritt für Schritt. Ohne Schrittzähler-App, ohne eine Datenspur auf Google Maps zu hinterlassen. In meinem Kopf fügt sich nach und nach die ganze Stadt zu einer inneren Landkarte. Orte, an denen die U-Bahn mich irgendwann einmal ausgespuckt hat, kann ich erst wirklich auf dieser Landkarte verankern, nachdem ich zu Fuß hingegangen bin. Für den Fall, dass ich mir manchmal des Weges unsicher bin oder zu einer bestimmten Adresse navigieren will, habe ich in meiner Army-Umhängetasche immer mein London A–Z dabei.

Jeder in London hat ein A–Z. Ohne A–Z ist man hoffnungslos ver-
loren. Das daumendicke Ringbuch, ungefähr in der Größe eines
DIN-A5-Schulhefts, ist ein gigantischer Stadtplan mit einem ebenso
gigantischen Straßenverzeichnis im Anhang. Ich liebe mein A–Z.
Auf den mittleren Innenseiten ist zusätzlich eine vergrößerte
Ansicht der Innenstadt abgedruckt. Diese ist bald schon eingeris-
sen und mehrfach mit Tesa geklebt; die Seite 62 mit den hippen
Stadtteilen Islington, Shoreditch, Hoxton und Clerkenwell ist bald
aus der Ringspirale herausgerissen und notdürftig geflickt.

Auf meinen Wegen gehe ich weite Strecken an der Themse
entlang, jeden Tag einen anderen Weg; jedes Mal überquere ich den
Fluss über eine andere Brücke: Vauxhall Bridge, Lambeth Bridge,
Westminster Bridge, Waterloo Bridge, Blackfriars Bridge. Am
Wochenende wandere ich ziellos durch die Stadt und durch die
Parks.

Bald darauf betrete ich mal wieder einen Laden, diesmal einen
kleinen, vollgestopften Fotoladen, und lege die Canon EOS 500
Spiegelreflex-Kamera, die ich von meinen Eltern zum Abitur
bekommen habe, auf die gläserne Ladentheke (was später zu Hause
auf wenig Verständnis stößt). Ich tausche sie gegen eine kleine,
pockettaugliche Canon IXUS mit dem neuen APS-Filmformat ein.
Was nützt mir eine tolle Kamera, wenn sie zu groß ist, um sie
überallhin mitzunehmen? Wenn ich sie im entscheidenden Augen-
blick nicht dabei habe? Die IXUS gesellt sich alsdann als neues
Device zu den anderen in meiner überdimensionierten Army-
Umhängetasche, in der ich das Rüstzeug für meine urbanen
Streifzüge transportiere: Buch. Music-Player. A–Z. Nokia. IXUS.

Auf meinen Wegen entsteht bald der Drang, mich nicht mehr nur
vom Wahnsinn dieser riesigen und vereinnahmenden Stadt London,
in der ich lebe, abzuschotten – sondern vielmehr, sie mir zu eigen zu
machen. Ich beginne, alles zu fotografieren, was mir auf meinem
Weg zur Arbeit und meinen Streifzügen durch die Stadt begegnet.
Hierbei hilft mir der Umgang mit der Realität, den ich mir schon in

meinen langen Monaten zuvor, unter der Erde, angeeignet habe –
als ich, mit Musik im Ohr, einen Schritt von der Realität zurückge-
treten bin und begann, mein Leben als Szene zu betrachten. Doch
gibt es diesmal einen großen Unterschied: Beim Fotografieren bin
ich Regisseur. Ich lasse die Stadt nicht mehr nur einfach auf mich
einprasseln. Vielmehr beschließe ich, dass auch meine ganz kleine,
subjektive Sichtweise auf die Welt es wert ist, erzählt zu werden!
Ich zeige nicht die glitzernden Postkarten-Ansichten, die alle vor
Augen haben, wenn sie an London denken; sondern die Stadt so,
wie ich sie sehe.

  Ich gewinne einen neuen Blickwinkel auf mein Lebensumfeld:
Ich entdecke die Ästhetik in der Wahrheit, der Alltäglichkeit und
Hässlichkeit der Stadt. Das trübe Wasser der Themse, den drama-
tischen, wolkenverhangenen Himmel, Graffiti an den Hauswänden.
Council Estates, wo an jedem Fenster und jedem Balkon Satelliten-
schüsseln kleben. Bahntrassen und Unterführungen, deren braun-
belaubte Böschungen trostloses Niemandsland mitten in der Stadt
markieren. Neonschilderwälder von Straßenzügen, in denen sich ein
Fast Food Laden an den nächsten reiht: Perfect Fried Chicken –
Famous Chicken Burger & Ribs – Halal Food.

  Ich sehe die Stadt als das, was sie wirklich ist: ein gigantischer,
künstlicher Lebensraum, in dem Millionen von Menschen versuchen,
ihr Glück zu machen – und dabei genauso einsam sind wie ich. Ich
fotografiere eine junge Frau mit schwarzem Bob und schwarz
geschminkten Augen, die alleine in einem Coffeeshop sitzt und sich
an ihrem Coffee-toGo-Pappbecher festhält. In schwarze Spitzenun-
terwäsche gekleidete Puppen mit leeren Gesichtern im Schaufenster eines Woolworth, vor dem achtlos weggeworfener Müll auf der
Straße liegt. Eine alte, dicke Frau mit einem knalltürkisen Oberteil,
die mit knalltürkisen Plastiktüten in der Hand an einem Hausein-
gang vorbeischlurft, der in genau der gleichen Farbe gestrichen ist.
Ein Mädchen, das auf abgewetzten Polstern in
einem Doppeldeckerbus sitzt und durch die verregneten Scheiben
in die flirrenden Lichter des Trafalgar Square starrt.

Später dann, als meine erste einsame Zeit vorbei ist und ich das Londoner Nachtleben entdecke, fotografiere ich das Verhalten der Großstadtbewohner bei der Paarungsanbahnung: nackte Füße mit lackierten Zehennägeln in billigen High Heels. Mädchen, die sich an den Spiegeln von gekachelten Damentoiletten drängeln und mit Stiften in ihren Gesichtern herummalen. Glitzertops, Tattoos und viel nackte Haut, die sich auf der Tanzfläche aneinander reiben. Und die vielen Sucht- und Genussmittel, die dabei im Einsatz sind, halb ausgetrunkene Pint-Gläser und Aschenbecher auf den Tischen und Bartresen.

Mein neuer distanzierter Blick auf die Welt funktioniert auch, wenn ich nach Hause zu meinen Eltern in einen Vorort von München komme. Aus der Großstadt angereist, sehe ich auf einmal die Weite, den Blick bis zum Horizont, und den Himmel, der viel weiter unten anfängt als in London. Ich erkenne das vertraute Zuhause, für das man immer blind ist, mit offenen Augen; und während mich in London die Hässlichkeit inspiriert, faszinieren mich zu Hause die gepflegten Vorgärten, die akkurat geschnittenen Hecken und Rasenflächen, die Abdeckplanen auf den Autos, die verschiedenen Muster und Varianten an Zäunen, mit denen sich die Reihenhausbewohner voneinander abgrenzen.

DAS ENDE DER PERFEKTION

Der Monitor vor mir zeigt eine Position über dem Golf von Bengalen *(Distance Traveled: 8.827 km, Altitude: 11,8 km, Singapore Time 4:41 pm)*. Ich gähne, strecke mich, klappe den Tisch herunter, nehme ein Bordmagazin aus der Tasche vor mir und fange an, darin herumzublättern. Unkonzentriert überfliege ich einen Beitrag über die digitale Wirtschaft, kehre aber schon bald gedanklich ins Jahr 1999 zurück.

In der Wirtschaft waren, ähnlich wie im Londoner Finanzmarkt, zu dieser Zeit umwälzende Verschiebungen in der globalen Platten-tektonik im Gang: Die alte Welt und ihre gewachsenen Unterneh-men und Branchen wurden durch gigantische Merger und Konzen-trationsprozesse für das globale Geschäft des neuen Jahrtausends fit gemacht. Ich versuche, mich zu erinnern – einige der größten Merger und Übernahmen aller Zeiten fielen mehr oder weniger genau auf die Jahrtausendwende: Daimler und Chrysler, 1998. Vodafone und Mannesmann, 1999. AOL und Time Warner, 2000. Škoda und Volkswagen, 2000. Das ist doch kein Zufall.

Genau ein solches Projekt ist auch mein Job in London – der, dessentwegen ich monatelang den Ritt mit der Tube und später lange Strecken zu Fuß in Kauf nehme. Ich arbeite als Designerin im Team an einem der großen Re-Branding-Projekte der 1990er-Jahre: Corporate Identity und Corporate Design für eine altehr-würdige Automobilmarke, die eine neue Rolle im Markenportfolio eines großen Konzerns finden soll.

Für uns im Designteam ist es die Chance, sie als das darzustel-len, was sie ist: eine ehrliche Marke. Wir wollen keine weitere, künstliche Scheinwelt erschaffen. Sondern zeigen, welche Rolle das Fahrzeug im Leben der Menschen wirklich spielt. Wir wollen den Menschen ins Zentrum rücken. Nicht das perfekt ausgeleuch-tete Fahrzeug als Hauptdarsteller auf die Bühne stellen. Sondern es selbst zur Bühne werden lassen, auf der das Leben stattfin-det. Als wir die Verkaufsliteratur für das neue Flaggschiff-Modell entwickeln, fahren wir mit dem Fahrzeug und einem Fotografen nach Südfrankreich. Dort sprechen wir einfach junge Familien an, überlassen ihnen das Fahrzeug für einige Tage und begleiten sie dabei fotografierend.

Was dabei herauskommt, sind nicht die üblichen Aufnahmen des perfekten Produkts mit blitzenden Felgen auf menschenleerer Straße. Sondern echte, dokumentarische und wirklich überzeu-gende Momentaufnahmen, die eine Geschichte aus dem echten

Leben erzählen: das Fahrzeug, unter einer Beton-Stadtauto-
bahnbrücke geparkt, an der abgerissene Plakate kleben.
Ein Blick in den geöffneten Kofferraum, vollgestopft mit Möbeln
und Kisten eines Umzugs. Eine Mutter, die sich verrenkt, um
vom Steuer aus ihrem Kind im Kindersitz hinter ihr zu Hilfe zu
kommen.

Wir präsentieren in einem kahlen Meetingraum mit funktionaler
Neonbeleuchtung an der Decke, in der Firmenzentrale. Unsere
Entwürfe sind auf schwarze Pappen aufgezogen, auf denen wir alle
Corporate-Design-Elemente, die wir entwickelt haben, erläutern.
Bei der Vorstellung der neuen Markenwerte und des neuen Claims:
zustimmendes Nicken. Beim aufwendigen Re-Design des alten
Firmenlogos, das fortan dreidimensional mit Chrom-Effekt
dargestellt werden soll: Szenenapplaus. Bei der zukünftigen
Verwendung von Farben, Schrift und Layoutsystem: überall
gehen sie mit.

Von den Anfangserfolgen beflügelt stellen wir unser fotografi-
sches Südfrankreich-Konzept vor, in dem wir Doppelseite für
Doppelseite durch die testweise gedruckte Verkaufsbroschüre
gehen. Mir fällt auf, dass die Stimmung im Raum kippt; die Mienen
der anwesenden Herren in grauen Anzügen werden eisig. Ich merke,
dass wir sie verlieren. Schon nach wenigen Sätzen unterbricht uns
der Marketingleiter harsch: »Also entschuldigen Sie mal, aber das
können wir so nicht machen. Da sieht das Fahrzeug nicht gut aus.«
Mich durchzuckt ein Adrenalinstoß, mein Herz schlägt schneller
und ich bekomme Angst.

Es ist vor allem die Fotografie, in der wir den größten Fortschritt
sehen. Denn die Fotografie erzählt – anders als die kennzeichnenden
Corporate-Design-Elemente wie Logo, Farbe, Schrift – eine
Geschichte. In der Fotografie kann sich die Marke öffnen, da blitzt
das echte Leben durch. Und nun legt der Kunde vor unseren Augen
ausgerechnet Hand an das Herzstück. Die Manager wollen mit unse-
rer Vision nicht mitgehen, Geschichten von dem zu erzählen, was die
Menschen und potenziellen Endkunden da draußen bewegt.

»Whenever we think about cars, we think about how they matter in people's lives.« – so haben wir es formuliert. Wir sind junge Idealisten. Wir wissen es noch nicht, aber die Zeit würde uns recht geben: Im Nachhinein sind das die Anfänge einer Betrachtungsweise, die das Fahrzeug nicht mehr als überhöhtes Statussymbol sieht – und die ein Jahrzehnt später in Konzepte wie »Shared Mobility« münden würde. Wir sind unserer Zeit voraus.

Was für uns eine Chance ist, zu einer authentischen, zeitgemäßen Marke zu werden, ist in der Konzern-Denke tabu. Ohne uns dessen bewusst zu sein, haben wir mit unserer frischen Sichtweise gegen einen Kodex der alten Industriewelt verstoßen: dass das Produkt immer im Mittelpunkt steht. Dass das Produkt immer perfekt zu sein hat. Manager urteilen nach anderen Kriterien als Kreative: Nicht, was bei den Menschen draußen ankommt, sondern was konform geht mit der Konzern-Denke, ergibt ein sauberes Prestige-Projekt. Niemand will sich aus dem Fenster lehnen.

Zurück in London erzählen wir unseren Kollegen enttäuscht von der Niederlage. Mein Boss, Robin, schließt mit einem klugen Satz, der mir ein größeres Bild von dem vermittelt, was passiert ist: »People who rock the boat will never fit in the corporate structure.«

Mein Blick bleibt an einem kleinen Beitrag im Bordmagazin hängen: »Atlantische Zwischenräume«. Er zeigt ein grünlich und bläulich schimmerndes Unterwasserbild der Silfra-Spalte in Island. Sie klafft auf einer Länge von fünfzig Kilometern meterweit auseinander, ein tiefer Riss, der die europäische und die amerikanische Kontinentalplatte voneinander trennt. Unwillkürlich erinnert mich dieses Bild an das Gefühl, das ich seit all den Jahren habe, seit wir uns in der Zeitenwende befinden: dass hier Denkweisen auseinanderklaffen. Im Grunde genommen hat damals schon bei uns im Kleinen, in unserem Automobilkonzern-Projekt, geclasht, was auch im Großen, in der gesamten wirtschaftlichen Welt zu einer riesigen, plattentektonischen Auseinanderdrift führte. Wie in der Silfra-Spalte stehen sich hier neue und alte Denkweise gegenüber, die eine »bottom-up«, angeschoben vom Zeitgeist und einer neuen, innovativen Denkweise. Die andere »top-down«, aus der Perspektive der alten Industrie, die vor allem eines will: ihre Strukturen aufrechterhalten.

Nur drei Jahre zuvor, in Schwäbisch Gmünd, hatte ich das erste Mal das Gefühl gehabt, dass das alte Weltbild Risse bekam und sich zwei Lager gegenüberstanden – die tektonischen Kräfte hatten schließlich dazu geführt, dass die Blase platzte. Damals war die Entdeckung des virtuellen Raums der Auslöser – dieser war ein neuer Kontext, in dem Objekte nicht mehr länger absolut, sondern *relativ* waren. Auch damals schon konnten oder wollten die mit der »alten Denkweise« das nicht begreifen.

Der Riss wanderte seither immer weiter, als zackige Linie, die sich manchmal schneller, manchmal langsamer fortbewegte. In London sprang er auf mein Bewusstsein über, als ich einen Schritt von meiner Weltwahrnehmung zurücktrat, um Raum zwischen mich und die Realität zu bringen. Und er begann, die Realität von der Story loszulösen.

Andaman Sea, Distance Traveled: 10.017 km, Altitude: 11,8 km, Singapore Time 5:59 pm. Space, like time, engenders forgetfulness. Ich habe viel Raum und Zeit zwischen mich und meine Heimat gebracht. Aber statt zu vergessen, erinnere ich mich.

Es war damals in London nicht nur mein eigener Blick auf die Welt, der sich veränderte. Neue Ideen und Sichtweisen gehören keinem alleine. Sie liegen in der Luft, sie wabern schillernd in den Zeitsedimenten, die uns alle umgeben – und beeinflussen. Deshalb war auch ich damals nur ein Seismograf, *Co-Creator*, Teil einer Schwarmintelligenz, die meine gesamte Generation umfasste. In den Jahren vor der Jahrtausendwende waren in der Wirtschaft, im Journalismus, in der Telekommunikation, in der Logistik, in der Musikindustrie insgesamt umwälzende Strömungen im Gange. In der *Creative Class* – bei Fotografen, Designern, Autoren, Filmemachern –, die dank der ihr zur Verfügung stehenden feinen Antennen und Ausdrucksmittel immer diejenige ist, die die Welt interpretiert und weiterdenkt, fand ein grundsätzlicher Richtungswechsel statt, sinnbildlich für die Zeit: weg vom perfekt inszenierten Bild, hin zur Authentizität – hin zur Imperfektion.

Worauf genau richtete sich unsere Sehnsucht? Wovon wollten wir uns damals, kurz vor dem neuen Jahrtausend, befreien? Ich gehöre zu einer Generation, die zwischen 1960er-Postkartenidylle und 1980er-Werbewelt in Westdeutschland aufgewachsen ist. Wir waren übersättigt und begannen – aus Langeweile, Desillusionierung oder Zynismus –, hinter die Kulissen der perfekt um uns herum inszenierten Welten zu schauen.

Es waren die Geschichtenerzähler unter uns, die dieses verstörende, doppelbödige Weltgefühl in große Drehbücher packten, die uns als Meilenstein-Filme um die Jahrtausendwende begeisterten: Andrew Niccol schrieb *The Truman Show* (1998), die Wachowski-Geschwister *Matrix* (1999). Wir wussten instinktiv, wenn jemand den Nerv der Zeit traf. Wenn ich jetzt darüber nachdenke, ist die Klarsicht dieser Storys für mich umso frappierender: Beide Protagonisten, Truman Burbank und Neo, kommen irgendwann dahinter, dass sie in einer zwar bequemen, aber simulierten Realität leben – und beide entscheiden, daraus auszubrechen.

Ebenso taten es die jungen, wilden Fotografen dieser Zeit. Jürgen Teller und Wolfgang Tillmans blickten hinter die überhöhte Supermodel-Kulisse, die die großen Fotografen des vorherigen Jahrzehnts errichtet hatten. Sie kippten die Ikonen von den Sockeln und zeigten die Dinge, wie sie wirklich waren: die körperlichen Strapazen des Model-Jobs, die Kehrseite des Konsums, den verwackelten, flüchtigen Augenblick, die Unbedeutsamkeit von wahllos angeordneten Alltagsgegenständen. Das Cover von Wolfgang Tillmans Bildband *Burg* (1997) ziert eine Plüschtiermaus, die aus einer braunen Versandtasche herausschaut, die auf einem umgedrehten Papierkorb liegt. Profaner geht es nicht. Der britische Fotograf Martin Parr wiederum blickt in seiner Ausstellung *Common Sense* (1999) in knallbunten Bildern und in brutalen Nahaufnahmen, die in den Augen schmerzen, auf die überdrehte Hässlichkeit des Konsums: Süßigkeiten mit Zuckerguss-Gesichtern, in Zellophantüten gepacktes

Spielzeug und immer wieder aus Fast Food Verpackungen essende Menschen.

Aus der Sehnsucht nach Imperfektion heraus wurde es möglich, dass aus einer schlecht funktionierenden Ost-Kamera eine weltweite Community werden konnte: Die *Lomographie.* Eine Gruppe junger österreichischer Studenten entdeckte in den 1990er-Jahren die in der Sowjetunion hergestellte, technisch unausgereifte Kamera Lomo LC-A und rief eine Bewegung ins Leben, die die Imperfektion feierte. Sie liebten die Lomo genau dafür, dass sie unscharfe und verwackelte Bilder mit eigenartigen Blendenflecken und dunklem Randlichtabfall lieferte. Die daraus entstandene Lomographic Society International schrieb in ihren *Zehn Goldenen Regeln der Lomographie* unter anderem »Nimm deine Kamera überall mit hin« und »Lomographie ist nicht Unterbrechung deines Alltags, sondern integraler Bestandteil dessel-ben« – genauso, wie ich es praktizierte, als ich auf meinen Großstadt-wanderungen fotografierte, um das *echte Leben* zu finden.

DIE SUMME ALLER TEILE

Ich öffne das Schieberollo und schaue aus dem Fenster: Ich kann durch die diesige Luft kaum erkennen, wo das Meer endet und der Himmel anfängt, einzig kann ich im Grau des Südchinesischen Meeres einige riesige Frachtschiffe ausmachen.

Ich ziehe mein Handy aus der Tasche – als mir unwillkürlich meine gute, alte Army-Umhängetasche wieder einfällt, die ich so viele Kilometer durch die Londoner Stadtlandschaft getragen habe, ständig *on the move.* Jeder Bereich meines Lebens war damals repräsentiert durch ein eigenes Device in meiner Tasche: Buch. Music-Player. A–Z. Nokia. IXUS. Ein Adressbuch und ein Filofax fanden sich auch noch in den Tiefen der Tasche, später, in Berlin, gesellte sich noch ein Palm Pilot dazu. Und während ich die Army-Umhängetasche immer weiterschleppte, fragte ich mich allen Ernstes, ob nicht mal endlich jemand ein Gerät erfinden könnte, das all diese Einzelteile zu einem zusammenfügte. Wie eine mathematische Summe, in der alle Summanden bekannt sind – nur dass sie noch keiner zusammengerechnet hatte. Ein paar Jahre sollte es noch dauern.

1+1+1+1+1 = 1. Wenn ich heute in meine Tasche schaue, so ist da nur noch ein Device. Aber in der Rückschau ist es eben mehr als nur die Summe aller Teile. Denn das iPhone und die Apps haben nicht nur andere Devices ersetzt. Sie haben den Raum vereinnahmt, den eine ganze Generation zwischen sich und der Welt errichtet hat: Nicht nur die Bücher, sondern all die anderen Welten, in die wir uns flüchten konnten. Nicht nur Musik, sondern den Soundtrack unseres eigenen Lebens. Nicht nur das A–Z, sondern all unsere Wege durch die Stadt und unsere inneren Landkarten. Nicht nur die Fotografie, sondern unsere Sicht auf die Welt – und unsere eigene Geschichte.

Das iPhone hat uns etwas weggenommen und den Riss beschleunigt, der das Millennium-Ich aufspaltete und bis heute Realität und Story immer weiter auseinander driften lässt. Aber es hat uns auch geholfen, den Riss zu überwinden. Es hat uns etwas geschenkt: Verbindung. Was mit einem ersten, grünen Anruf und einer SMS in einer einsamen Stunde auf meinem Nokia begann, war wie der Vorbote eines gewaltigen, weltumspannenden Netzes, das endlich die einsamen Großstadtbewohner der Postmoderne miteinander verband. Denn wir haben uns zwar mit Musik umspült, Geschichten erzählt und unser Leben fotografiert, aber wir waren dabei immer allein. Weil kein anderer zuschauen konnte. Ich *teilte* kein einziges der vielen Tausend Fotos, die ich in diesen Jahren schoss. Weil es noch kein Flickr, Pinterest oder Instagram gab. Deshalb erging es zwar vielleicht hunderttausend anderen in gesichtslosen Städten so wie mir – aber wir wussten nie voneinander.

Eigentlich waren wir eine ganz einfache Generation, unser Anliegen war klar. Wir hatten uns aufgemacht, das Leben mit neuen Augen zu betrachten. Wir brachen aus den inszenierten Werbewelten aus und

wollten hinter den Kulissen das authentische Leben entdecken.
Wir beschlossen, dass auch unsere eigene Geschichte es wert
war, erzählt zu werden – wir lenkten den Blick auf uns selbst.
Ohne es zu wissen, bereiteten wir alle zusammen mit unserer
Sichtweise, das Leben als *Story* zu sehen, den Boden – für das
iPhone, und für Social Media. Unsere Sehnsucht nach Imperfek-
tion war nicht nur ein chaotisches, kurzlebiges, künstlerisches
Aufbäumen; sie war eine *logische Gegenbewegung* zu den perfekten
Bildwelten, die durch die Digitalisierung der Bilder damals im
Entstehen war.

Wie kompliziert die Welt seither geworden ist. Heute drehen sich
die Dinge so schnell, dass ich gar nicht mehr weiß, was Bewegung
und was Gegenbewegung ist. Eigentlich oszillieren die Geschehnisse ständig im Spannungsfeld zwischen Perfektion und Imperfektion hin und her, nichts hat mehr eine eindeutige Position. Kurz
nach meiner Londonzeit kam das iPhone, mit dem auf einmal jeder
digitales Foto-Equipment in seiner Hosentasche herumtrug, das
perfekte Bilder lieferte (»Nimm deine Kamera überall mit hin« hallt
die verblassende Erinnerung an die Lomographie, die Bewegung
der Imperfektion, in meinem Gedächtnis nach).
    Die Gegenbewegung zur Perfektion des iPhone folgte jedoch
auf dem Fuße: Kurz darauf launchte die Foto-App Hipstamatic, mit
deren Hilfe jeder sein iPhone in eine analoge, oldschoolige Instant-
Kamera *zurückverwandeln* konnte; sofort nach dem Start verzeich-
nete die App Millionen von Usern. Im nächsten Schritt waren diese
Filter, mit denen man aus digitalen Bildern Fotos machen konnte,
die aussahen, als stammten sie aus einem Familienalbum der
1970er-Jahre, dann schon in der Standard-Foto-Software des iPhone
integriert. Instagram perfektionierte die *Imperfektion der Bilder*
alsbald mit über dreißig Filtern, die allesamt eine Aufgabe hatten:
den digitalen Bildern eine Patina verleihen, die sie zu einer authentischen Geschichte machte.

Und heute? Hat sich nicht sogar durch den exzessiven Gebrauch von Filtern das Empfinden, was denn eigentlich authentisch ist, quasi schon wieder ins Gegenteil verkehrt? Wenn ich heute auf Instagram ein Bild als wirklich echt hervorheben will, verwende ich den Hashtag *#nofilter. Nofilter*, das ungefilterte, digitale Bild, ist also heute die neue Imperfektion? Die ganze, authentische Wahrheit? Erzählen wir jetzt auf Social Media die perfekte oder die imperfekte Geschichte des eigenen Lebens? Oder versucht gar das echte Leben, zur perfekten Insta-Story zu werden?

In diesem Moment setzt der Flieger auf der Landebahn von Singapore Changi Airport auf und rollt eine gefühlte Ewigkeit zu seinem Gate. Ich schaue ratlos auf das riesige Rollfeld und versuche, eine Logik in den wirren Linien der Bodenmarkierungen zu finden. Perfekte Imperfektion oder imperfekte Perfektion – das ist wieder eines der vielen Parodoxa des Digitalzeitalters, auf die ich keine eindeutige Antwort finde. Aber vielleicht ist ja genau das der Weg.

◇

INSZENIERUNG DES ICH

6. Kapitel

Berlin, 2000

Ich stehe in Berlin Tegel am Gepäckband und warte. Da fällt mir ein, dass eine Londoner Freundin mir die Nummer ihres Freundes aus Hamburg gegeben hat, der ebenfalls gerade nach Berlin zieht. Ich wähle die Nummer, es klingelt, er geht ran. Wir wechseln ein paar Worte, ich höre seine Stimme doppelt: in der Leitung, aber auch ganz nah. Durch die Echo-Akustik verwirrt, blicke ich mich um. Er steht direkt neben mir! Wir sind zufällig mit dem gleichen Flieger nach Berlin gekommen. Das Handy hat uns direkt zueinander gebracht, wie die Rose, die sich Fremde früher als Erkennungszeichen ins Knopfloch steckten. Wir verabreden uns für die nahe Zukunft. Ich werte das als gutes Omen. In Berlin werde ich nicht mehr alleine sein. Ich habe ein Netzwerk.

SIX DEGREES OF SEPARATION

Als ich in der gewaltigen, von Palmen gesäumten Ankunftshalle von Singapore Changi Airport am Gepäckband stehe, fällt mir die Szene aus Tegel ein. Ich schaue versonnen auf die Gepäckstücke, die an mir vorbeizockeln. Eine uniforme Masse schwarzer Allerwelts-Trolleys, mit regenbogenfarbenen Zuggurten, Gepäcktags und bunten Aufklebern von den Eigentümern notdürftig individualisiert. Nach der Immigration folge ich direkt den Exit-Schildern Richtung Taxi. Als sich die gläserne Schiebetür öffnet und ich nach draußen trete, renne ich gegen eine Wand aus Hitze und Luftfeuchtigkeit.

Wenig später sitze ich im auf gefühlt fünfzehn Grad Celsius heruntergekühlten Taxi auf der fünfspurigen Zubringerautobahn Richtung Stadt. Gerade will ich den Fahrer fragen, ob er die Air Condition abschalten kann, als mich etwas ablenkt: In der Ferne tauchen die Skyscraper auf, die sich, einer Raumstation gleich, aus der Stadtlandschaft erheben.

Das Bild der Stadt trifft auf meine Netzhaut, wird dort gespiegelt und mit meinem inneren Bildergedächtnis abgeglichen – und löst auf einmal ein starkes Déjà-vu aus.

2000

Auch in meiner Erinnerung komme ich zum ersten Mal in eine neue Stadt: Berlin. Auch hier sitze ich in einem Taxi, auf knarzenden Ledersitzen in einer Duftbaum-Wolke. Und auch hier schaue ich aus dem Fenster auf eine Stadt, die mich verwirrt, die ich nicht dechiffrieren kann. Berlin ist eklektisch, zusammengestückelt, nichts passt zueinander. In der zerklüfteten Landschaft der Stadt liegen, wie in einem gewaltigen, offenen Steinbruch, riesige Zeitblasen offen; Sedimente, in denen man in der Vergangenheit lesen kann wie in einem offenen Buch. Da ist der etwas heruntergekommene 1980er-Jahre-Glam von Ku'Damm bis KaDeWe; die alte preußische Zeitschicht auf der Prachtstraße Unter den Linden; die betongraue Sedimentschicht der SED-Bauten, die am Alexanderplatz offenliegt; die klaffende Wunde quadratkilometerweisen Brachlands rund um den alten Todesstreifen, der sich mitten durch die Stadt zieht. Und schließlich brennt sich der Potsdamer Platz wie eine gigantische Raumstation tief in meine Erinnerung ein: das lila beleuchtete Trichterdach des Sony Centers, die gebogene Glasfassade des neu gebauten Bahntowers; und Hunderte von Kränen und Baufahrzeugen, deren Flutlichter eine Szene ausleuchten, die an eine gewaltige, extraterrestrische Abraumhalde auf dem Mars erinnert. Das Taxi fährt weiter, bis wir im Prenzlauer Berg ankommen, bei Dorothee, der Freundin einer Freundin.

Dorothee hat eine wilde Affäre mit Olli, deren Status quo genauso unklar ist wie die Besitzverhältnisse in dem verfallenen

*Ost-Stadtteil, in dem sie wohnt. Olli wiederum betreibt zusam-
men mit einem japanischen Pärchen eine illegale, mobile
Suppenküche, die jeden Abend in einem anderen Hinterhof
aufmacht. Die drei von der Suppenküche wollen in eine WG in
Mitte zusammenziehen – und ich kann Ollis Wohnung haben.*

*Später höre ich von Dorothee, dass Olli heimlich mit der
Japanerin was angefangen hat und sich die WG und die Suppenküche im Zustand der Auflösung befinden.*

*Berlin ist voll von Leuten wie Olli, Projekten wie illegalen Suppen-
küchen und endlosen Ketten von »Freunden von Freunden« –
die Berliner Variante von Six Degrees of Separation. Jeder kennt
jeden hier um sechs Ecken.*

*Das sind die neuen Netzwerke, die in Berlin anders funktionie-
ren als in etablierten Städten mit ihren festen Systemen aus
Lobby, geschlossener Gesellschaft, Establishment, Erbfreund-
schaft und Schickeria. In Berlin hingegen sind die gesellschaftlichen Strukturen durch viele historische Brüche genauso fragmentiert wie das Stadtbild – es gibt eine Durchlässigkeit, Unschärfe
und einen Interpretationsspielraum in den Rollen und Beziehungen; und so weitläufig wie die Stadt sind die gigantischen Frei-
räume, die sie ihren Bewohnern erlaubt. Deshalb zieht die Stadt
einen Menschenschlag magisch an: Leute, die sich nicht in
vorgefertigte Formen und Rollen einordnen lassen, sondern sich
selbst erfinden wollen. Für sie ist diese Stadt der ideale Ort.*

Richard Florida arbeitete zu dieser Zeit schon an seinem Bestseller
The Rise of the Creative Class, der 2002 erscheinen würde und in
dem er in diesen Menschen eine neue, mehrdimensionale Gesell-
schaftsschicht ausmacht: die kreative Klasse. Menschen, die durch
ihre Kreativität, Intelligenz und ihr Wissen etwas Neues erschaffen –
Wissenschaftler, Ingenieure, Architekten, Writer, Designer, Leh-
rende, Künstler, Musiker –, würden diejenigen sein, die die Büro-
kraten und Anzugträger des *Organizational Age* ablösen und in ein

Creative Age führen würden. Florida schreibt, dass der *Ort* für die Kreativen eine zentrale Rolle spielt, jedoch unter neuen Vorzeichen: Die Creative Class geht nicht mehr da hin, wo die Jobs sind. Die Creative Class ballt sich an den Orten, die *Zentren der Kreativität* sind; und wo sie eben leben wollen.

2000

Ich bekomme über dieses gut funktionierende Netzwerk meine Wohnung. Und was für eine: Für die gleiche Summe, die ich in London für ein dürftiges WG-Zimmer mit müffelndem Teppich in einem baufälligen, viktorianischen Reihenhaus bezahlt habe, miete ich einhundertzwanzig Quadratmeter Berliner Altbau mit knarzendem Fischgrätenparkett in Schöneberg. Die Wohnung liegt auf der »Roten Insel«, so benannt wegen der vielen, alteingesessenen Linken – und weil das Areal ringsherum von breiten Gleistrassen umgeben und nur über Brücken erreichbar ist. Wenn ich mit dem Fahrrad die Kolonnenbrücke Richtung Kreuzberg überquere, kann ich kilometerweit die Schneisen entlang sehen, die nur aus Brachland und planiertem Erdreich bestehen.

Die Stadt ist rough und krude, überall diese blinden Flecken, leer stehenden Areale, unfertigen Plätze, Orte der Zwischennutzung und Umnutzung. Vieles ist diffus, es gibt ungeklärte Besitzverhältnisse, rechtsfreie Zonen und besetzte Häuser. Auch mehr als ein Jahrzehnt nach der Wende »glänzt« die Stadt durch Abwesenheit von Struktur. Und überall in der Stadt: Baustelle. Alles ist im Entstehen, nichts ist fertig. Kanzleramt, Sony Center und Bahntower im Endspurt vor der Eröffnung. Der Potsdamer Platz mit Hunderten von Kränen die größte innerstädtische Baustelle der Welt. Nachdem Anfang der 1990er die Techno-Bewegung durch den Untergrund der Keller, Kessel und Bunker gerauscht ist, kehrt langsam urbaner Lifestyle in die alten, maroden Werks- und Produktionshallen der DDR ein: Coffeeshops in den Hackeschen Höfen, hippe Labels in der Kulturbrauerei im Prenzlauer Berg, Web-Agenturen und Start-ups in der Borsigfabrik in der Chausseestraße.

160

DIE STADT UND DAS NETZ

Im Taxi in Singapur sind die Skyscraper jetzt ganz nah, wir brettern die Stadtautobahn entlang und ich bin geflasht: Ich schaue über die Marina Bay direkt auf das ArtScience Museum, das einer offenen Lotusblüte gleicht; dahinter die gigantisch aufragenden Banken-türme, die innerhalb weniger Jahre in die Höhe geschossen sind: schwarze Zähne mit Tausenden von kleinen Lichtern vor dem von Abendröte durchzogenen Himmel. Ich bemerke das irisierende Spiegelbild im Wasser des künstlich erschlossenen Hafenbeckens, das die bunten Lichter der spektakulären Hafenanlage zu Wasser-farbtupfern verschwimmen lässt. Im roséfarbenen Wasser wirkt die Spiegelung wie eine Fata Morgana. Das perfekte, achsensymmetri-sche Bild einer perfekten Stadt.

Irgendetwas daran sagt mir, dass das eine Bedeutung hat und versetzt mich in latente Aufgeregtheit. Meist stellt sich dieses Gefühl bei mir ein, wenn ich eine Metapher entdecke: wenn ich eine Sache auf eine andere übertragen kann. Ich kann es noch nicht ganz ent-schlüsseln. Aber ich sehe darin das merkwürdige Verhältnis der Wirk-lichkeit, die immer aus zwei dialektischen Seiten besteht: aus der echten, anfassbaren, realen Alltagswelt – das ist die Stadt, die ich klar vor meinen Augen sehe. Und einer nicht sichtbaren, gedank-lichen, virtuellen Ebene – das ist die Spiegelung.

Während meiner Reise bin ich Schritt für Schritt einem Phäno-men auf die Spur gekommen: Dass sich nicht nur mein, sondern unser aller *Wirklichkeitsempfinden* radikal verändert hat; wir alle haben uns irgendwie von der Realität entfernt oder abgelöst, so genau kann ich dieses Gefühl noch nicht beschreiben. Und diese meine Sprachlosigkeit ist Teil des Problems; *niemand* spricht darüber, *nirgends* steht im Schnelle-Antworten-Internet oder im Gute-Laune-

Social-Media-Zirkus darüber etwas geschrieben; es dringt nicht an die Oberfläche. Alle nehmen es so hin, mit dem dumpfen Gefühl, dass sich die Welt so anders anfühlt als früher. Mir dämmert, warum mich diese Metapher so anspricht: Was, wenn jedes Objekt, jede Handlung, jeder Mensch und jede Unternehmung in der echten Welt begonnen hat, ein *Abbild ihrer selbst* in die Schattenwelt des virtuellen Raums abzuspalten – ein *digitales Vexierbild*?

2000

Auch die Baustelle Berlin, mit ihren Baukränen, Fernsehtürmen und Hochhäusern, hat ein digitales Spiegelbild. Ein frei gestaltbarer Raum in einer anderen Dimension, in dem alles möglich ist; in dem Idealisten und Kreative neue Formen des Zusammenlebens und des Wirtschaftens entwerfen: das Internet. Oder, wie man in dieser Zeit cool-lapidar mit Insidermiene sagt: »das Netz«.

Die Geschichte der Stadt und die Geschichte des Netzes haben sich durch einen phänomenologischen Zufall ein Jahrzehnt zuvor gekreuzt und laufen seither spiegelsymmetrisch nebeneinander her: Die »Wende« in Berlin führt 1989 zum Fall der Mauer und zur Wiedervereinigung von Ost und West. Im Netz vereinigen sich mehr oder weniger zeitgleich mit CSNET und ARPANET zwei getrennte Welten: das Wissenschaftsnetz und das Militärnetz. Während in der echten Welt aus der Wiedervereinigung das neue Berlin hervorgeht, entsteht parallel in der virtuellen das Internet. Tatsächlich spricht man von der »Wende im Netz« 1990, als mit der Abschaltung des alten ARPANET die kommerzielle Nutzung des Internets beginnt.

Ein Jahrzehnt später, 2000, sieht das Internet genauso zusammengewürfelt aus wie der Potsdamer Platz; auch im virtuellen Raum stehen, im übertragenen Sinne, überall die Baukräne herum und es herrscht ein Wirrwarr an unterschiedlichen Styles: gewollt improvisierte Bastelwebsites, die aussehen wie das Tacheles; graue Systemschrift-Seiten von Yahoo oder Amazon, reinste Usability, die den Plattenbauten am Alexanderplatz ähneln; technisch-brutalistische Flash-Sites, die irgendwie an die Technoflyer vom e-Werk erinnern; superslicke 3D-Grafiken, die der aseptischen Büro-City vom Sony Center gleichkommen; bis hin zu Anti-Websites, mit dadaistischer Typo und Fake-Ad-Bannern zugeballert wie die mit Graffiti und Plakaten vollgetagten Haustüren in Kreuzberg 36.

Jetzt stehen die Stadt und das Netz, die eine in der echten und das andere in der virtuellen Welt, sich spiegelbildlich gegenüber – beide in den Startlöchern für einen wahren Goldrausch. »Berlin 2000« ist der Titel eines Too-good-to-be-true-Drehbuchs, wie ein Jahrtausend-Pitch, wie ein superexplosives Kochrezept für den dickflüssigen Stoff der Geschichte: Man nehme den Melting Pot eines gigantomanischen Freiraums in der echten und der virtuellen Welt, eine neue, aufstrebende Generation junger Köche – die Creative Class – und eine neue, alchimistische Super-Food-Geheimzutat, von der keiner weiß, was sie eigentlich genau ist: New Economy? Dotcom-Business? Datenautobahn? Creative Age? Knowledge Age? Informationszeitalter? Alle sind auf der Suche nach den Geschäftsmodellen der Zukunft. Die Börse, das Fieberthermometer der Wirtschaft, kocht am Neuen Markt hoch. Es herrscht ein unfassbarer Hype.

Vor mir, am Vordersitz des Taxis, steckt ein Magazin. Ich ziehe es heraus. In Gedanken bin ich noch in Berlin. Irgendwas in dem Magazin erinnert mich wohl an ein anderes Heft aus der Zeit um die Jahrtausendwende, das ebenfalls ein Spiegel war: der Spiegel der Zeit damals.

Die Erste, die in Deutschland eine Plattform für diese Aufbruchstimmung in der Wirtschaft schafft, ist Gabriele Fischer. 1998 bringt die heutige Chefredakteurin der Brand Eins mit Econy ein neues Wirtschaftsmagazin in Deutschland heraus, das Wellen schlägt. Ihr Auslöser ist ein Interview, das sie mit dem Unternehmer Jost Stollmann zum Thema »Wissensgesellschaft« führt. Dabei hat sie »das erste Mal das Gefühl, dass sich in der wirtschaftlichen Welt wirklich etwas verändert«.

Econy sieht ganz anders aus als Wirtschaftsmagazine bis dato –
Mike Meiré verleiht der neuen Denkweise einen visuellen Ausdruck.
Und wieder, wie bei unserer Arbeit für die Automobilmarke in
London, ist es vor allem die Fotografie, in der die neue Sichtweise
zum Ausdruck kommt. In Econy ist sie stark dokumentarisch, mit
ungewöhnlichen Perspektiven, radikalen Anschnitten, neuen
Motiven: Sie zeigt die Menschen, bei der Arbeit, mitten im Prozess.
In ihrer Denk- und Herangehensweise steckt die eigentliche
Geschichte, nicht im fertigen Vorzeigeprodukt. Think process, not
product: *Darin manifestiert sich der Umbruch vom Industrie- zum*
Wissenszeitalter. Als Gesellschaft erklimmen wir eine neue Evolu-
tionsstufe. Als junge Generation fühlen wir, dass eine gewaltige,
tektonische Verschiebung im Gang ist. Dass wir Teil einer neuen
Bewegung sind, die die Alten nicht verstehen. Dass wir eine neue
Welt bauen, die nicht mehr aus physischen Dingen wie Werkhallen,
Maschinen und Büros besteht; sondern die virtuell funktioniert; in
der Unternehmen im Kopf entstehen, im Coffeeshop gegründet
werden – und im Netz stattfinden.

WELTENWECHSEL

2000

In Berlin bin ich zwar wieder allein in einer neuen Stadt, aber
diesmal kein schwirrendes Einzelpartikel, sondern Teil eines
Netzwerks. Ich habe Verbindungen zum großen, unsichtbaren
Netzwerk der Gmünder Hochschulabsolventen; in die Kreise der
Münchner, die es, einem Exodus gleich, in den Prenzlauer Berg
zieht; ich bin verbunden mit dem weltumspannenden »Äther« der
Nomaden, die gerade aus dem Ausland zurückkommen oder
dorthin aufbrechen, und die sich alle untereinander austauschen.
Außerdem sitze ich ab sofort mitten in einem dicken fetten
Netzwerk-Knotenpunkt: die Community von Deutschlands größter

Designagentur. 1979 von Erik Spiekermann gegründet, hat Meta-Design schon damals zweihundert Mitarbeiter und Dependancen in San Francisco, Zürich und London. Für die gerade frisch ins Leben gerufene Sparte Strategic Consulting *bin ich nach Berlin gekommen.*

Das Taxi stoppt abrupt – wir haben mein Hotel in Singapur erreicht. Ich zahle, steige aus und werde von der Hitzekeule getroffen. Checke ein, besteige den Fahrstuhl und drücke den Knopf für das 33. Stockwerk. Schaue auf die Anzeige, beobachte, wie die Zahlen von »0« ansteigen – 01, 02, 03, 04, 05 –, und während die grünen Digitalziffern vor meinem Auge verschwimmen, denke ich darüber nach, dass hinter den Stockwerken bei MetaDesign mehr steckte als nackte Zahlen.

Meta residierte in einem alten Fabrikgebäude auf der Bergmannstraße in Kreuzberg 61 im Hinterhof und war hier augenscheinlich im Laufe der Jahre von oben nach unten gewachsen: vom fünften bis hinunter zum zweiten. Dazwischen verlief eine Trennlinie im dritten Stock: der Schriftenvertrieb FontShop. Aber das, was die Stockwerke wirklich trennte, war viel gewaltiger. Wenn wir es damals hätten sehen können, hätten wir bemerkt, dass genau zwischen den Stockwerken, blauschimmernd, die Silfra-Spalte mitten hindurchlief und auch hier die beiden Kontinentalplatten aufeinanderprallten: Oben die alte Welt. Unten die neue.

Im fünften Stock sitzen die klassischen Corporate-Design-Leute. Grafik- und Kommunikationsdesigner, Experten darin, Unternehmen und Produkten eine Erscheinung zu geben – sie prägen damit seit den 1980er-Jahren das Gesicht der Deutschland AG. Diese Unternehmen, das sind die stolzen Vertreter des deutschen Industriezeitalters: Maschinenbau, Elektro- und Automobilindustrie, Weltmeister der massenhaften Produktion und des Vertriebs von physischen Produkten und Dienstleitungen. Zu den bekannten Unternehmen im Kundenportfolio gehören die Deutsche Bahn, Bosch und Boehringer

Ingelheim, Volkswagen und Audi. Die Arbeit von Meta macht
sie zu global konsistent auftretenden Marken. Damit man
weltweit am roten Streifen die Bahn, an der Farbe Blau Volks-
wagen und an Alu-Silber mit rotem Logo Audi erkennen kann,
müssen Schränke voll armdicker Corporate-Design-Regelwerke
erarbeitet werden.

Auch der frisch ernannten, wiedervereinten Hauptstadt gibt
Meta ein Gesicht: das neue Informations- und Leitsystem der
Berliner Verkehrsbetriebe, der Berlinale-Bär, das Stadt-Logo mit
dem Brandenburger Tor sowie das Re-Design des Bundesadlers und
das Erscheinungsbild der just nach Berlin umgezogenen Bundes-
regierung.

Dem Weltbild des fünften Stocks liegt eine alte Annahme zu-
grunde: dass Unternehmen in der echten, physischen Welt agieren.
Dass sie echte, physische Werkhallen, Kundenzentren, Ladenge-
schäfte oder Messestände betreiben; und echte, anfassbare
Produkte oder Maschinen produzieren. Diese echten Objekte
müssen mit Farben und Logo in der echten Welt markiert werden.

... 13, 14, 15, 16, 17 – der Aufzug stoppt, ein paar asiatische Geschäfts-
leute betreten die Kabine. Türen schließen und der Lift setzt seine
Fahrt Richtung Himmel fort. Währenddessen öffne ich in meiner
Erinnerung die Tür zum hinteren Treppenhaus bei MetaDesign ...

2000

Wenn man in der echten Welt im fünften Stock diese Tür öffnet, an
den Rauchern vorbei einige Treppenfluchten nach unten steigt und
im zweiten Stock das Büro betritt, kommt man unbemerkt in eine
andere Dimension. Dort sitzen die jüngeren, später hinzugekom-
menen Bereiche: das Online-Team – und wir, die Consultants. Wir
sind sozusagen für die Dinge auf der anderen Seite der physischen
Welt zuständig: das, was man nicht anfassen kann; das, was im
virtuellen Raum liegt, in der abstrakten Vorstellung, in der Zukunft.
Während unsere Kollegen aus der fünften Etage echte Marken für
echte Unternehmen bauen, sind wir diejenigen, die fieberhaft

daran arbeiten, die spiegelbildliche Welt zu erschaffen – Marken in der virtuellen Welt. Marken für Netzwerke. Marken für das Digital-zeitalter.

Wir schreiben uns auf die Fahnen, die New Economy nicht den Unternehmensberatern zu überlassen – die McKinseys hauen Zukunftsstudien raus, mit vielen zahlenbasierten Modellen und Diagrammen. Wir sind fest davon überzeugt, dass man das Vexier-bild der neuen Welt nicht hochrechnen und herbeianalysieren kann. Wir müssen diese neue Welt erschaffen! Designer haben die Imaginationskraft, sich die Zukunft vorzustellen – in einem kreativen Prozess. Für die Entwicklungsarbeit auf der virtuellen Seite benötigen wir dafür ganz neue Professionen: Designer, aber auch Berater und Designmanager, Developer und Datenvisualisie-rer, Internet Researcher und User Researcher.

Für uns ist nicht mehr das Unternehmen oder das physische Produkt die Marke – nicht mehr das Logo auf der Kühlerhaube, der Aufdruck auf der Verpackung oder die Schilder an den Werkhallen und Verkaufsräumen –, sondern das Netzwerk selbst! Neue Wörter im Wortschatz der Creative Class und Agenturmenschen müssen her, um diese hippen, virtuellen Gemeinschaften von den braven »Konsumenten«, »Verbrauchern« und »Zielgruppen« der alten Welt abzugrenzen: Sie sind die »Community«. Der »Tribe«. Sie und ihr Lebensgefühl, das ist die Marke. Und »das Netz« ist der ideale Lebensraum, um ihnen eine Heimat zu geben.

Tribes hat es schon immer gegeben, es ist die älteste, gesell-schaftliche Form, in der sich der Mensch seit Jahrtausenden organisierte, bevor es Monarchien, Nationalstaaten oder Unter-nehmen gab. Ein Tribe wird einzig und allein durch einen gemein-samen Grundgedanken zusammengehalten – der Mythos einer gemeinsamen Abstammung, ein Glaube oder ein Brauchtum. Der Tribe ist für Außenstehende nicht zugänglich, da die Mitglie-der untereinander in einer Sprache kommunizieren, die nur sie verstehen, und Geheimzeichen verwenden, die nur sie entschlüs-seln können. Alles ist auf Anfang, das Netz stellt eine neue Welt dar – und wir kehren in gewisser Weise wieder zu den Anfängen der Menschheitsgeschichte zurück. Uns inspiriert das Archaische – eben weil wir die Zukunft erfinden.

... 29, 30, 31, 32, 33 – ich komme auf meiner Etage an, stecke die Zimmerkarte in das Lesegerät – es ertönt der vertraute »Pliep«-Sound, den Millionen von Hotelkartenlesegeräten auf der ganzen Welt von sich geben, gefolgt von dem schmatzenden Unterdruck-Geräusch, das Millionen von Hotelzimmertüren erzeugen, wenn man sie aufdrückt. Eines dieser Allerweltshotelzimmer eröffnet sich mir, mit den immer gleichen Grundrissen und Einrichtungsgegenständen, der immer gleichen, platten »Welcome«-Grußbotschaft auf dem Flatscreen-TV, dem immer gleichen »Vanity Set« im Bad und dem immer gleichen Geruch.

INTERNETKINDER

Die nächsten drei Tage verbringe ich mit Terminen in klimatisierten Taxis, Aufzügen und Büros, in den Skyscrapern über der Stadt. An meinem letzten Abend in Singapur laufe ich durch die Straßen von Chinatown, die mit bunten Ständen aus Zeltplanen dicht gesäumt sind. An den Straßenecken dampft es aus Dumpling-Garküchen, über den Gassen hängen bunte Lampions und Lichter. Das optimistische Treiben und die vielen umherstromernden Menschen erinnern mich wieder an Berlin, an den Frühling 2000, kurz vor dem Platzen der Dotcom-Blase und dem Crash des Neuen Markts. Wir waren eine eingeschworene Gemeinschaft. Und nur auf Partys unterwegs.

Wir laufen auf der Party beim Start-up dooyoo ein. Laute Musik, überall stehen Menschen herum. Sie halten sich an Stehtischen oder Bierflaschen fest. An der Bar hängt ein Schild aus mehreren

2000

*aneinander geklebten ᴅɪɴ-A4-Ausdrucken. Darauf »M@rgherit@«,
»a« mit Klammeraffe geschrieben. Heute Vormittag sind die Jungs
von dooyoo bei uns im Büro gewesen. Sie wollen ihre Brand Colours
optimieren – Grün und Schwarz. Diese Farben springen mir hier
ins Auge: Überall laufen Leute in Markenmontur herum. Gerade
kommt uns eine von ihnen mit einem Tablett entgegen, ein Mädchen mit giftgrüner Pagenkopf-Plastikperücke, auf ihrem schwarzen T-Shirt das Firmenlogo, www.dooyoo.de. Sie lächelt und bietet
uns einen Waldmeister-Shot an. Wir lassen uns im Partygetümmel
treiben.*

Singapur scheint nie zu schlafen. Überall um mich herum in Chinatown junge Leute, die alle gute Laune zu haben scheinen, in dieser
lauen, schwülen Nacht in der Stadt, in der endloser Sommer herrscht.
Zum Schlafen kommen wir damals in Berlin auch nicht viel. Ich
schmunzle. My Goodness, was für Kinder wir damals waren! Internetkinder, auf einer niemals enden wollenden Geburtstagsparty. Alles
war irgendwie infantil, nicht nur die grünen Perücken und der Wald-
meister-Geschmack; auch die Sprache klang wie das Gebrabbel eines
Einjährigen: boo, dooyoo, yahoo, opodo. Das bunte Glitzern der Stände
um mich herum blendet in meiner Erinnerung nahtlos in die Licht-
punkte einer riesigen Diskokugel über ...

*Ein paar Tage später auf der nächsten Party. In allen Branchen
brummt es, Universal Music und Sony Music ziehen mit Mann und
Maus nach Berlin. Mein Freund Georg bei Amazon schleppt mich
auf die Eröffnungsparty von Def Jam Germany. Nicht nur im Netz,
auch im deutschen Hip-Hop herrscht Gold-Digger-Stimmung, das
Label schmeißt eine Opening-Party auf der alten US-Airbase im
Flughafen Tempelhof. Drinnen kocht die Luft: ohrenbetäubend
lauter Beat, heiße Chicks, extrem coole Hip Hop Typen. Überall
springen mir Tattoos, Braids, Bandanas, Caps oder komische Hüte
in Topfform ins Auge – einfach jeder trägt ein Attribut am Leib. Es
ist die Zugehörigkeit zu ihrem Tribe, die sie augenscheinlich zur*

Schau stellen. Der Party-Strom spült uns in Richtung Bar. Von Ferne nehme ich eine Menschentraube wahr; in der Mitte sitzt ein ziemlich beleibter, hochgewachsener Afrodeutscher mit Glatze, Goldkette und kurzem Vollbart. Offensichtlich ist er der MC – umringt von einem Pulk von Leuten. Unter seinem weißen T-Shirt, auf einem mächtigen Bizeps, kann ich ein Tattoo mit einem Namen erkennen: »LTL. DANE« – wahrscheinlich seiner. Es ist wichtig, sich vom Tribe abzuheben und dies mit Zeichen der eigenen Individualität zum Ausdruck zu bringen.

Eine Weile beobachte ich sie, dann drehe ich mich um und widme mich einem anderen Schauspiel: ein Typ, der an einem Werbestand Kaffee und Donuts verteilt. Er steckt in einer weißen Tonne; auf seinem Bauch ist riesig groß der orange-pinke Schriftzug Dunkin' Donuts aufgedruckt. Seitlich ragen pinke Arme hervor, unten Hosenbeine, die in riesigen, orangefarbenen Clownsschuhen stecken. Schielende Kugelaugen, ein aufgerissener, lachender Comicmund. Jetzt begreife ich das Ganze: Der Typ ist ein wandelnder ToGo-Becher – eine lächerliche Gestalt in einem Clownskostüm der Old Economy, auf einer New Economy Party.

Ich lasse meinen Blick weiter schweifen und entdecke immer mehr Logos und Aufdrucke auf T-Shirts. Jeder trägt eine Message auf der Brust, mit der er sich darstellen oder etwas ausdrücken will: Princess, Vision of Disorder, uncompromising turntables, Fuck the Olympics; oder ein betont oldschooliges Nerd-Shirt mit dem Aufdruck DLRG – die Verweigerung der Aussage ist auch eine Aussage. Überall aufgerollte Ärmel, unter denen Tribal-Tattoos hervorblitzen und Zigarettenschachteln klemmen. Viele tragen das Start-up, für das sie arbeiten, auf der Brust (dooyoo, Yahoo, eBay, Alando). So weit sind die New Economy-Jünger gar nicht von dem ToGo-Becher-Clown entfernt, auch sie sind als Unternehmensbotschafter verkleidet. Aber die Vertreter des Dotcom-Hypes machen insgesamt eine würdevollere Figur: In diesen Zeiten reicht es, das T-Shirt des richtigen Start-ups zu tragen, dann ist man wer – Teil einer Community.

170

Im Gedränge der Menschen zwischen den Ständen und Schaubuden blitzen asiatische Gesichter vor mir auf, aber ich nehme sie gar nicht wahr. Ich lasse – im Abstand von fast zwei Jahrzehnten – meinen Blick nochmals über den nächtlichen Partyreigen in Berlin schwelgen. Jetzt sehe ich darin eine neue, größere Bedeutung, wofür ich in meiner eigenen Zeit damals natürlich blind war, ja, nur blind sein konnte, weil ich selbst viel zu nah dran war:

Der ToGo-Becher-Clown, LTL. DANE, das Waldmeister-Mädchen – sie alle hatten etwas gemeinsam: Sie applizierten Zeichen, Messages und Brands an ihren Körper – um einen *Character* darzustellen. Das war typisch für diese Zeit. Deshalb fällt sie mir auch genau jetzt ein: die MTV-Kampagne, die dieses Phänomen thematisierte. »MTV Miststück«, die berühmt gewordenen 1990er-Jahre-Motive, die eine Reihe Kids in roughem, grobkörnigem Schwarz-Weiß zeigten. Quer über jedem Motiv prangte ein Label, das ihm in fetten, versalen Lettern einen Stempel aufdrückte: »Miststück«, ein Mädchen mit bauchfreiem Top, dunkel geschminktem Schmollmund und schwarzen, verwuschelten Haaren. Außerdem »Flittchen«, »Chaot«, »Egoist«, »Fauler Sack«, »Konsumgeile Göre«, »Eingebildete Kuh«. Der jüngeren Generation ist das heute schwer zu erklären; aber MTV war früher das, was für sie heute YouTube ist.

Die Kampagne schlug ein wie eine Bombe, überall wurden die Plakate heruntergerissen und in WG-Zimmern und Studentenbuden aufgehängt. Wir liebten sie, weil wir uns darin wiedererkannten. Aus heutiger Sicht krasse Stereotypen; damals war das wirklich Neue daran, dass die Kampagne meiner Generation suggerierte, dass wir *jemand sein konnten*. Dass wir unser verwirrtes Innenleben, unser unspektakuläres Dasein oder die Moralvorstellungen unserer Eltern nicht mehr hinnehmen mussten – sondern einfach *darstellen konnten, wen wir wollten*.

Es waren in der Aufbruchstimmung in Berlin 2000 genau diese Attribute, die wir in der echten Welt zur Schau stellten, um ihr mitzuteilen, dass wir einer Bewegung angehören, einem *Tribe*. Dass wir in *Wirklichkeit* etwas Größeres sind.

Wir Internetkinder hatten wie alle Generationen zuvor das riesige
Bedürfnis, uns von unserer Elterngeneration abzunabeln, uns auf der
Suche nach einer *Identität* einer Gruppe Gleichgesinnter anzuschlie-
ßen: Waren das in den 1980ern noch Rockabillies, Waver, Mods, Ökos
oder Popper, in den 1990ern Skater, Snowboarder, Raver oder Hip-
Hopper, so waren es in den Nuller-Jahren eben die Netzgemeinde, der
»Tribe« – und Start-ups. Dabei ging es doch immer um die gleiche
Suche: herauszufinden, wer wir waren. Anders als die Generationen
zuvor jedoch konnte man jetzt auch *selbst* jemand sein, ganz allein,
nur als *Individuum*, und sich selbstbewusst dazu bekennen: Ich bin
eine »konsumgeile Göre«, ein »Egoist«, ein »Miststück«!

Es war ein soziologisches Jahrhundertereignis, als sich uns
etwas auftat, das keine Generation vor uns jemals hatte: eine neue,
gigantische und virtuelle Projektionsfläche für das eigene, *virtuelle*
Ich – das Netz.

Was wie plumpe Verkleidung auf Dotcom-Partys wirkt, waren im
Nachhinein betrachtet die Anfänge des *digitalen Ich*. Heute hat dieses
längst die Position des *Über-Ich* inne. Heute ist es schwer, zwischen all
den WhatsApp-, Instagram-, Slack- und LinkedIn-Profilen den Über-
blick zu behalten über meine sämtlichen, abgespaltenen Identitäten
in der digitalen Welt. Heute kommt es mir manchmal so vor, als würde
das echte Leben nur noch für Google und Instagram veranstaltet. *Was
nicht im Netz existiert, existiert nicht.*

Dabei liegt mein digitales Ich noch nicht mal allein in meiner
Hand: Jeder Mensch auf diesem Planeten kann meinen Namen googeln
und findet mein digitales Abbild – aber nicht eines, das ich erschaffen,
sondern dass der Suchalgorithmus aus Fundstücken zusammengesetzt
hat. Die totale Entmündigung – mir bleibt nichts anderes übrig, als bei
dem Spiel mitzuspielen und eben diese Fundstücke zu kreieren, damit
ich wenigstens mitbestimmen kann, wer ich bin.

Die *Inszenierung des Ich* ist zum Ziel, zum eigentlichen
Daseinszweck geworden. Games wie Fortnite und Rocket League, aber
auch das chinesische Social Network WeChat sind *Free-to-play* – die

Funktion zu nutzen, ist kostenlos. Ihre Milliardenumsätze machen die Anbieter mit den Avartaren und Skins, mit denen die User ihre digitale Persönlichkeit kreieren.

Vielleicht hat dies alles die Popkultur hervorgebracht; vielleicht war es das, was Andy Warhol 1968 meinte, als er hellseherisch sagte: *»In the future, everyone will be worldfamous for 15 minutes.«* Vielleicht ist dieses Bedürfnis schon immer da gewesen, bevor es das Internet gab; oder es ist zeitgleich entstanden, oder die Entdeckung des virtuellen Raums hat es verstärkt; oder eine Mischung aus all dem. Aber ganz sicher hat das Netz Möglichkeiten wie nie zuvor eröffnet, genau das auszuleben: die *Inszenierung des Ich*.

DIGITAL SWITCH

Zurück in meinem Hotelzimmer gehe ich zum Fenster und ziehe mit einem energischen Ruck die Vorhänge auf. Im deckenhohen Panoramafenster erstreckt sich die weite Stadtlandschaft, die rings um das Hafenbecken in die Höhe wächst. Ich schaue über die Marina Bay in eine Collage aus unterschiedlichen Lichtstrukturen: Lichtraster abertausender kleiner Hochhausfenster, Lichterketten entlang der Stadtautobahnen – aber vor allem kann ich meinen Blick nicht losreißen vom Vexierbild der auf den Kopf gestellten, schemenhaften Lichterstadt in der Bay.

Mir wird klar, dass es genau da, in Berlin 2000, einen Punkt gegeben hat, an dem die beiden Welten flippten. An dem das *virtuelle Ich* das Ich der echten Welt ablöste, an dem das Vexierbild zum Original wurde und die echte Welt zum blassen Vexierbild.

Und ich weiß ganz genau, wann das geschah.

Ich laufe die Bergmannstraße entlang, bis zu dem kleinen Copyshop auf der linken Seite. Ich steige drei Stufen hinunter in den

Souterrain-Laden. Werde direkt von dem Copyshop-Betreiber angepflaumt, »Alles besetzt!«. Er ist Franzose, immer verschwitzt, immer unfreundlich. Sein eigenes Geschäftsmodell scheint ihn zu nerven: Der Laden ist immer gesteckt voll mit Leuten, die nur popelige 20-Pfennig-Kopien machen. Aber er druckt eben auch T-Shirts.

Ich warte ewig, bis die Kopisten durch sind; dann gebe ich eine kleine Auflage T-Shirts in Auftrag. Die T-Shirts habe ich selbst mitgebracht: einfache, eng anliegende weiße Baumwoll-Shirts mit schmal eingefassten Umschlägen. Außerdem habe ich einen Ausdruck von dem Schriftzug dabei, eine fette Rounded-Schrift mit dicker, pinker Outline: E☆POPSTARS.

Die Binnenform ist weiß, statt dem Bindestrich nach dem »E« ein Stern. Ich will, dass es aussieht wie ein Element der Pop-Kultur: schrill, aufdringlich und ein bisschen selbstironisch. Dem Pop, so denke ich, ist es immer gelungen, die Dinge eingängig in einfache Knallerbotschaften zu packen, die runtergehen wie Öl. Der Pop erreicht jeden. Wenn eine Sache im Pop angekommen ist, ist sie auf dem besten Weg in den Mainstream – ohne, dass sich der Einzelne wie ein Mitläufer fühlt.

Einige Tage später schleppe ich einen Karton voll E☆POPSTARS-T-Shirts ins Büro und schreibe eine Mail an einen ausgewählten Verteiler. Es spricht sich rum wie ein Lauffeuer, jeder will eins haben! Die T-Shirts werden mir aus den Händen gerissen.

Wieder ein paar Tage später steht ein weiteres hippes Event an, eine Party zu einer Neue-Medien-Konferenz. Wir gehen mit einer großen Gruppe aus der Agentur – die Internetkinder aus dem 2. Stock. Alle haben das E☆POPSTARS-T-Shirt an. Wie eine Art Flashmob, ohne dass wir uns online oder offline abgesprochen haben.

Unsere Wirkung ist unglaublich. Unsere T-Shirts suggerieren eine Zusammengehörigkeit, einen Tribe. Als wir eintreten, ist die Veranstaltung schon gut besucht. Wir stehen in der Lobby, ich spüre förmlich die Blicke, die wir auf uns ziehen und bemerke, dass die

*Leute über uns reden – wir sind das Partygespräch. Im Nu umschwir-
ren sie uns wie die Motten das Licht, wir sind das Gravitationszentrum der Party.*

*Ich verfolge Blicke, die wie gebannt an dem Aufdruck auf unse-
rem T-Shirt hängen. Ich lese in Gesichtern und sehe Anzeichen von
Neugier: Sie denken, wir sind eine Bewegung! Sie denken, wir sind
das nächste große Ding! Um bloß nichts zu verpassen, drängeln
sie sich um uns herum und fangen an, uns zu löchern.*

*Ich nehme am Rande wahr, dass auch meine Kollegen, mittler-
weile im Raum verteilt, den ganzen Abend mit vielen Leuten reden
und teilweise umringt sind von Menschen. Wir lassen uns treiben;
einmal muss ich kurz blinzeln, weil ich für einen Augenblick meine,
unscharf zu sehen – ich habe das unbestimmte Gefühl, dass gerade
die Welt vibriert, aber im nächsten Moment habe ich es schon wieder vergessen. Ansonsten keine weiteren Vorkommnisse an diesem
Abend.*

*Am nächsten Tag höre ich die News: In der Presse ist ein Artikel
über die »E-Popstars« erschienen. Bei den vielen wichtigen Leuten
vom Vorabend waren anscheinend auch ein paar Journalisten
dabei. Und einige von den E-Popstars-Jungs haben offensichtlich
fleißig Interviews gegeben. Klar, die aufgeheizte Atmosphäre und
das große Interesse hat sie sicher angestachelt. »E-Popstars ist
kein Unternehmen, sondern eine Knowledge Community«, lese ich
gespannt – alle Interviewten sind mit Namen genannt. Statt Mitarbeiter gäbe es Mitglieder, bei den E-Popstars spiele die Vernetzung eine zentrale Rolle. Man würde mittlerweile über Hunderte von
Mitgliedern in Berlin, aber auch anderen Städten wie London und
San Francisco verfügen, aufgrund des stetigen Zulaufs würden die
Zahlen rasant steigen. Mit immer größerem Staunen entsteht das
Bild vor meinem inneren Auge, das die Jungs heraufbeschwören: ein
riesiges, internationales, virtuelles E-Popstars-Netzwerk.*

*Ich lese weiter, jetzt kommen die Details, die ein ausgefuchstes
Community-Modell entwerfen. Auf Hierarchien würden die E-Popstars nicht ganz verzichten: Verschiedene Grade der Mitgliedschaft*

würden die Qualität der Projekte garantieren. Erfahrung und
Kontakte hätten die meisten Mitglieder zur Genüge: Sie kämen
aus renommierten Kreativagenturen, hätten jedoch auf die
Arbeit keine Lust mehr und setzten jetzt darauf, bei den E-Popstars nur noch an den Projekten zu arbeiten, für die sie sich
selbst entschieden. Uff. Das ist echt fett. Und alle haben ihnen
geglaubt.

Am nächsten Morgen komme ich ins Büro, es herrscht eine
eigenartige Stimmung. Die Kollegen weichen meinem Blick aus.
In der Kaffeeküche erfahre ich hinter vorgehaltener Hand, dass es
Riesenärger gibt, wegen des Artikels in der Presse. Es kursieren
Gerüchte, dass die Chefetage einzelne Mitglieder der E-Popstars
zu Anhörungen zitiert. Den ganzen Tag habe ich Herzklopfen
und auch ein wenig Angst. Ich fühle mich, als wäre ich bei einem
Streich erwischt worden.

Die Aktion auf der Party beweist, dass wir nicht mehr brauchen
als ein läppisches T-Shirt aus einem schäbigen Copyshop, um das
Partygespräch, ja sogar Popstars zu sein, die regelrecht Groupies
um sich herum versammeln. Dass wir mit so einem T-Shirt Interviews in der Presse geben und einen Eklat bis rauf in die Chefetage
provozieren können. Und mehr als das: dass wir sogar ein welt-
weites Netzwerk sein können.

Der sichtbare Teil des Eisbergs besteht dabei nur aus ein paar
Leuten auf einer Party, die das gleiche T-Shirt tragen; die wahre
Größe ist, wie bei einem Eisberg so üblich, unter der Wasserober-
fläche verborgen: das gewaltige, fiktive Bild, was jenseits der
echten Welt, im virtuellen Spiegelbild, in der Vorstellung des
Gegenübers, entsteht. Während ich weiter darüber nachdenke,
drehen sich meine Gedanken immer schneller im Kreis und mir
wird schwindelig. Ich bin anscheinend nicht die Einzige in dieser
Angelegenheit, bei der Verwirrung darüber herrscht, was denn
jetzt die eigentliche Wirklichkeit ist.

Den ganzen Tag warte ich auf den Anruf von oben. Ich bin bereit,
den Gang nach Canossa anzutreten.

Aber es passiert nicht mehr viel, zumindest nicht in meiner kleinen Welt, an diesem Tag, in diesem alten Fabrikgebäude in der Bergmannstraße in Kreuzberg 61, Berlin. Ein wenig Aufregung, ein paar Gespräche, und einige Tage später verblasst die Geschichte in der Erinnerung.

Das wirklich Bedeutungsvolle, ja, schier Gigantische, passierte in der Nacht der E-Popstars auf einer ganz anderen Ebene: in den Grundfesten der Wirklichkeit, die der Mensch kollektiv konstruiert. Dieses Bild der Wirklichkeit fing in dieser Nacht zu flimmern an; das anfängliche Flackern der Konturen wurde immer stärker und ging in ein spürbares Vibrieren über.

Wenn irgendjemand darauf geachtet hätte, hätte er vielleicht bemerkt, dass die Wirklichkeit einen Augenblick lang verzerrt dargestellt wurde, so wie wenn man ein 4:3-Beamerbild auf 16:9 stretcht. Und auf einmal machte es ein merkwürdiges »Swwwitch«-Geräusch, als ob jemand mit einer Fernbedienung auf einem gigantisch großen Fernseher den Kanal gewechselt hätte; und plötzlich flippte die Welt einmal um ihre Achse; unten war jetzt oben: Das Spiegelbild war jetzt die echte Welt und die echte Welt war auf einmal das Vexierbild.

Als Generation suchten wir so händeringend nach Bedeutung; wir wollten unsere Individualität zum Ausdruck bringen, und doch Teil einer Community sein, die uns größer machte, als wir im echten Leben je sein konnten. Solange wir Bandanas und Caps trugen, uns Tattoos stechen ließen und Poster im WG-Zimmer aufhängten, akzeptierten wir die physische Welt noch als *Wirklichkeitsstandard*. Doch in dieser Nacht in Berlin, im Jahr 2000, wendete sich das Blatt: In dieser Nacht wurde die Vorstellung, die *Möglichkeit*, die *Story*, größer als die Realität, weil wir endlich einen Raum hatten, in den wir uns projizieren konnten: das *Netz*. In dieser Nacht wurde die andere Seite so stark, dass die Welten switchten: Der *digitale Zwilling* übernahm die federführende Wirklichkeit.

Dieses Ereignis, das gleichzeitig unsichtbar und doch so weitreichend war, dass es unser aller Wirklichkeitsempfinden für immer verändern würde, nenne ich für mich den *Digital Switch*.

Es fällt mir leichter, über dieses transzendente, metaphysische Ereignis zu sprechen – weil es jetzt einen Namen hat. Ich bin mir ganz sicher, dass es wirklich geschah. Und ich bin mir ganz sicher, dass das nicht nur in Berlin, sondern durch unerklärliche, massenpsychotische Effekte überall auf der ganzen Welt passierte.

Ernest Cline, ein Typ mit dicker schwarzer Brille von der Ostküste der USA, muss den *Digital Switch* in dieser Nacht auch miterlebt haben. Denn nur wenige Jahre später schreibt er den Science-Fiction-Roman »Ready Player One«. Dieser spielt genau entlang der Schnittstelle beider Vexierbilder, der echten und der virtuellen Welt, im Jahr 2045. Die Story springt ständig zwischen beiden Welten hin und her. In der physischen Welt ist der Protagonist Wade Watts ein jugendlicher Waisenjunge, der in einem Slum aus gestapelten Wohncontainern lebt. Alles, was er besitzt, ist sein Avatar, *Parzival*, den er in einem Computerspiel spielt: Sein echtes, wahres, großes Leben findet nämlich in einer Virtual-Reality-Welt namens *Oasis* statt.

In der Oasis führt Parzival die Scores an, verliebt sich in ein virtuelles Mädchen namens Artemis und findet schließlich das Easteregg, das ihn zum Herrn der Oasis macht. Am Anfang der Geschichte sagt Parzival: »Die Leute kommen in die Oasis, weil sie hier alles machen können, und sie bleiben, weil sie hier alles *sein* können.« In Ernest Clines Roman übernimmt die virtuelle Welt die Führung: Sie ist die Wirklichkeit, die die Menschen ersehnen – im Gegensatz zu ihrem enttäuschenden Dasein in einer heruntergekommenen, physischen Welt. So ähnlich war es doch auch in Berlin, als die Welten switchten, denke ich. Die Menschen wollten es so: Denn im Netz konnte alles viel größer und glamouröser sein, als es in der kümmerlichen Existenz der echten Welt möglich war. Eben ein internationales Popstars-Netzwerk, statt einem schäbigen T-Shirt aus einem Copyshop auf der Bergmannstraße.

KOLLEKTIVE VERWIRRUNG

Ich setze mich in meinem Hotelbett auf – 6:14 am Singapore Time. Ein Adrenalinstoß durchfährt meinen ganzen Körper: Ich habe verschlafen! Höchste Zeit, zum Flughafen zu fahren! Die ganze Nacht war ich in einem merkwürdigen Dämmerzustand, in dem ich angestrengt nachgedacht habe. Während ich mich hektisch fertig mache, betrachte ich meine gestrige Erkenntnis im Lichte des neuen Tages.

Seit dieser Nacht des Digital Switch, in der das Vexierbild kippte und sich umkehrte, die digitale Welt zur Wirklichkeit und die echte Welt zum Spiegelbild wurde, herrscht eine gigantische, allgemeine und tief greifende Verwirrung darüber, was die eigentliche Wirklichkeit ist. Das ist der Grund, warum ich schon seit Jahren das Gefühl habe, die Welt nicht mehr zu verstehen. Sie funktioniert nach neuen, technologischen? soziologischen? psychologischen? philosophischen? Gesetzen, die keiner analysiert hat, die nirgends geschrieben stehen und die ergo noch lange nicht in das Allgemeinwissen übergegangen sind.

Der Begriff »Digitalisierung« illustriert das Missverständnis – weil er suggeriert, dass die Welt immer noch nach der physischen Ordnung funktioniert; dass etwas aus der echten Welt »digitalisiert« und in den virtuellen Raum übertragen wird. Die Wahrheit ist doch, dass die virtuelle Realität schon lange die federführende ist. Dass wir alles, aber auch alles von der anderen Seite her denken müssen: vom Digitalen her. Von diesem weiten, virtuellen Space des Internets, der fast zwanzig Jahre später leider nicht mehr der Raum ist, der die Kreativen anzieht und in dem alles möglich ist – so wie damals in Berlin, 2000. Ich sitze im Taxi und entferne mich in rasender Fahrt auf der East Coast Park-Schnellstraße von der Glitzerstadt, ihrem Optimismus, ihren Bankentürmen, den Lichtern und ihrem leuchtenden Spiegelbild in der Marina Bay.

Was haben wir aus der unendlichen Spielwiese des Internets gemacht, aus diesem undefinierten Raum an Möglichkeiten, der sich uns Internetkindern da auftat?

Wir waren so mit uns selbst beschäftigt, dass wir gar nicht bemerkt haben, dass andere die Superstrukturen um uns errichtet haben, die das Internet heute zu einem kalten, kontrollierten und kommerziellen Ort machen. Heute, fast zwanzig Jahre später, bewegen wir uns im Internet durch festgelegte Menüstrukturen, starre Hierarchien, seelenlose Prozesse, durchgetaktete Abläufe und Datenbank-Eingabefelder, überzogen mit einer dünnen Zuckerglasur aus Usability und freundlichen Emojis. Die durchindustrialisierten, durchdigitalisierten Strukturen sind gnadenlos. Sie zerlegen das Leben – wildgewachsene Communitys, Spontanität, den Flow, Begegnungen, Beziehungen und Zufälle – in ihre Prozessabschnitte und Datenbank-Strukturen. Der Algorithmus unterwirft uns. Und somit verstärken die digitalen Strukturen sogar noch, was die Industrialisierung zuvor mit uns gemacht hat – und es entstehen Superstrukturen, in denen es wenig Raum für das Menschliche gibt.

Ich renne durch die Halle Richtung Check-in, die grünen Fliesen, die Palmen, Menschen, alles fliegt nur so an mir vorüber. Ich renne nicht nur, weil ich spät dran bin. Ich renne, weil ich das Gefühl habe, dass mich jeder Schritt näher an die Erkenntnis bringt. Ich komme am Gate an, fast alle anderen sind schon eingestiegen.

Wie sagte Parzival? »Die Leute kommen in die Oasis, weil sie hier alles machen können, und sie bleiben, weil sie hier alles sein können.« Das gilt doch immer noch! Plötzlich ist alles ganz einfach. Nach Monaten, in denen ich mit meinem fragmentierten Denken versucht habe, die großen Muster zu erkennen, sehe ich es jetzt ganz klar vor mir. Ich muss kündigen. Ich muss von vorne anfangen. Ich muss zurückfinden zum eigenständigen Denken – außerhalb der Strukturen.

Ich renne die Gangway entlang, betrete den Flieger und lasse mich atemlos in den Ledersitz fallen. Viele Stunden Flug liegen vor mir. Aber ich bin auf dem Weg zur Wahrheit.

KERBE IN DER WIRKLICHKEIT

München, 2021

An einem ganz normalen Büronachmittag bei MetaDesign, wenige Monate nach dem *Digital Switch*, als ich nichts ahnend an einer Präsentation arbeitete, schlug eine Passagiermaschine in den Nordturm des World Trade Centers ein. Zwanzig Minuten später eine weitere in den Südturm. Es war der 11. September 2001. Mit seinen verstörenden Fernsehbildern hinterließ dieser Anschlag eine tiefe Narbe im kollektiven Bewusstsein, eine, die das Gefühl des niemals enden wollenden Kindergeburtstags auf einen Schlag beendete. Ein einziger Tag veränderte damals das Gesicht der Welt.

Das ist das Typische an diesen drastischen Auslösern wie 9/11 oder COVID-19, an den BIG BANG DAYS der Geschichte: Die Geschehnisse haben ein eindeutiges Datum, sie verändern die Welt mit einem Paukenschlag, liefern ikonografische Bilder in den Medien und zwanzig Jahre später können wir mit dem Finger auf die Kette von Ereignissen deuten, die dranhängt. Wir können in der Rückschau sagen, dass der Krieg gegen den Terror nach 9/11 viel mehr zivile Opfer in Afghanistan und dem Irak forderte als das Attentat selbst, und dass der Kampf gegen Al-Qaida eine große Gruppe Islamisten radikalisierte und neuen Terror hervorbrachte. Wir können mit genügend Abstand sagen, dass die Ursachen für die Finanzkrise 2008 unter anderem auf die Liberalisierung des Finanzmarkts durch Thatchers BIG BANG DAY 1986 zurückzuführen sind.

Mit COVID-19 wird es ähnlich sein – die Krise wird eine Kette von Ereignissen nach sich ziehen; vieles, was sich in den nächsten Dekaden entwickelt, wird sich zurückverfolgen lassen auf dieses einschneidende Geschehnis 2020/21.

Mit dem *Digital Switch*, den ich in der Nacht der E-Popstars in Berlin 2000 erlebte, verhält es sich dagegen nicht so eindeutig. Weder stand davon etwas in der Presse noch ging ein Video viral, es gab auch keinen eingängigen Song wie Enyas »Only Time« bei 9/11 oder Alicia Keys' »Good Job« in der Corona-Krise. Das Problem mit solch subtilen Umbrüchen ist, dass sie nicht zu greifen sind. Sie geschehen schleichend, fast unmerklich. Ihre Auswirkungen sind diffus. Sie äußern sich eher in dem unbehaglichen Gefühl jedes Einzelnen, dass die Welt nicht mehr die alte ist. Oder in unsichtbaren, weil digitalen Datenströmen und Infrastrukturen auf der anderen Seite, in den Händen einiger weniger aktiver Profiteure – die jedoch Auswirkungen auf unser aller Leben haben. So subtil ging diese Realitätsverschiebung vonstatten, dass man sich allen Ernstes fragen muss: Ist diese Nacht – als mit einem lang gezogenen »Swwwitch« in einem gewaltigen, metaphysischen Vorgang das Vexierbild kippte und die digitale Welt zur neuen Wirklichkeit wurde – damals überhaupt wirklich passiert?

Nein. Natürlich ist das ein überspitztes Bild. Ein Symbol. Eines, das wir aber benötigen, um diesem unsichtbaren Vorgang eine *Ursache*, ein Datum, ein eindeutiges Geschehnis und einen *Namen* zu verleihen.

Die Festsetzung des *Digital Switch* gibt uns die Möglichkeit, die unausweichliche Kette der Ereignisse bis in unsere Zeit zu verfolgen – einen roten Faden in die *real time* auf uns einstürzenden Ereignisse des Digitalzeitalters zu bringen und ein großes Bild von dem zu zeichnen, wie sich die digitale Seite vor unser aller Augen entwickelt hat. Nur dann können wir anfangen, zu verstehen – und zu verändern.

TEIL III

BIG PICTURE

2017 – 2021

RÜCKKEHR DES DENKENS

7. Kapitel

DIARY
München, 20. September 2017

Alles entwickelt sich real time, keine Zeit mehr für Reflexion. Hat überhaupt noch irgendjemand den Raum und die Zeit, über all das nachzudenken, was das Digitalzeitalter mit dem Menschen macht?
Unser Denken, diese elementare, lineare, menschliche Tätigkeit, wurde gehackt – von den Algorithmen, die wir selbst entwickelt haben. Geht so alle Weisheit der Welt verloren?

Ich muss ihn wieder finden:
Den Raum zwischen Reiz und Reaktion.

WEISSE LEERE

Drei Jahre lang habe ich seit diesem Diary-Eintrag Informationen gesammelt, stapelweise Bücher gelesen, mit vielen Zeitgenossen des Digitalzeitalters gesprochen, und bin dazu zurückgekehrt, *nachzu-denken*. Meine Suche nach Antworten, jeden Gedanken auf dem Weg, jedes Gespräch, das ich geführt habe, und jeden Denkdurchbruch, den ich hatte, habe ich aufgeschrieben. Das konsequente Schreiben hat mir geholfen, Ordnung in meine Gedanken zu bringen. Und die richtigen Fragen zu formulieren.

Ich öffne meinen Blog, »diary of the digital age«. Er ist *public*: Mein Bildschirm ist ein Fenster zur Öffentlichkeit. Mir war von Anfang an klar, dass das Thema zu groß ist, als dass ich es in meiner Schublade verschwinden lassen kann. Dass die Fragen, die das Digitalzeitalter aufwirft, nur im Austausch verhandelt und beantwortet werden können.

Mein Blick wandert zu dem Stapel doppeldaumendicker Notizbücher, der neben meinem MacBook liegt. Daneben, aufgeschlagen, das aktuelle, in das ich vor wenigen Minuten etwas hineingeschrieben habe. Das ist die physische Ebene meiner Schreib- und Denkwerkstatt, die andere Seite des Vexierbilds. Hier muss ich nicht aufpassen, wer mitliest – hier können Gedanken in einem geschützten Raum reifen. Um das Digitalzeitalter zu ergründen, arbeite ich in beiden Welten. Es ist wie ein Puzzle, ein riesiges Mosaik, ich bin immer noch dabei, die Teile zusammenzusuchen, immer wieder finde ich einen Stein, der sich ins Gesamtbild fügt. Eine konzentrierte, lineare Tätigkeit für mein Gehirn.

Kaum eine Wissenschaft ist seit Jahren so gehypt wie die Hirnforschung. Interessanterweise sind die Gehirnstrukturen offensichtlich höchst dynamisch und veränderbar, dank neuester Forschungen zur Neuroplastizität wissen wir, dass sich diese Landschaft ständig verändert. Selbst im fortgeschrittenen Alter: Wenn man, wie mein Onkel Michael, mit sechzig anfängt, Klavier zu spielen, entstehen Millionen neuer Synapsen. Das bedeutet, das Gehirn ist ein Spiegelbild dessen, was wir *tun*. Wieso haben wir dafür so wenig Bewusstsein? Die einzige philosophische Leitlinie, über die sich der Mensch des 21. Jahrhunderts definiert, scheint zu sein: »Du bist, was du isst.« Was wäre, wenn wir uns mit der gleichen Besessenheit um unsere geistige Nahrung kümmern würden: *»Du denkst, was du tust.«*? Oder auch: *»Du bist, was du denkst.«*?

Ich versuche, mir vorzustellen, wie wohl ein Scan meines Gehirns an dem Tag ausgesehen hätte, als ich damals, im Sommer 2017, den Schritt aus der Corporate Structure hinaus getan habe – um anders zu arbeiten. Wahrscheinlich kein schöner Anblick: eine völlig fragmentierte Festplatte, Millionen versprengter Synapsen im

Dauerfeuer, nicht in der Lage, einen einzigen, zusammenhängenden Gedanken zu formen; das alles ein trauriger Spiegel meines jahrelangen, fragmentierten Arbeitsalltags, der durch das Stakkato des von außen auf mich einprasselnden digitalen Dauerfeuers diktiert wurde.

2017

Nach meiner Kündigung, die ich auf dem Rückflug von Singapur in die Tasten meines MacBooks gehackt und am nächsten Morgen an den Vorstand geschickt habe, spüre ich ein Bedürfnis, mein Gehirn in Ordnung zu bringen, die zerrütteten Strukturen und versprengten Synapsen. Schlagartig höre ich auf, mir rund um die Uhr in Heißhungerattacken digitale News und dystopische Bilder von Terrorattentaten, Flüchtlingskatastrophen und Datenskandalen in meinen Kopf zu stopfen. Ich lösche mein Facebook-Profil und cancele die lärmenden LinkedIn-Feeds, in denen die Evangelisten des Digitalzeitalters begeistert ihre utopische Zukunftsvision verkünden. Dopamin Cold Turkey.

Anderes, was permanent auf mich eingeprasselt ist, erledigt sich von ganz alleine: Kaum dass ich raus bin aus den Strukturen, reißt auch meine Verbindung zum digitalen Mahlstrom ab. Nach ein paar Tagen fühlt sich meine E-Mail Inbox wieder an wie ein Briefkasten vor der Jahrtausendwende: ein kleiner Stapel an Briefen oder Postkarten pro Tag, alle persönlich an mich adressiert – und alle relevant. Genauso verschwinden die vielen bunten Quadrate und Rechtecke aus Terminen, Meetings und Calls in meinem Kalender, die diesem zu Hochzeiten das Aussehen eines endlosen, digitalen Flickenteppichs gaben, durch den ich mich Woche für Woche durcharbeitete; auf einmal liegt meine eigene Zeit wieder vor mir wie ein weißes Blatt Papier.

Die Salespipe, der mächtige Blutkreislauf der Business-Welt, ist auf einmal wie ein großer Fluss auf irgendeiner Landkarte – ich weiß von seiner Existenz, aber ich muss nicht mehr mitschwimmen; das gilt auch für die Vibes und Strömungen der Kollegen und den Druck, der immer wie in seismografischen Wellen von oben nach unten durch die Struktur schwappte. Noch eine weitere

Nebenerscheinung geht mit meinem neuen Zustand einher: Da-
durch, dass ich den Großteil meiner Zeit nicht mehr an den Knoten-
punkten der Business-Welt verbringe – im Büro, in Meetings und
Calls –, ebbt der Buzz ab, der Hype, das viele hektische Gerede,
der Digitalisierungstalk – alles, was mich daran gehindert hat,
das größere Bild zu sehen.

Nun könnte langsam Ruhe einkehren. Weiße Leere, das ist es,
wonach ich mich sehne. Aber irgendetwas stimmt nicht mit mir.
Dieses zersplitterte Gefühl in meinem Kopf, das hektische, grelle
Flimmern, sie hören nicht auf. Sie sind Anzeichen dafür, dass da
noch etwas anderes ist, was viel tiefer geht.

Nach außen wirke ich normal. Ich stehe morgens auf, frühstücke
mit der Familie, sitze abends mit meinem Mann vor dem Fernseher,
treffe mich mit Freunden. Aber das ist nur mein Dasein in der
physischen Welt. In mir, in meiner gedanklichen Welt, ist nichts
in Ordnung. Ich fühle mich, als wäre ich nach einer verlorenen
Schlacht total desillusioniert nach Hause zurückgekehrt – nur
um festzustellen, dass dort auch keine Rettung zu finden ist.

Ich habe einen Gedanken in mir sitzen wie einen Stachel: Die echte
Welt kommt mir vor wie eine Illusion. Eine Insel der Glückseligen.
Denn in meinen Augen verbirgt sich unter der realen
Welt, die mich jetzt so friedlich umgibt, eine dunkle Wahrheit.
Wovor habe ich Angst?

Ich kehre gedanklich zurück in die Gegenwart 2021. Mein Blick
wandert zu dem Stapel Notizbücher. Ziemlich weit unten liegt eines
mit einem weißen Cover – das müsste in etwa diese Zeit kurz nach
meiner Kündigung beschreiben. Ich ziehe es aus dem Stapel hervor
und schlage es auf. Da fällt ein loser Zettel heraus, ein A4-Blatt, das in
der Mitte gefaltet ist. Es ist dicht beschrieben mit Notizen. Ich lese
die kleine Überschrift, »Villa Stuck Vortrag, 7. September 2017«. Ich
überfliege das Geschriebene, und die Erinnerung an diesen Abend
taucht aus der Dunkelheit meines Gedankenarchivs auf ...

An diesem lauen Spätsommerabend im September besuche ich eine Diskussionsrunde in der Münchner Villa Stuck anlässlich der Eröffnung einer Willy-Fleckhaus-Ausstellung. Willy Fleckhaus entwickelte in den 1960er-Jahren das Layout, die radikale Typografie und den ikonischen Bildstil des jungen Magazins »twen«, das die Aufbruchstimmung einer ganzen Generation widerspiegelte: »Ideale, nicht Idole«, wie es der Gründer und Verleger Adolf Theobald im Rückblick nannte.

Ich trete in die große Eingangshalle der Jugendstilvilla, wo in einem Halbkreis ein paar Dutzend Klappstühle aufgebaut sind, und suche mir einen freien Platz. Wenig später gibt es auf dem Podium eine Diskussionsrunde von Zeitungsmachern: Die Chefredakteure und Kreativdirektoren des ZEIT- und SZ-Magazins sprechen über Fleckhaus und die 1960er-Jahre, über Supplements und Social Media, über Fotografie und Bildikonen. Vier Menschen auf der Bühne, die lieben, was sie tun. Vier Menschen meiner Generation: die 1970er-Jahrgänge.

Während ich zuhöre, bemerke ich etwas Befremdliches. Der Zweifel überschattet meine Gedanken. Er flüstert mir ins Ohr: »Das, was du hier siehst, sind Menschen, die immer noch munter über Journalismus und Grafikdesign reden. Aber wissen sie, dass sie in sterbenden Branchen arbeiten? Reflektieren sie, dass der Schwarm-Algorithmus die Bildikone hinweggerafft hat? Ahnen sie, dass Datenvisualisierung der Fotojournalismus des 21. Jahrhunderts ist? Dass ihre Arbeit sowieso bald von intelligenten Bots erledigt wird? Was, wenn es sie in ein paar Jahren gar nicht mehr gibt?«

Ich versuche, die Stimme zu ignorieren, halte mir die Ohren zu, als würde das helfen. Ich blinzle mit den Augen und schüttle den Kopf – aber es gelingt mir nicht; stattdessen bemerke ich den irritierten Blick der Frau neben mir.

Egal, was ich tue: Unter den eingeflüsterten Worten meines Weltbilds kann ich nichts um mich herum mehr ernst nehmen. »Die Realität der Menschen auf der Bühne ist nur was für hoffnungslose

Romantiker«, denke ich und wundere mich gleichzeitig über mich selbst: Warum bin ich so zynisch?

Nach dem Vortrag drängle ich mich durch die schwatzende Menge und gehe zu meinem Auto. Es fängt leicht an zu nieseln, das merke ich kaum. Was für eine digitale Zukunft meine ich denn zu sehen?
Ich komme zu Hause an, schließe die Tür auf und begrüße meine Familie, die im Wohnzimmer sitzt; ich bin jedoch zu aufgewühlt, um mich dazuzusetzen, und gehe stattdessen ins Arbeitszimmer. Ich setze mich an meinen Schreibtisch, ziehe den Zettel, auf den ich während des Vortrags einige Notizen gemacht habe, aus der Tasche und lese ihn noch mal durch. Ganz unten, gequetscht und um die Ecke den rechten Rand des Blattes hoch geschrieben, habe ich einen Satz gekritzelt: »Ist das, was ich hier auf dem Podium sehe, eine illustre Zusammenkunft an Deck der Titanic? Ich wünschte, es wäre nicht so. Ich wünschte, dieser Teil der Welt würde nicht untergehen. Weil ich ihn liebe.«

Langsam dämmert mir, worin meine Zerrissenheit besteht – es hat mit den zwei Realitäten zu tun, zwischen denen dieser tiefe Spalt verläuft. Ich habe mich zwar aus den Industrie- und Digitalstrukturen befreit und bin in die echte Welt zurückgekehrt. Aber seither werde ich das Gefühl nicht los, dass diese nicht mehr wirklich existiert; dass sie nur noch aus einer dünnen Schicht »User Interface« besteht, ein blasser Abklatsch ihrer einstigen Bedeutung. Die eisigen Strukturen, die die Geschicke in Wirklichkeit schon lange übernommen haben, regieren auf der anderen Seite: in der digitalen Welt.

DER RAUM HINTER DEN DINGEN

2017

*So sitze ich da, an meinem Schreibtisch und schaue auf den Notiz-
zettel vor mir. Habe ich das wirklich geschrieben? Manchmal
scheine ich, sobald ich einen Stift zur Hand nehme, in Verbindung
zu einem tieferen Wissen zu kommen; eines, das sich nicht auf
der Bühne des durchanalysierten Bewusstseins zur Schau stellt,
sondern irgendwo im Unterbewusstsein schlummert – als schweigendes Wissen, das die Wahrheit oft schon länger kennt als sein
eitler Bruder im Rampenlicht.*

*Früher habe ich viel mehr geschrieben. Wo sind sie eigentlich,
die Sachen, die ich in meiner Army-Umhängetasche in London
und Berlin immer dabei hatte? Die Werkzeuge, um meine Zeit zu
dokumentieren, mein Gedächtnis festzuhalten, meine Gedanken zu
ordnen? Wo sind sie alle hin? Ich ziehe eine dunkelgraue Pappkiste
aus einem Fach unten im Regal hinter meinem Schreibtisch. Sie hat
alle Umzüge mitgemacht und seither viele Jahre unangetastet dort
gestanden. Jetzt stelle ich sie auf den Schreibtisch und öffne sie.
Sie ist bis oben gefüllt mit Büchern, Kladden, Kalendern und Heften.
Ich spüre, wie mein Herz anfängt, schneller zu klopfen: Meine
Zeitblase!*

*Eines nach dem anderen ziehe ich die Dinge aus der Kiste. Ein
ledergebundenes, abgewetztes Filofax. Ich blättere in dem alten
Terminkalender: längst vergangene Eintragungen (wenige pro Tag),
verblasste ToDo-Listen auf Post-its. Es fühlt sich seltsam an, mein
eigenes, altes Leben zu sehen, konserviert in dem Moment, als ich
das Filofax aussortierte und ein digitales Gerät meine Zeit übernahm.*

*Ich angle ein voluminöses Buch aus der Kiste: mein altes Adress-
buch, in dicke, graue Pappe gebunden. Es ist voll mit handschrift-*

lich eingetragenen Kontaktdaten, eingeklebten Visitenkarten und
Notizzetteln; mein Blick fällt auf Namen, die ich schon längst
vergessen und auf mehrfach durchgestrichene Telefonnummern von
Leuten, deren Spur ich lange verloren habe. Ganz unten auf dem
Boden der Kiste liegen stapelweise alte Tagebücher; jedes aus einer
anderen Phase im Leben, außen an den vielen verschiedenen Einbän-
den, innen an den Formen erkennbar, die meine Handschrift im
Laufe der Jahre angenommen hat. Der erste Eintrag stammt vom
27. Oktober 1986 – dem Tag des BIG BANG DAY in London, und mein 13.
Geburtstag. Der letzte 2007 – das Jahr, als das iPhone herauskam.

All diese alten Dinge, denen ich jetzt, nach vielen Jahren, wieder
begegne, wurden durch ein einziges Gerät ersetzt: das iPhone. Was
hat dieses Device nur an sich, dass es mein ganzes Leben und mein
Denken gänzlich und komplett vereinnahmt hat? Es ist genauso
gekommen, wie ich es damals in London herbeigesehnt habe – und
mit mir meine ganze Generation: Dass doch endlich jemand EIN
Gerät für ALLES erfinden solle. Wir haben praktisch gedacht, aus
unserem Urban Lifestyle heraus. Aber damals waren uns die
Konsequenzen nicht klar – was wir damit wirklich aus der Hand
geben.
  Ich breite die Bücher vor mir auf dem Tisch aus: Tagebücher,
Filofax, Adressbuch. Sie sind viel mehr als nur leblose Dinge. All diese
Gegenstände hatten einmal eine Bedeutung – deswegen fühle ich
mich ihnen verbunden. Denn über ihnen, wie in einer Art unsichtbaren, geistigen Sphäre, wölbt sich ein Denkraum: Bei den Tagebüchern ist es ein riesiger Speicher meiner gesammelten Gedanken
und Erinnerungen. Das Filofax enthält, neben seinen physischen
Eigenschaften mit gelochten Kalendervordrucken und Metallklam-
mer, die Architektur meines Alltags; im Adressbuch laufen, wie
Hunderte von Fäden, meine Verbindungen zu Freunden zusammen.
Diese Dinge sind nicht nur ein leeres Gefäß für meine Gedanken. Sie
sind auch Orte für das Denken, das Gedächtnis und Symbol für die
Verbindung zu mir selbst.

Auf einmal spüre ich ein merkwürdiges Brennen in den Augen und stelle erstaunt fest, dass mir Tränen kommen. Genauso, wie die Dinge aus meinem Leben verschwunden sind, ist auch die geschützte Sphäre verloren gegangen, der Denkraum, der ein Teil von mir war. Der nur mir alleine gehörte. Mit diesem Verlust ist mir in diesen rasend schnellen Jahren des digitalen Dauerfeuers ganz schleichend auch mein Innerstes abhanden gekommen: mein Denken.

Mein Blick fällt auf die neuen Dinge, die intelligenten Produkte, die rechts daneben auf meinem Schreibtisch liegen: MacBook und iPhone. Sie besitzen ebenfalls einen Körper, den man in den Händen halten kann. Aber etwas ist trotzdem anders. Ihre physische Hülle ist nicht geschlossen, sondern auf eine metaphysische Art durchlässig. Sie ist nur eine Ausstülpung in der Dimension der echten Welt, eine Art Transponder. Meine Gedankenrohmasse, die ich in MacBook, iPhone und all die Apps darauf stecke, bleibt nicht an diesem Ort. Sie wechselt den Aggregatzustand: Sie wird zu Daten. *Zu Daten transformierte Gedanken können den Raum überwinden. Sie sind nicht sicher in dem Metallkorpus, sie sind frei beweglich, sie wandern in virtuelle, anonyme Speicherorte, die außerhalb meines Einflussbereichs liegen: in die Cloud, ins Netz, in Serverfarmen, in Datenbanken. Und wenn ich nicht aufpasse, verflüchtigen sie sich im digitalen Äther – dann gehören sie nicht mehr mir.*

Ich betrachte die unterschiedlichen Gegenstände auf meinem Schreibtisch, die alten und die neuen. Alle verfügen über eine körperliche Hülle sowie über diese andere Sphäre, den Raum hinter den Dingen. In einer Sache jedoch unterscheiden sie sich gewaltig: in dem, was sie vorgeben zu sein.

Die alten Dinge geben mir ein Versprechen: wysiwyg – *what you see is what you get (ironischerweise ein Begriff aus den Kindertagen des Desktop-Publishing). Sie sind physische Objekte, die einen Zweck erfüllen und mir als Werkzeug dienen und nichts anderes; es liegt an mir, was ich aus ihnen mache, die Bedeutung, die ich ihnen verleihe. Sie bieten mir einen geschützten Raum, der mir gehört und bei mir bleibt, und bewahren ihn mir für immer.*

Die neuen Dinge kommen im Gewand der physischen Hülle daher, so, wie ich es kenne in meiner dinglichen Welt. Auch sie bieten mir Funktionen an und geben vor, ein uneigennütziges Werkzeug zu sein, das mir dient. Aber anders als die alten Dinge sind die neuen eben nicht mehr nur das, was sie vorgeben zu sein. Sie haben ihre eigene Agenda: In Wirklichkeit sind sie der Master – und ich der Servant.

TROJANISCHE PFERDE

2017

Am nächsten Tag schaue ich aus dem Beifahrerfenster auf endlos vorbeiziehende Maisfelder. Wir fahren durch die sanft hügelige Landschaft des Chiemgau, um ein verlängertes Spätsommerwochen-ende auf dem Land zu verbringen.

Nachmittags liegen wir auf den sonnengebleichten Planken eines Stegs, der weit in den See hinausreicht. Die Kinder schwimmen und tauchen, wir schauen in den Himmel und auf die Chiemgauer Berge auf der gegenüberliegenden Seite. Ich bin zum ersten Mal seit Tagen ruhig und zufrieden; der Schatten in meinem Kopf hat nichts Lästerliches zu der Idylle um uns herum beizutragen. Sie ist echt, ohne einen doppelten Boden.

Abends sitzen wir in der Wirtsstube. Nachdem wir gegessen haben und die Kinder schon oben sind, kommen wir mit einem Paar am Nachbartisch ins Gespräch. Wenig später sitzen wir zusammen, bestellen noch eine Flasche österreichischen Rotwein, unterhalten uns über Gott und die Welt und bald auch über unser irdisches Dasein. Sie heißt Claudia und arbeitet für das Risikocontrolling einer Bank, er, Philipp, für eine Wirtschaftsprüfungsgesellschaft.

Ich erzähle von meinem Exit aus den Strukturen, was die beiden sehr interessiert – sie wollen wissen, was für ein Job das gewesen sei. Und manchmal ist es leichter, einem Fremden die eigene Geschichte zu erzählen.

»Ein Job im Herzen der Digitalisierung«, berichte ich, »Beratung für intelligente Produkte und User Experience Design.« Der Rush, der in dieser Branche herrscht, ist durch das Internet of Things entstanden. Immer mehr Produkte sind intelligent, mit immer mehr Screens: Dadurch öffnen sich neue Fenster in den virtuellen Raum. Was das bedeutet, hat das iPhone zehn Jahre zuvor vorgemacht. Wie ein Urknall brachte es eine digitale Schnittstelle in ein paar Milliarden Hosen- und Handtaschen auf diesem Planeten, erschuf ein gigantisches App-Ökosystem und einen Milliardenmarkt, den es so in dieser Form vorher nicht gegeben hat.

»Alle wollen dahin«, sage ich mit Nachdruck, »diejenigen sein, die eine solche digitale Schnittstelle in den zentralen Lebenswelten platzieren.« Amazon Echo hat einen Vorstoß in die Privathaushalte gemacht, Samsung und Netflix erschließen die riesige Welt des Wohnzimmer-Entertainments; der Thermomix ist der heiße Anwärter für die Welt der Küche, und andere Lebensbereiche warten nur auf denjenigen, der sie mit einer digitalen Schnittstelle vereinnahmen wird: der Spiegel im Badezimmer genauso wie der intelligente Kühlschrank und das autonom fahrende Elektroauto. Hinter jedem dieser Fenster liegen potenzielle Milliardenmärkte wie unentdeckte Goldvorkommen, zu denen derjenige Zugang erhält, der dieses Fenster kontrolliert. Das erklärt auch die manisch-depressiven Wellenbewegungen zwischen Panik und Goldgräberstimmung im Markt – »ein wahrer Krieg um die Schnittstelle ist entbrannt, eine Art Digital-Kolonialismus«, schließe ich etwas dramatisch.

Ich habe mich in Rage geredet; um die Stimmung aufzulockern, erhebt Philipp das Glas. »Auf die Goldgräber!«, lacht er und wir prosten uns zu. Claudia, die die ganze Zeit gebannt zugehört hat, fragt: »Aber eines verstehe ich noch nicht so recht: Worum geht es bei diesem Krieg überhaupt?«

Ich lächle wissend wie eine, die das Schlachtfeld kennt und sage:
»Bei diesem Krieg geht es, wie so oft, um einen Rohstoff. Aber der
Rohstoff des Industriezeitalters, der die physische Welt befeuert
hat – das Öl – hat ausgedient. Im Digitalzeitalter heißt der Rohstoff: Daten.«

Daten haben binnen einer Dekade das Öl als wertvollsten Roh-
stoff abgelöst. Der Zweck vieler Digital-Geschäftsmodelle, die im
letzten Jahrzehnt entstanden sind, ist deshalb vor allem auf die
Maximierung der Datenernte ausgerichtet. Die schwindende
Bedeutung der alten Welt gegenüber diesen Digitalunternehmen
spiegelt sich in den Firmenbewertungen wider: Airbnb, eine reine
Online-Vermittlung für Unterkünfte, ist mit dreißig Milliarden
US-Dollar geschätzt mehr wert als Hilton, das mit fünftausend
Hotels weltweit größte Hospitality-Unternehmen an der Börse
(an diesem Abend können wir noch nicht wissen, dass Airbnb drei
Jahre später nach seinem erfolgreichen Börsengang hundert
Milliarden US-Dollar wert sein würde). Der Online-Fahrtenvermittler
Uber ist mit sechzig Milliarden US-Dollar höher bewertet als die
beiden größten amerikanischen Autobauer, Ford und General
Motors, zusammen. Der Wert eines Unternehmens besteht nicht
mehr in den physischen Assets – Werkhallen, Produktionsstätten,
Fabriken, Niederlassungen, Häuser, Mitarbeiter und produzierte
Stückzahlen. Sondern darin, über wie viel Intelligenz es verfügt:
Userdaten zu sammeln und diese zu verwerten.

»Die letzten zehn Jahre herrschte ein wahrer Goldrausch«,
erzähle ich weiter. »Unternehmen haben gierig und unkontrolliert
Daten geschürft – Zahlungsdaten, Adressdaten, persönliche Daten,
Bewegungsdaten, Gesundheitsdaten, Kaufverhalten, Suchanfragen, Körperfunktionen, Gesprächsinhalte, religiöse Zugehörigkei-
ten, politische Überzeugungen. Hast du dich mal gefragt, wie sie
an diese Daten herangekommen sind?«, frage ich Claudia. »Na ja,
es gab den einen oder anderen Datenskandal«, meint sie nachdenklich, und als sie das sagt, bricht es aus mir heraus: »Es waren
Zustände wie im Wilden Westen, ohne Regeln und Gesetze. Aber

obendrein haben wir unsere Daten freiwillig und eilfertig in die große Big Data-Maschine eingespeist.«

Die Apps auf meinem iPhone und all die neuen Dinge, die wir uns in den letzten Jahren zugelegt haben – der nette, haustierartige Roboter-Staubsauger, die intelligente Personenwaage, Alexa zum Musikhören, der Flat-TV im Wohnzimmer, Thermostat und Feuermelder, sogar das umweltfreundliche Elektroauto – sind nur zum Schein dienstbare Werkzeuge des Alltags. Der eigentliche Daseinszweck eines intelligenten Produkts ist nicht mehr, als Werkzeug benutzt zu werden. Sein Zweck ist auch nicht mehr, als stiller Denkraum zu dienen, wie meine alten, treuen Tagebücher.

Das Front-End tut zwar beflissen seinen Dienst, als ob nichts wär – Musik abspielen, sauber machen, Körperfett und den CO_2-Gehalt der Luft messen, die Temperatur regeln; verpackt in ein freundliches Interface, eine intuitive User Experience und die große Story vom Internet of Things, in dem alle intelligenten Produkte miteinander kommunizieren und der Mensch sich um nichts mehr kümmern braucht.

Aber in Wirklichkeit will ein intelligentes Produkt etwas ganz anderes, als es vorgibt. Ein intelligentes Produkt ist ein Trojanisches Pferd. Um was es eigentlich geht, passiert im Back-End. Hier transzendiert das Produkt seine physische Hülle, hier sitzt die Anbindung an eine riesige Dateninfrastruktur. Die »Experience« folgt dem Prinzip einer Venusfliegenfalle: mich so lange wie möglich bei der Stange zu halten, in das digitale Ökosystem zu saugen, so viele meiner Daten wie möglich zu sammeln und in unsichtbare Datenbanken zurückzufeeden – und mich nie mehr rauszulassen.

Claudias Stimme holt mich wieder in die Wirklichkeit der Gaststube zurück: »Klingt doch megaspannend«, sagt sie und schenkt Wein nach. Dann stellt sie mir die entscheidende Frage: »Und warum genau hast du gekündigt?«

Ich versuche, Zeit zu gewinnen, schaue in die dunkelrote Flüssigkeit in meinem Glas, als könne ich die Antwort aus dem Wein herauslesen, und sage langsam: »Ich hab mich irgendwie nicht mehr wohl gefühlt. Ich habe begonnen, daran zu zweifeln, ob es wirklich richtig ist, was da im Gang ist.« Während ich das sage, fühle ich, dass viel mehr dahintersteckt.

In Claudias Augen kann ich so etwas wie Verständnis sehen. Philipp aber hat mir anscheinend gar nicht zugehört. Mit einer Geste, als ob er der Host eines Meetings wäre, schlägt er beide Hände auf den Tisch und lehnt sich zurück; seine Stimme klingt jetzt anders, ganz Business-Talk, als er sagt: »Die Digitalisierung bietet auf jeden Fall richtig fette Growth Opportunities. Wenn du mich fragst: In dieser Branche ist man auf der Seite der Gewinner!« Ich lächele unsicher und denke das Gegenteil: Je erfolgreicher ich war, desto mehr hatte ich das Gefühl, mich selbst zu verlieren.

Wenig später verabschieden wir uns. Ich merke, dass Claudias Frage die Gedankenspirale in meinem Kopf wieder in Gang gesetzt hat. Statt zu meiner Familie ins Zimmer nach oben zu gehen, öffne ich die schwere, hölzerne Eingangstür eben nur so weit, dass ich hinausschlüpfen kann. Ich gehe über den knirschenden Kies des Vorplatzes Richtung Obstgarten, wo ich tagsüber zwischen zwei Apfelbäumen eine Hängematte gesehen habe. Ich klettere hinein, stoße mich vom Boden ab und schaukle bald in sanften Bewegungen hin und her, während die Lederschlaufen, die um die Apfelbäume geschlungen sind, leise knarzende Geräusche von sich geben. Ich höre das Zirpen der Grillen und ein Rascheln, als der Wind über die Maisfelder streicht – ansonsten ist es wunderbar still. Ich schaue in den Nachthimmel und versuche, mein Blickfeld zu weiten.

Und was ich in diesem Moment mit aller Klarheit sehe, ist mein eigenes Weltbild im Jahr 2017, zwanzig Jahre nachdem ich begeistert in den virtuellen Raum aufgebrochen bin: Es hat sich um einhundertachtzig Grad gedreht. Heute denke ich: Was nur in der echten Welt existiert, ist hoffnungslos romantisch. Was keine Daten abwirft, ist vergebene Liebesmüh. Was nicht als Algorithmus abbildbar ist, skaliert nicht.

Die Jahre in der Digitalbranche haben mich zynisch gemacht.
Ihre Denke ist langsam in mein Bewusstsein durchgesickert wie in
kleinen Dosen verabreichtes Gift. Und dennoch hat irgendetwas in
mir verhindert, dass ich vollends auf die dunkle Seite wechselte.
Und plötzlich fällt mir eine solche Situation ein, in der ich sowohl
den Sog als auch meinen Widerstand dagegen gespürt habe. Ich
schließe die Augen und tauche in eine Szene ein, die ich ein paar
Monate vor meiner Kündigung erlebte.

DAS OBERE ENDE DER FRESSKETTE

2017

Ich parke mein Auto auf dem großen Besucherparkplatz im
Industriegebiet, irgendwo am grauen Rand einer Stadt, steige aus
und gehe an hohen Betonbauten vorbei über das Werksgelände.
Schließlich stehe ich vor einem Gebäude, das mit grauem Wellblech
eingekleidet ist. Die Türe öffnet sich und ich werde eingelassen.
Wenig später stehe ich in einem Meetingraum mit grau meliertem
Teppichboden.

 Vor dem Monitor ist ein Stehtisch mit Barhockern, auf denen
drei Leute Platz genommen haben: Die beiden Frauen sind unsere
Ansprechpartnerinnen auf Kundenseite, eine große Blonde mit
hellblauen Augen, und eine Brünette, etwas kleinere mit schulter-
langem Haar. Der Dritte ist einer von uns, ein Beraterkollege von
mir, eigens für diesen Termin aus Berlin angereist – in »Combat«-
Montur: schwarze Jacke, schwarze Hose, schwarze Trainers. Ich
verbinde meinen Rechner mit dem großen Monitor an der Wand
und fahre meine Präsentation hoch.

 Einige Wochen habe ich daran gearbeitet. Sie enthält sozusagen
die Zusammenfassung all meiner Erkenntnisse: wie intelligente
Produkte im Digitalzeitalter funktionieren – und die Geschäftsmo-
delle, die dahinter liegen. Ich habe mir die Story zu eigen gemacht

und sie weiterentwickelt. Es ist, so habe ich bis zu diesem Tag gedacht, meine Story. Und sie ist cutting edge. Ich nehme den Klicker in die Hand und lege los. Ich merke, dass die Sterne in diesem Raum gut für mich stehen. Die beiden Frauen hören mir sehr aufmerksam zu, jedes Wort sitzt wie ein Dartpfeil im Bull's Eye. Ich spreche ungefähr eine halbe Stunde, dann komme ich zu meinem Fazit. Ich trete einen Schritt vor und fasse noch mal mit fester Stimme das zusammen, woran wir glauben und wofür wir stehen: »User Experience Design baut eine Beziehung zwischen Produkt und User auf, um eine relevante Rolle in seinem Leben einzunehmen.« Ich halte inne, und ausgerechnet in diesem Moment stellt sich ein merkwürdiger Doppler-Effekt ein, dass ich mir selbst zuhöre, während ich es jemand anderem erkläre. Ich versuche, dieses Gefühl zu ignorieren und setze neu an: »User Experience Design, meine Damen, ist die attraktive Verpackung für neue, digitale Business-Modelle, die unter der Oberfläche verborgen liegen.«

Ich höre mir selbst zu: »Was redest du da eigentlich? Design als attraktive Verpackung, um etwas zu verbergen? Das Gegenteil hast du früher immer geglaubt. Design sollte die Dinge offenlegen, die dahinterstecken – nicht verbergen! Alles Lüge! Alles Fake! Auf welcher Seite stehst du eigentlich?«

Ich reiße mich zusammen und hebe zum Schlussakkord an: »User Experience Design ist jedoch nur Mittel zum Zweck – denn das eigentliche Ziel ist die Datengenerierung! Daten zur Verbesserung und Weiterentwicklung des Produkts. Für die Verknüpfung mit neuen Services und Geschäftsbereichen im Ecosystem und daraus folgend schlussendlich die Kapitalisierung von Beziehungen.« Mein Kollege pflichtet mir bei: »Genau. Letztendlich ziehen wir den User ins Ecosystem und lassen ihn nie wieder raus.« Die beiden Frauen lachen. Ich lache auch. Ich höre mein eigenes Lachen und finde, dass es ziemlich hohl klingt.

Später stehen wir, mein Kollege und ich, auf dem Parkplatz noch kurz zusammen, bevor wir in verschiedene Richtungen weiter müssen. Mir fällt auf, dass seine schwarzen Klamotten einen starken Kontrast zu den hellen Tönen der Nachmittagssonne bilden – Schwarz schluckt das Licht. Er bedeckt seine Augen mit der Hand, sodass ein Schatten auf sein Gesicht fällt, und fragt mich: »Was ist los?« Ich habe ein Unbehagen im Magen und sage nachdenklich: »Denkst du manchmal auch, dass wir auf die dunkle Seite der Macht gewechselt sind?« Er schaut mich durchdringend an und sagt dann nur: »Blödsinn«, dreht sich wortlos um und fährt davon.

Das gleichmäßige Knarzen der Hängematte holt mich zurück in die Gegenwart der lauen Indian-Summer-Nacht im Chiemgau. Ich öffne die Augen und sehe jetzt klar. Das digitale Geflirre, die Hektik der Branche, die Leere in den Strukturen, das alles sind nur äußerliche Erscheinungen gewesen. Es steckte ein anderer, tieferer Grund hinter meinem Unwohlsein in dieser Business-Welt. Eine moralische Frage, die lautet: Handeln wir richtig?

Wenn ich es in den Kategorien des uralten Mythos vom Kampf »Gut gegen Böse« betrachte, habe ich mich gegen die dunkle Seite entschieden. Aber trägt das alte Konzept von Gut und Böse überhaupt noch? Der Binärcode ist zwar die elementare Sprache des Digitalzeitalters, »0« oder »1«. »Richtig« oder »falsch«. Es sind jedoch genau diese absoluten Wahrheiten, die in unserer komplexen Zeit nicht mehr ausreichen, um die Welt zu erklären.

Es ist nicht der Mensch an sich, sondern der Kontext, der sich verändert: Ohne den Digital Switch wäre es nie möglich gewesen, dass die digitale Seite so stark wurde. Dieses gekippte Ökosystem stellte neue Machtverhältnisse her – wie die Folgen des Meteoriteneinschlags, die die Dinosaurier verdrängten und den Säugetieren zum Durchbruch verhalfen. So katapultierte das Digitalzeitalter einen ganz neuen Menschenschlag an das obere Ende der Fresskette: Nicht mehr die erfolgsverwöhnten, perfekten High-School-Sportler, aus denen Anwälte, Ärzte, Unternehmensberater oder

Politiker wurden. Sondern die Nerds und die Geeks, blasse, dünne Schattengestalten mit dicken Brillen, die früher gemobbt oder bestenfalls ignoriert wurden. Die Streber, die »Crazy Ones«, die Freaks, Hacker, Hochintelligenten, Jugend-Forscht-Teilnehmer, vielleicht sogar Asperger, Autisten und Soziopathen, aus denen Mathematiker, Informatiker, Programmierer, Coder, Developer – und irgendwann Unternehmensgründer wurden.

Ich gehe die Unternehmen durch, die mehr oder weniger innerhalb eines einzigen Jahrzehnts aus dem Boden geschossen sind – den Nuller-Jahren: Google, Tesla, Facebook, YouTube, Spotify, Airbnb, Uber, WhatsApp, Instagram. Die Gründer sind fast alle meine Generation: die 1970er-Jahrgänge.

Es dauerte wahrscheinlich eine Weile, bis sie das wahre Geschäftsmodell hinter ihrer Idee entdeckten. Aber muss es nicht berauschend gewesen sein, auf einmal so viel Macht in den Händen zu halten? Macht, mit der man es einstigen Peinigern heimzahlen, mit der man Heerscharen von Anwälten in den Krieg schicken, die Analysten im Dreieck springen lassen und sogar den Ausgang von Wahlen beeinflussen konnte?

Und betrifft dieser Evolutionskick nicht auch die Designer – Design Thinker, Design Strategists, Interface Designer, UI Designer, UX Designer? Auch wir sind berauscht vom eigenen Erfolg der letzten Jahre, der uns bis hinauf in die Vorstandsetagen gespült hat. All die Jahre zuvor haben wir ein Schattendasein geführt, das wir selbst nie so recht verstanden haben – wussten wir doch immer, wozu Design in der Lage ist. Seit dem durchschlagenden Erfolg des iPhone hat sogar der hinterwäldlerischste Mittelständler begriffen, was Design kann. Endlich hört die Welt uns zu und erkennt das Potenzial, das wir in den Händen und Köpfen haben!

Aber wir zahlen einen Preis für diesen Erfolg. Wir haben aus den Augen verloren, an was wir früher geglaubt haben: an Design als eine Sichtweise, die den Menschen in den Mittelpunkt stellt. Als ein demokratisches Instrument, ein Mittel zur Bildung und Vermittlung von Informationen, das Orientierung stiftet – und Sinn.

Meine Generation ist die erste, die die Welle des Digitalzeitalters gesurft ist; aber auch diejenige, die sich verführen ließ vom Rausch der Technologie, von der mitreißenden Geschwindigkeit der Achterbahnfahrt, von der Macht, die alte Welt untergehen zu lassen, von der Überzeugung, die auserwählte Generation zu sein. Wir haben die Strukturen selbst gebaut, in denen wir heute gefangen sind. Die Produkte erfunden, mit denen uns klammheimlich unser Denken abhanden gekommen ist. In Wirklichkeit erschaffen nicht mehr wir sie, sondern sie uns. So haben wir uns verloren.

Ich steige die Treppe hinauf auf den Vorplatz. Mit jeder Stufe, die ich erklimme, spüre ich, dass sich die Muskeln in meinem Körper immer mehr anspannen. Mit jeder Stufe festigt sich meine Entschlossenheit. Ich kann mir meinen Denkraum genauso zurückerobern wie mein Denken! Um zu mir selber zurückzukehren.

COGITO ERGO SUM

Wenn wir heute ständig hin- und herspringen auf dem unsichtbaren Meridian des *Digital Switch*, der quer durch unser Leben verläuft, und der die virtuelle von der physischen Welt trennt – wann kommen wir eigentlich zum Denken? Wo genau verläuft die Kontur unserer Identität? Die grundsätzliche Frage, die ich damals für mich nicht mehr beantworten konnte, ist eine philosophische – die alte Frage *»Wer bin ich?«*.

Vielleicht haben wir uns diese Frage als Generation zu lange nicht gestellt. Wir kommen (zumindest im Westen) aus den idealistischen 1970er- und 80er-Jahren – aus der Zeit der ersten Bio- und Anti-Atomkraft-Bewegung, der Blütezeit der Sozialdemokratie und der Co-Education. Der Zweite Weltkrieg war gar nicht so lange her und kein Ereignis grauer Vorzeit, wie es mir immer vorgekommen war. Zwischen dem Kriegsende und meinem Geburtsjahr liegen genau so viele Jahre, wie zwischen dem Mauerfall und 2017: 28 Jahre! Der goldene Leitfaden unserer Erziehung war, uns zu *selbstständig denkenden* Menschen zu machen. Und das haben wir einfach so hergegeben??? Für den beruflichen Erfolg, die weltweite Vernetzung, unsere intelligenten, technischen Tools und ein paar Likes, Herzen und Thumbs-Ups?

Wenn ich uns anschaue, kommt es mir manchmal vor, als wäre die Digitalisierung eine riesige Arbeitsbeschaffungsmaßnahme, die einzig darauf abzielt, uns auf einer hirnlosen Mikroebene beschäftigt zu halten. Wir optimieren unseren Schlaf, unsere Fitness, unsere Partnersuche, unsere Ernährung, unser LinkedIn-Profil, unser Aktienportfolio, wir tracken unsere Schritte, lesen rund um die Uhr News, bearbeiten Kalender und E-Mail Inboxen, sammeln Follower, wir nutzen jede Sekunde des Tages effizient – aber was unser Denken betrifft, das langsame, tiefe Denken, da sind wir sehr nachlässig. Dafür gibt's keine App.

Jede junge, hungrige Generation rüttelt am Status quo und will die Welt neu erfinden – unsere Chance fiel uns vor die Füße, als sich der virtuelle Raum vor uns auftat. Jede Generation bringt eine neue Denkweise hervor, die die Alten nicht verstehen. Die Ironie des Schicksals bei uns, den Internetkindern, ist, dass unsere neue Denke aber eben auch etwas hervorgebracht hat, das das menschliche Denken selbst zerstört. Das Schlimme ist, dass das nicht nur uns selbst betrifft, sondern auch unsere Nachkommen (die Kinder der Tech-Entrepreneure im Silicon Valley gehen deshalb fast alle auf Waldorfschulen)!

Das Verrückteste ist jedoch, dass wir noch nicht mal richtig *bemerkt* haben, was da vor sich geht, so beschäftigt sind wir mit den Tools, die wir erfunden haben, auf der Exponentialkurve der technologischen Innovation. Wir haben die ultimative, psychedelische Droge entwickelt, die den menschlichen Geist mit einer Effizienz aushebelt wie keine zuvor. Und sind ihr selbst verfallen.

Dabei brauchen wir unser Denken und alles, was daraus entspringt – Intelligenz, Kreativität, Weisheit und die Fähigkeit, eine originäre Idee zu entwickeln – angesichts der Probleme, die wir zu lösen haben, dringender als je zuvor. Alle Systeme, die der Mensch im Industriezeitalter entwickelt hat, sind nicht wirklich zukunftsfähig: Energieversorgung durch fossile Brennstoffe oder Atomenergie, Mobilität und Städteplanung, Welternährung und Massentierhaltung.

Was können wir tun?

Um zu uns selbst zurückzukehren, unsere Identität wiederzufinden, müssen wir zum selbstbestimmten Denken zurückkehren. Hat schon René Descartes gesagt, vor ziemlich genau vierhundert Jahren: *Cogito ergo sum* – ich denke, also bin ich. Und das ist doch auch im Digitalzeitalter ein legitimer Ansatz! Intelligente Tools werden uns das Denken nicht abnehmen. Im Gegenteil, wie wir gesehen haben, sind sie sogar kontraproduktiv. Auch auf Künstliche Intelligenzen können wir in solch wichtigen Angelegenheiten nicht vertrauen, aus besagten Gründen. Seien wir mal ehrlich: Wenn wir alle technischen Gadgets beiseitelassen, haben wir eben nur unser eigenes Gehirn als Ausgangspunkt – und zwar jeder Einzelne von uns.

Das Denken selbst findet also streng genommen an einem Ort statt. Wie verhält es sich, in Bezug auf die Verortung, mit dem Denkraum?

Ich greife zu meinem iPhone. Erst vor ein paar Tagen hat mir mein Freund Marc gewhatsappt. Er wohnt am anderen Ende der Welt, in Sydney, arbeitet im schnell getakteten Digital-Business und jettet ständig von Kontinent zu Kontinent (zumindest vor Corona). Ich lese seine Nachricht: »wo schreibst du eigentlich wirklich wichtige dinge auf?« Weiter fragt er, er hätte schon alles versucht, sein E-Mail Archiv wäre ein Teil seines Gedächtnisses, er mache sich digitale Notizzettel, er hätte auch schon Evernote getestet. Aber egal was er versucht, er hätte noch nie diesen einen Ort gefunden.

Ich freue mich, dass er mich das fragt: Die Frage dreht sich um nichts anderes als um den Denkraum. Auch Digitalhardliner spüren offensichtlich tief in ihrem Inneren, dass ihnen etwas fehlt und suchen Antworten. Kein Wunder – es ist für alle schwer, in diesen Zeiten die eigene Identität zu verankern, auch und vor allem, wenn man auf die digitale Seite gewechselt ist – dort passiert es noch viel leichter, sich selbst zu verlieren.

Einen Hinweis dazu liefert Albert Einstein: »*Probleme kann man niemals mit derselben Denkweise lösen, durch die sie entstanden sind.*« Auf unser gehacktes Denken bezogen bedeutet das: Wir können der technologischen Überlast, die uns am Denken und am Erinnern hindert, nicht mit einer noch so ausgefeilten technischen Lösung begegnen. Deswegen *kann* keine App, kein Google Drive und kein Evernote die Lösung für den verloren gegangenen Denkraum sein – sie sind Teil des Problems.

Im Digitalzeitalter die eigenen Gedanken zu ordnen, das fühlt sich ähnlich an, wie im tobenden Sturm ein Zelt aufzubauen. Die Plane ist kaum zu fassen, sie flattert im Wind, immer wieder wird sie dir durch heftige Böen aus den Händen gerissen – aber schließlich gelingt es, mit festen Schlägen lange Heringe in den Boden zu schlagen und das Zelt zu fixieren.

Marcs Frage nach dem Ort habe ich ihm also so beantwortet: *Gerade weil* sich im Digitalzeitalter die terrestrische Ordnung auflöst, gerade weil seit dem Digital Switch die virtuelle Realität die mächtigere ist, brauchen wir für unseren innersten, privaten Denkraum ein anachronistisches Handlungsmodell – genau das Gegenteil: eine *feste Verankerung*, einen *physischen Ort*.

Ich fand diesen Ort ausgerechnet an einem Nicht-Ort: beim Kauf eines Notizbuchs an irgendeinem der vielen gesichtslosen Flughäfen, an denen ich auf meinen Reisen vorbeikam.

Ich betrete einen Book Store am Flughafen und sehe mich um: Die Regale stehen voll mit Ratgebern und Business-Büchern. Vorgedachte Lösungen, Plug & play. In den Büchern finden sich Wissen und Weisheit der Welt. Universen und Mikrokosmen anderer Leute Gedanken. Ich nehme das eine oder andere Buch aus dem Regal, weil mich der Titel anspricht – jeder Mensch sucht in Büchern Antworten auf seine Fragen. Ich blättere in »The Decision Book«, »The Art of Thinking Clearly«, »The Creative Habit«.

Dann bleibt mein Blick an einem Regal hängen, in dem Notizbücher stehen. Darauf ein kleiner Name: nuuna. Kurt Tucholsky hatte mal eine Schweizer Geliebte, die er mit Kosenamen so nannte. Ich weiß nicht, ob es diese Geschichte ist, aber irgendetwas daran zieht mich an. Ich nehme eines aus dem Regal. Es ist ein großes, schwarzes Hardcover mit dickem Buchrücken. Es liegt schwer in der Hand. Ich klappe das Notizbuch auf – es ist, als ob ich eine Tür öffne. Vor mir: weiße Seiten. Ein Weg, der sich mir auftut. Ich klappe das Buch wieder zu und schaue mir das Cover genauer an. Auf dem Titel steht in großen, weißen Univers Condensed Lettern ein einziges Wort: »Untitled«.

Ein leeres Buch.

In einer Welt voll vorgefertigter Antworten ist ein leeres Notizbuch für jemanden, der seinen Weg finden will, das Gegenteil eines Buchs. Es ist nicht die Antwort. Es ist die Frage. Es ist der leere Raum, der mit eigenen Gedanken und der eigenen Identität gefüllt werden kann, mit dem selbstbestimmten Narrativ des eigenen Lebens. Ich habe ihn gefunden. Den Raum zum Denken.

Hier, auf meinem Schreibtisch, liegt heute ein ganzer Stapel Notizbücher, in physischen Größen gemessen ungefähr eine Elle hoch oder sieben Kilo schwer; in geistigen Maßeinheiten eine unendlich weite Landschaft meiner Gedanken, in der ich heute täglich spazieren gehe. Ich ziehe das unterste Notizbuch aus dem dicken Stapel hervor, das schwarze mit dem Titel »Untitled«. Ohne es damals zu ahnen, habe ich meinen privaten Ort zum Denken wiedergefunden.

Es hat seinen Grund, warum der Mensch seit Jahrtausenden Orte baut und anfassbare Dinge erschafft. Denn Inhalt und Form sind seit Menschengedenken dialektisch miteinander verknüpft: eine Kirche zum Beten, eine Schule zum Lernen, ein Buch für das Wissen, ein Raum zum Denken. Genau darin besteht doch auch das Wesen des Menschen: aus einem äußerst beweglichen Geist, der in einem physischen Körper steckt. Ist das nicht genau, was wir alle suchen? Eine *geistige Heimat*.

Natürlich haben wir uns viel zu lange nicht gefragt, *warum* wir diese Orte brauchen. Warum wir in die Schule gehen oder ins Büro. *Warum* wir viel zu viele Dinge kaufen und quasi als aufgeblähte Erweiterungen unseres Egos um uns herum anhäufen. Wir haben den Sinn dahinter vergessen – *Lost Purpose* eben. Jedes Ritual verliert irgendwann, tausendfach wiederholt, seinen ursprünglichen Sinn.

Aber was passiert, wenn Dinge verschwinden, wie meine Tagebücher? Oder wenn die Orte der Begegnung von einem auf den anderen Tag wegfallen, so wie während der Corona-Krise? Dann verstehen wir die Welt nicht mehr. Dann haben wir keinen Halt. Dann gehen wir uns selbst verloren. Umso wichtiger ist es, dass wir uns im Digitalzeitalter, wo sich die alte, terrestrische Ordnung auflöst, wieder auf die Suche nach dem Sinn machen. Und alte Orte und Zusammenkünfte mit einer neuen Bedeutung aufladen. Oder neue Orte und Zusammenkünfte schaffen. Oder, als erster, kleiner Schritt, ein neues Notizbuch anfangen.

DAS KÜNSTLERISCHE AUGE

Das *Denken*, das *Reden* und das *Machen* haben sich in unserer digitalisierten Arbeitswelt weit voneinander entfernt – getrennt durch einen mächtigen Keil aus Prozessen, Strukturen und Algorithmen. Dabei ergeben die drei, wenn ihre Verbindung aktiv ist, ein machtvolles, wechselseitiges Kraftfeld. Jeder Einzelne von uns trägt eine ganz direkte, natürliche Verbindung in sich, um aus dem Denken eine Handlung, einen *Akt* zu machen: das ist die Hirn-Hand-Verbindung. Das erklärt wahrscheinlich, warum in den Innovation Labs und Maker Spaces unserer Zeit wieder ein neuer Menschenschlag Einzug hält: *Doer, Maker* und *Tinkerer*. Sie haben nur eines im Sinn: die Verbindung zwischen Hand und Hirn wieder aufleben zu lassen. Die Entfremdung der Arbeit des *Organizational Age* durch ihre Zerlegung in Hunderte von Abteilungen und Prozessabschnitte wieder auf den Minimalabstand schrumpfen zu lassen und zusammenzufügen, was getrennt wurde. Durch *Machen* zu neuen *Ideen* zu kommen und *neue Ideen* in die *Tat* umzusetzen.

Aber es gibt noch ein anderes Mittel, das Denken sichtbar zu machen. Mein Mittel ist das Schreiben. Schreiben ist für mich Sprechdenken. Stephen King nennt dies: »*Writing is refined thinking.*« Wie Wasser, das zu Dampf wird, der sich dann wieder als Kondenswasser absetzt, kann ich durch das Schreiben einen Kreislauf der *Erkenntnis* in Gang setzen.

Auch der amerikanische Schriftsteller John Updike beschreibt den Vorgang des Denkens und Schreibens als eine Kette von Aggregatzuständen, die ineinander übergehen: »*turning inklings into thoughts and thoughts into words and words into metal and print and ink*«. Chaos im Kopf formt sich zu Gedanken, Gedanken formen sich zu Worten und Worte verwandeln sich in Tinte oder Daten oder werden gedruckt – und was wir in Büchern lesen, kann unser Leben verändern und in *Taten* münden.

Wir können die Antwort auf die eingangs gestellte Frage »Wer bin ich?« nur *in uns selbst* finden – gerade im Digitalzeitalter, trotz oder wegen all der technologischen Möglichkeiten, die uns von uns selbst ablenken. Nichts und niemand anderes kann uns diese Antwort geben – kein WhatsApp-Status, kein Facebook-Profil, kein Google-Ich, keine Meditations-App, keine Corporate Identity, kein Job Title. Deren Logik stülpt uns Algorithmen über, die niemals unsere eigenen sind. Nur in uns finden wir unseren Denkraum, unser eigenes Denken und unsere selbstbestimmte Denkgeschwindigkeit – das *Slow Thinking*.

Wie aber überwinden wir dabei den Digital Switch, den Spalt, der unsere Hirn-Hand-Verbindung, unsere Persönlichkeiten, unsere Realitäten, unsere Generation auseinandergerissen hat? Wir müssen eine neue *Sichtweise* finden, mit der sich alles zusammenfügt. Die uns hilft, mit dem Gefühl der Zerrissenheit umzugehen. Diese habe ich vor einiger Zeit in einem Buch gefunden – bei Friedrich Nietzsche: »Es ist eine gute Fähigkeit, seinen Zustand mit einem *künstlerischen Auge* ansehen zu können und selbst in Leiden und Schmerzen, die uns treffen, in Unbequemlichkeiten und dergleichen jenen Blick der Gorgo zu haben, der augenblicklich alles zu einem Kunstwerk versteinert: jenen Blick aus dem Reiche, wo kein Schmerz ist.«

»Den eigenen Zustand mit einem künstlerischen Auge ansehen«, das ist doch genau das, was sich die Generation des Digitalzeitalters angeeignet hat! Das eindimensionale, schulische Lesen, Schreiben, Rechnen haben wir immens erweitert. Wie keine andere Generation zuvor verstehen wir es, mit visuellen, akustischen und filmischen Ausdrucksformen unsere Geschichten zu erzählen – das Internet ist voll davon. Das *künstlerische Auge* erinnert mich daran, wie ich durch London lief und begann, die Welt und mein Leben durch den Sucher einer Kamera zu betrachten; es erinnert mich an meine Generation,

deren Persönlichkeit sich in das *erlebende Ich* und das *sich beobachtende Ich* aufspaltete; es erinnert mich an die Nacht der E-Popstars und des *Digital Switch*, als wir auf einmal *so wurden, wie wir uns selbst sehen wollten*; ich sehe darin die vertraut gewordene Geste des Selfies, mit dem die Leute sich selbst betrachten wie Hauptdarsteller ihres eigenen Lebens.

Lange habe ich den Riss als etwas Negatives gesehen, das *entzweit* hat. Ich habe ihn als mein Trauma, als das Trauma meiner Generation gesehen – es kann aber sein, dass dies eine *kreative* Spaltung ist. Nietzsche spricht von einer *Fähigkeit* – können wir dieses künstlerische Auge nicht auch nutzen? Wenn wir schon eine gespaltene Persönlichkeit haben, dann können wir uns doch auch angewöhnen, in ein inspirierendes Zwiegespräch zu gehen!

Ich erinnere mich an eine Geschichte, die ich über den irischen Schriftsteller Samuel Beckett gelesen habe: Er stand eines Nachts im Hafen von Dublin im tosenden Wintersturm am äußersten Ende der Pier. Um ihn herum tobten ein donnerndes Gewitter, aufgepeitschte Wellen und brüllender Sturm. Und ausgerechnet in dieser absolut bedrohlichen Kulisse hatte Beckett den Erkenntnismoment seines Lebens: dass die dunkle Seite seiner Seele, die ihn Zeit seines Lebens quälte und die er immer zu bezwingen versuchte, die *Quelle seiner Inspiration* war.

Das künstlerische Auge schaut von der *anderen Seite*: Es ist das beobachtende Ich, der digitale Zwilling. Im Digitalzeitalter hat es eine neue Heimat gefunden: den virtuellen Raum. Vielleicht ist sich der Mensch dadurch ja auch wieder ein Stückchen näher gekommen. Dieses Zwiegespräch zwischen dem analogen Ich und dem virtuellen Ich, das ist ein kreativer Kreislauf, den wir in Gang setzen müssen, um wieder zum Denken zu kommen. Das ist die Sprache des Digitalzeitalters, in der sich in einem breit fließenden Strom die gespaltenen Realitäten wieder zusammenfügen zu einer gemeinsamen, neuen, niemals endenden Geschichte. Und die Sprache des Digitalzeitalters ist – das Erzählen.

FLIESSENDES WISSEN

8. Kapitel

DIARY
München, 2. Februar 2018

Von der Freude unsichtbar zu sein

In einem Zeitalter, wo jeder über Erfolgsstorys redet und über jeden Handgriff, den er tut, ist es eine Befriedigung, nur zu machen – und nicht zu reden. Still und kontinuierlich vor sich hinzuschreiben, als steter Strom. Ab und zu sich ins Getümmel zu wagen, dann zurück in die Enklave, den geschützten Raum.

LOCKDOWN

Der Lockdown ist wie ein riesiges gesellschaftliches Experiment: das öffentliche Leben im totalen Stillstand. Wir ziehen uns in die *Privacy* zurück – gleichzeitig verlagert sich die *Publicity* aus der echten in die digitale Welt; dort paradoxerweise wiederum in den privaten Raum, in den Zoom-Call im Wohnzimmer. Die Tanzproben des Staatsballetts Berlin zeigen auf Facebook alle Ensemblemitglieder einzeln zu Hause: Mit ätherischen, künstlerischen Bewegungen tanzen sie vor der profanen Kulisse ihres Alltags – vor Sofagarnituren, IKEA-Couch-tischen, Einbauküchen, Heizkörpern, Gartenhecken, Zimmerpflanzen und Raufaser-Tapeten.

Die hermetisch abgeriegelten Boxen und Echokammern der terrestrischen Ordnung – das Theater, das Museum, die Hochschule, das Büro – werden auf einmal durchsichtig. Befreit von den alten

Sehgewohnheiten, den leeren Ritualen und vom Pathos der Bühne, blitzt der reine, ursprüngliche *Purpose* wieder hervor, das, um das es eigentlich geht: Lernen, Inspiration, Expression, Austausch. Ohne die formalisierte »Verpackung« kommen die kreativen Denkerinnen und Denker, die Künstlerinnen und Künstler zum Vorschein – und wir kommen uns, in unser beider Privatheit, so nah wie nie zuvor.

Drei Jahre zuvor, im Frühjahr 2018, war ich ebenfalls im Lockdown. Allerdings hatte ich mir diesen selbst verordnet: Nach meiner Kündigung im Sommer, dem Herbstabend in der Villa Stuck und der Reise in den Chiemgau hatte ich mich den ganzen Winter über aus der Öffentlichkeit zurückgezogen, um zum Denken zu kommen.

2018

Es ist ein eigenartiges Gefühl, in die Privacy zu gehen, während draußen das Leben weiter tobt. Entsprechend kämpfe ich mit einer gewissen Zerrissenheit: Einerseits leide ich – in Schüben – sehr unter meiner Unsichtbarkeit und dem Bedeutungsverlust, der damit einhergeht, nicht mehr »dazuzugehören«. Keine Visitenkarte mehr zücken zu können, auf der eine Rolle im festen Gefüge eines Unternehmens steht – der eigene Platz in der Welt, quasi die Daseinsberechtigung. Ein Teil meines Gehirns denkt pausenlos verbissen darüber nach, welche Unternehmen und Netzwerke ich gründen, wie ich mir neue Bedeutung, neue Einflussbereiche verschaffen kann.

Andererseits, und das ist das Verrückte, fühle ich mich leicht, als ob eine große Last von meinen Schultern gefallen ist. Ich empfinde echte Freude an eben jener Unsichtbarkeit, in die ich abtauche – und kehre mich nahezu wonnevoll nach innen.

Ich träume seltsame Dinge. Eines morgens wache ich auf, direkt aus einem besonders bedrückenden Traum. Ich stehe auf und fühle mich, als hätte ich einen Kampf hinter mir. Ich versuche, mich zu erinnern, was ich geträumt habe: Ich sitze in einem Meeting, zusammen mit anderen, deren Gesichter ich anfangs nur schemenhaft erkennen kann; als ich genauer hinsehe, erkenne ich, dass ihre

Gesichter weiß und merkwürdig konturlos sind, statt eines Profils
verläuft eine grobe Naht durch die Mitte, die beide Gesichtshälften
zusammenhält. Keine dieser merkwürdigen, gesichtslosen Puppen
redet ein Wort, obwohl ich genau sehe, dass sie alle etwas zu sagen
haben; sie winden sich förmlich unter dem Druck ihrer Stimme,
die sich erheben will. Auch mir geht es so: Ich habe eine Idee, die
unbedingt heraus will, und von der ich mir sicher bin, dass sie die
Lösung aller Probleme ist. Aber jedes Mal, wenn einer der Gesichts-
losen oder ich selbst ansetzen, etwas zu sagen, hebt ein anderer
der Meetingteilnehmer ein Schild hoch, auf dem in roter Farbe
geschrieben steht: »Aber!«

MENSCHEN IM MEETING

Der Traum gibt mir den Anstoß: Er lenkt meine Aufmerksamkeit
wieder auf die Mechanismen der geschäftlichen Welt, die ich jetzt,
von außen betrachtet, klarer erkennen kann. All die Jahre habe ich
eine ganz grundlegende Sache einfach nicht verstanden: wie sehr
die Öffentlichkeit den Menschen verändert. Es geht nicht um »die
Sache« – Menschen benehmen sich anders in der Gruppe, als wenn
man mit ihnen unter vier Augen spricht.

So viele Jahre habe ich in Agenturen, in der »Kreativindustrie«,
verbracht, in der Ideen für Unternehmen und Auftraggeber
wie am Fließband produziert werden. Doch erst jetzt denke ich
grundsätzlich über die Entstehung von neuen Ideen innerhalb des
Unternehmens nach – und was passiert, wenn jemand eine Idee
äußert: So sicher wie das Amen in der Kirche ist ein anderer
dagegen.

»Dagegen sein« und »kritisieren« wird in vielen Unternehmens-
kulturen belohnt: Mit Kritik positionieren sich Rudelmitglieder
effizienter als mit Lob und Unterstützung, da eine Anti-Haltung

*innerhalb der Gruppe als konturscharf und meinungsstark wahr-
genommen wird. Dieser Mechanismus zieht einen weitreichenden
Effekt nach sich: Er benachteiligt die Macher, und bevorteilt die,
die nichts machen – sondern nur kritisieren, was andere gemacht
haben. Wie kann das sein? Wo soll denn die Wertschöpfung
passieren, wenn »Nichtsmachen« oder sogar »Kaputtmachen«
mehr wert ist als »Machen«?*

*Insgeheim weiß ich genau, warum ich mich so intensiv mit destruk-
tiven Öffentlichkeiten beschäftige: Ich bin in der Vorbereitung
meines Blogs und fokussiert auf diesen Moment, in dem ich mich
das erste Mal öffentlich äußern werde. Dieser ist besonders kritisch:
Die Idee ist noch ein zartes Pflänzchen, unschuldig und angreifbar –
dieser Moment ist für sie lebensgefährlich. »Öffentlichkeit«, das
erinnert mich an diese rührende Szene, die in unzähligen Tierdoku-
mentationen vorkommt: Die kleinen Schildkröten sind eben aus
ihren Eiern geschlüpft, die ihre Mutter am Strand tief im Sand
vergraben hat; jetzt ist der alles entscheidende Moment, wo sie
eine weite, offene Fläche überqueren müssen, um in die Wellen
einzutauchen; erst dann haben sie den Ozean und damit ihr
sicheres Element erreicht. Aber genau auf dieser Strecke, auf der
sie unter freiem Himmel den Strand überqueren müssen, lauern
allerlei Gefahren; große Seevögel stoßen vom Himmel herab, eine
nach der anderen werden die Schildkrötenbabys hinweggerafft.
Meist ist es nur ein Einziges, das durchkommt, und mit kleinen
schaufelartigen Bewegungen und mit letzter Kraft die Fluten
erreicht – und überlebt.*

*So ähnlich geht es den neuen Gedanken und Ideen in den alten
Strukturen der geschäftlichen Welt. Die gefährliche, offene Fläche
des Strandes, das sind die Orte, wo Menschen zusammenkommen
und wo Öffentlichkeit entsteht: Meetings, Calls und Mailverteiler.
Genau diese Öffentlichkeit im Business ist oftmals ähnlich zerstörerisch für neue Ideen wie die Hackordnung der Natur.*

Es ist ein Rätsel für mich: Der Mensch ist ein soziales Wesen und kooperiert seit Jahrtausenden in großen Gruppen. Wie kann es also sein, dass dieser Austausch ausgerechnet in der geschäftlichen Welt, wo es doch mehr als anderswo um Produktivität geht, so oft nicht funktioniert? Dass Kreativität offensichtlich etwas anderes braucht, als ihr die Unternehmensstrukturen zugestehen.

Jetzt habe ich Gelegenheit, dies im Feldversuch herauszufinden und den Kreativprozess sozusagen in seiner Reinform zu untersuchen. Denn ich habe diese Strukturen hinter mir gelassen. Ich bin allein – und frei.

DOOR CLOSED – DOOR OPEN

2018

Eines Abends im Mai 2018 treffe ich mich mit meinem Literaturkreis beim Griechen, als sich über das Buch, das wir gerade lesen, eine intensive Diskussion entspinnt: ein Roman aus Karl Ove Knausgårds sechsteiligem, autobiografischen Mammutprojekt.

Eine aus unserer Runde sagt: »Irgendwie stört mich dieses rein Autobiografische. Wenn jemand immer nur über sich selber schreibt, das ist doch keine Kunst.«

Der Nächste nippt an seinem Glas und pflichtet ihr bei: »Sonst würde ja jeder, der Tagebuch schreibt, Kunst betreiben.«

Die Dritte schaut mit gerunzelter Stirn in die Flamme der Kerze auf unserem Tisch und sagt: »Bei der Kunst geht es doch um die Kunst an sich. Sie kann auch einfach nur für sich sein. Für sich existieren. Das hat nichts damit zu tun, ob sie veröffentlicht wird!«

Ich wittere, dass dies alles mit dem Thema zusammenhängt, das mich seit Wochen umtreibt, und sage: »Wir tun gerade so, als wäre das Werk allein alles. Lasst uns doch das Augenmerk auf den Kreativprozess als solchen lenken. ›Write with your door closed. Then rewrite with your door open‹, hat Stephen King es mal beschrieben.

Wisst Ihr, was ich meine? Der Kreativprozess ist für sich, anfangs. Aber irgendwann kommt der Punkt, wo man für andere schreibt. Wo man die eigene Idee für andere zugänglich machen muss, um sie weiterzuentwickeln.« Ich schaue in die Runde und finde in den Augen der anderen keine Antwort – aber ich verstehe ja selbst noch nicht so genau, was ich meine.

Später gehe ich an einem relativ milden Frühlingsabend durch die dunklen Straßen nach Hause und denke darüber nach, dass auch meine eigene Erfahrung irgendwann eine Spiegelung mit der Außenwelt brauchen wird. Ich bin mir sicher, dass viele da draußen die gleichen elementaren, schmerzhaften Erfahrungen machen wie ich: Die Einsamkeit in der Business-Welt. Die Entfremdung von sich selbst in den Strukturen. Das Gefühl, sich selbst verloren zu haben. Die Fragezeichen, die das Digitalzeitalter mit seiner technologischen Omnipräsenz aufwirft. Die Zweifel, ob das, was man tut, richtig ist. Ich bin sicher, dass dies zutiefst menschliche Themen sind. Ich bin sicher, dass es vielen so geht wie mir, Unternehmern genauso wie Menschen im Unternehmen. Dass dies meine gesamte Generation betrifft. So viele sind auf der Suche nach dem richtigen Weg, in diesen verworrenen Zeiten des Digitalzeitalters. Ich kann sie mit meiner Geschichte erreichen. Dann können wir gemeinsam anfangen, die Dinge zu ändern.

Aber dies erfordert definitiv einen Schritt: Ich muss raus mit meiner Geschichte, meinen Fragen, meinen Zweifeln – dem, was mich umtreibt. Ich muss anfangen, meine Themen zu veröffentlichen, um in Austausch zu kommen mit der Welt und mit Gleichgesinnten. Nur so kann ich herausfinden, ob das, was ich denke, wirklich Relevanz hat.

Während ich weiter durch die Straßen gehe, werden meine Schritte beschwingter und ich euphorischer. Ich muss niemanden um Erlaubnis fragen, keinen Boss, keinen Kunden, keine Corporate Communication! Keine Klinken putzen gehen wie früher, bei Verlagen, Agenten und dem alten Establishment; kein Betteln,

*veröffentlichen zu dürfen. Es war noch nie so leicht wie im Digital-
zeitalter: Das Internet und Social Media bieten mir alle Möglichkeiten, die Öffentlichkeit ist nur einen Klick entfernt. Mein Blog ist das
Innovation Lab für meine Themen. Es ist nicht so, dass ich erst
meine Stimme finde und dann zu schreiben anfange. Es ist genau
umgekehrt! Beim Schreiben und durch Schreiben finde ich meine
Stimme. Durch Machen. Gedanken-Prototyping.*

*Ich kann mein »diary of the digital age« zum öffentlich sichtba-
ren Teil meiner Themen-Werkbank für die Denkarbeit machen. Das
ist Teil meines Denkraums, in dem ich die unfertigen Gedanken aus
meinem Skizzenbuch zu Texten machen, Themen entwickeln und
testen, in Austausch mit der Leserschaft gehen kann. So entsteht
Content im Digitalzeitalter! Durch frühes Veröffentlichen und
Austausch mit der Community. Und kontinuierlich weiterschreiben,
in sich ständig neu inspirierenden Kreisläufen zwischen Privacy und
Publicity. Trust the process!*

*Ich bin die ganze Zeit schnellen Schrittes gelaufen. Plötzlich merke
ich ein immer enger werdendes Gefühl in meiner Brust. Erschrocken
bleibe ich stehen, stütze mich an eine Hauswand neben einen alten
Kaugummiautomaten und atme ein paar Mal tief durch. Mein Herz
rast! Durch die Atempause komme ich langsam wieder zur Ruhe und
mir wird bewusst, dass das eine regelrechte Panikattacke gewesen
ist. Langsam richte ich mich auf und gehe meine Gedankenkette
noch mal durch, um herauszufinden, woher die Angst gekommen
ist. Ich bin auf der Suche nach meiner neuen Audience in Gedanken
tief ins Internet vorgedrungen – zu tief. Denn ich habe einen alten,
namenlosen Schrecken geweckt.*

*Auf einmal weiß ich, wovor ich Angst habe. Ich habe kein Unter-
nehmen mehr im Rücken, hinter dem ich mich zur Not verstecken
kann. Das, was ich zu sagen habe, dafür muss ich ganz alleine
einstehen. Die Öffentlichkeit im Meeting mag destruktiv sein – aber
immerhin weiß ich da, wie auf einem Schachbrett, wer die anderen
sind, wie sie agieren und warum sie es tun. Das ist jetzt vorbei.*

Jetzt stehe ich einer anonymen und toxischen Öffentlichkeit gegenüber, im unübersichtlichen virtuellen Raum des Internets, und weiß weder, mit wem ich es zu tun habe, noch, wie sie sich verhalten und warum sie es tun.

Ich bin allein.

Ich gehe langsam nach Hause, und vergesse den Zwischenfall in den nächsten Tagen – aber die Angst bleibt wie ein feiner Schleier in meinen Gedanken hängen.

Einige Tage später mache ich mich auf den Weg in meine alte Wahlheimat Berlin zu einer Konferenz, bei der ich einen Moderatorenjob übernommen habe (eine kleine Dosis Öffentlichkeit, die ich mir testhalber verabreiche). Es ist eine Designkonferenz mit Dutzenden Vorträgen aus der Kreativwelt, die im Haus der Kulturen der Welt stattfindet. Die Kulisse ist telegen: Das dramatisch geschwungene Dach des 1950er-Jahre-Gebäudes, das ihm den Spitznamen »Schwangere Auster« eingebracht hat, hebt sich spektakulär in den blauen Sommerhimmel, während das Wasser des angelegten Bassins davor die Silhouette des Gebäudes als dramatisches Spiegelbild wiedergibt. Ich habe genügend Zeit, mir einige Vorträge anzuhören. In einem spricht der Redner darüber, wie Ideen entstehen. »Wenn du eine Idee sofort googelst, ist sie tot«, sagt er. Ich schreibe es in mein Notizbuch: Google findet nur, was für Google auffindbar gemacht wird. Der Suchalgorithmus von Google ist eine gleichmacherische Kraft, der die Suchströme in vorbestimmte Schubladen lenkt. Aber genau das widerspricht ja dem ureigenen Wesen einer neuen Idee! Denn sie besteht genau darin, dass sie noch niemand gedacht hat, sie noch nie in Worte, geschweige denn in Suchbegriffe gefasst wurde, dass sie nicht einzuordnen und deshalb auf Google unsichtbar, dass sie unfertig, skizzenhaft und strange ist. Mit Google wird die Idee auf direktem Weg in den Mainstream eingepasst – und ist damit tot.

Aber wird die gegoogelte Idee nicht noch auf eine andere, perfidere Weise entwertet? Wenn ich meine Idee in das Suchfenster

224

von Google eingebe, so gebe ich sie vor allem einer gigantischen, unsichtbaren Verwertungsmaschinerie preis, die sich hinter dem Suchfenster verbirgt. Die Idee wird gescannt, in Datenschnipsel gehäckselt, in den lernenden Google-Algorithmus und meinen generischen Suchprofil-Zwilling eingegliedert und damit zur Grundlage aller weiteren Suchergebnisse und Kaufangebote gemacht, die ich in Zukunft erhalte. Das alles passiert in Millisekunden. Aber in dem Augenblick, in dem mir die Ergebnisse meiner Suche angezeigt werden, gehört die Idee schon lange nicht mehr mir. Sie ist nur noch ein Schatten ihrer selbst, ein ausgesaugter Ideenzombie. Sie ist nicht tot. Sie ist noch etwas viel Schlimmeres – sie ist untot.

Alles, was in meinem Kopf hängen bleibt, ist ein großes Fragezeichen. Dass eine frühe Öffentlichkeit die Idee tötet, ist doch das genaue Gegenteil von dem, was ich erst einige Tage zuvor als den wahren Weg im Digitalzeitalter erkannt zu haben glaubte: Gedanken-Prototyping, früh veröffentlichen, schnell in Austausch gehen mit der Öffentlichkeit. Wenn ich aber nun wie so oft in letzter Zeit, mal wieder auf diesen ewigen Widerspruch des Digitalzeitalters stoße, auf ein nicht aufzulösendes Paradoxon: Was ist denn dann der richtige Weg? Wie sollen wir uns verhalten, im Kreativprozess, zwischen Publicity *und* Privacy? *Zwischen* door closed *und* door open?

DER BALROG

Am gleichen Abend bevölkern die Konferenzteilnehmer die Betonterrassen hinter der »Schwangeren Auster«, die Sonne wirft ein goldenes Licht durch die Bäume am gegenüberliegenden Ufer auf das benachbarte Bundeskanzleramt und die quecksilbrig schillernden Wogen der Spree. Ich sitze mit ein paar Freunden am Ufer, wir

lassen die Beine von der Kaimauer ins Wasser baumeln. Ich freue
mich, wieder in Berlin zu sein; ich fühle mich gleich wie zu Hause.

Ich beobachte die Menschen um mich herum – bei dieser Konferenz ist sie versammelt wie sonst selten so komprimiert: die
Designcommunity. So lange bin ich ein Teil von ihr. Jedoch ist mir
im Laufe der Jahre eine eigenartige Entwicklung aufgefallen.
Früher hat es im Design, wie auch in der Fotografie, richtiggehende
Ikonen gegeben, die berühmt für ihre einzigartige Handschrift und
ihren Entwurf waren: Massimo Vignelli, Pierre Mendell, Barbara
Stauffacher Solomon, April Greiman, Anton Stankowski. Irgend-
wann, ganz langsam, sind diese alten Granden alle verschwunden.
Ich erinnere mich, dass ich mir ausgerechnet auf der großen
Peter-Lindbergh-Retrospektive in der Kunsthalle München ein
kleines Buch mit dem Titel »Read This If You Want To Be Instagram
Famous« kaufte und dabei dachte: »Die alten Ikonen sind tot. An
ihre Stelle tritt der Schwarm.«

Der Schwarm hat eine ganz andere Arbeitsweise. Er ist global –
und lebt im Netz, auf Seiten wie Instagram, Pinterest oder
99Designs. Der Entwurf ist nicht mehr etwas, was ein Designer
offline anfertigt, aus einer Idee in seinem Kopf, im stillen Kämmerlein. Der Entwurf passiert online: Designer speisen Ideen in den
riesigen, kollektiven Bilderpool ein und suchen wiederum im
gleichen Bilderpool nach Ideen. Sie beginnen den Kreativprozess,
indem sie googeln, downloaden, sharen und pinnen. Das bedeutet,
sie starten mit door open, sie machen die Tür weit auf und die
kollektiven Bildwelten des Internets zu ihrem Ausgangspunkt,
sie greifen auf das zurück, was die globale Designcommunity vor
ihnen schon mal gedacht und gemacht hat.

Kreativität ist also weniger ein Akt des Erfindens, sondern des
Samplings geworden. Sampling hat, in der Popkultur genauso wie
im Digitalzeitalter, die originäre Idee abgelöst. Ich habe es miterlebt – wann hat das genau angefangen? Mit dem Internet? Mit dem
Digital Switch? Haben die DJs und der Hip-Hop mit ihrem Sampling

und Scratching damit zu tun? Oder sind sie nur eine weitere
Erscheinungsform desselben Phänomens?

Wenn der Schwarm sampelt, wenn das gleiche Material immer
und immer wieder neu aufbereitet wird, ist auch hier ein mächtiger, gleichmacherischer Algorithmus am Werk. Das Ergebnis ist,
dass über kurz oder lang alles irgendwie gleich aussieht – global
mainstream design: Interior Design für Coffeeshops und Barber
Shops, Corporate Design für Start-ups und Packaging Design
für Craft Beer gleichen sich heute überall auf dem Planeten,
genauso wie User Interface Design für Apps oder Fahrzeuge.
Und das alles, weil der vernetzte, globale Designschwarm eben
teilt, pinnt und sampelt; das ist die kreative, kollektive Arbeitsweise des Digitalzeitalters – in der vernetzten, digitalen Öffentlichkeit.

Aber ist es so überhaupt noch möglich, dass der Einzelne aus
sich heraus eine originäre Idee kreiert? Ist das gar das Ende der
altmodisch hergestellten, nämlich von einem Gehirn ausgedachten
Idee? Kann dann nicht auch bald Künstliche Intelligenz den
Kreativprozess viel effizienter durchführen und damit den Job des
Kreativen übernehmen? Bilderkennungs-Bots, die durch die Weiten
des Internets crawlen und Bilder, Type und Icons durch KI immer
wieder zu neuen Global-Mainstream-Designs zusammensampeln.
Texterkennungs-Bots, die die Abertausenden Terabyte von Content,
die jeden Tag ins Netz eingespeist werden, durch KI zu Mainstream-
Bestsellern zusammensampeln – aus den Themen, die die Menschen
im Netz am meisten beschäftigen. Haben sich also die Kreativen,
die hier um mich herum das Spreeufer bevölkern, mit ihrem
gesampelten, kollektiven Kreativprozess bald selbst abgeschafft?
Bin ich in meiner vermeintlich kreativen Freiheit in Wahrheit unfrei
geworden?

Kann der Schwarm überhaupt etwas Neues hervorbringen? Ist
Kreativität im Internet möglich? Und, übertragen auf den kleinen
Bruder des Schwarms, das Team: Ist Kreativität innerhalb von
Unternehmen überhaupt möglich?

*Ich stehe auf, um eine Runde Getränke zu holen, schlängle mich
durch die Gruppen von Menschen und stelle mich an der Bar an.
Auf einmal tippt mir jemand von hinten auf die Schulter und
ich höre eine Stimme sagen: »Excuse me! Is it you, Julia?« Ich fahre
herum: Vor mir steht ein hochgewachsener Mann, offensichtlich
Engländer. Er lächelt mich etwas verlegen an. Es ist Robin, mein
alter Chef aus London. Die Jahre sind nicht spurlos an ihm vorüber-
gegangen, aber ich erkenne ihn sofort. Ich freue mich ehrlich, ihn
zu sehen.*

*Wir holen uns einen Drink, setzen uns an einen Tisch in der Abend-
sonne und unterhalten uns über die vergangenen zwanzig Jahre,
über die Arbeit und wie die Branche sich verändert hat. Ich frage
ihn, wie er die technologische Entwicklung der Welt, des virtuellen
Raums und des Internets für sich empfindet.*

  *Da verfinstert sich seine Miene. »There's something dark going on
on the internet«, sagt er und rührt gedankenverloren in seinem
Drink, »the web has connected all of us. But it also connects the
evil powers likewise.« Ich bin erschrocken – und verblüfft. Er stammt
aus einem anderen Land. Aus einer anderen Generation – ungefähr
zehn Jahre älter als ich. Wir haben uns fast zwanzig Jahre nicht
gesehen und gesprochen. Und dann kommen wir hier zufällig
zusammen, an diesem Punkt in der Zeit, und er benennt genau
die gleiche dunkle Ahnung, die auch mich umtreibt.*

  *Kann es sein, dass dies ein kollektives Gefühl ist? Eine Wahrneh-
mung, die viele Menschen haben und die bei allen diese Unsicher-
heit hervorruft? Anscheinend empfinden noch andere so: dass in
den Tiefen des Internets ein namen- und gesichtsloser Schrecken
lauert. Diese dunkle Kraft ist in der Lage, das Schlechteste im
Menschen hervorzurufen: Hass und Zerstörung. Und diese zeigen
sich in der geballten, vielgesichtigen, anonymen Öffentlichkeit im
Netz.*

  *Dieses Böse, das irgendwo in den Tiefen des Raums schlummert
und von ahnungslos vordringenden Forschern geweckt wird, das*

erinnert mich an eine Gestalt, die mir in Büchern begegnet ist: der Balrog. Dieser haust in J. R. R. Tolkiens »Herr der Ringe« tief unter dem Nebelgebirge, in den Minen und Stollen von Moria. Niemals kann man sein Gesicht sehen; in seinem Inneren scheint sich der dunkle Umriss einer menschlichen Gestalt zu bewegen. Ich erschrecke fast darüber, wie gut die Metapher passt. Ist nicht genau das aus dem Internet geworden? Ein unterirdischer, dunkler Ort wie Moria, von Trollen bevölkert?

Ich habe so viele schlimme Geschichten vom Internet gehört, von Schülerinnen und Schülern, denen sich der Balrog schon im Klassenchat offenbart; von Autorinnen und Autoren, denen er in den Kommentarspalten ihrer Beiträge seine hässliche Fratze zeigt; von Journalistinnen und Journalisten, die ihm in Gestalt einer gesichtslosen Hassarmee auf YouTube von Angesicht zu Angesicht gegenüberstehen und der sie und ihre Familien bedroht; von Künstlerinnen und Künstlern, die dem anonymen, dunklen Schwarm aus Hass und Spott nicht mehr länger standhalten können und deshalb ihre Stimme für immer verstummen lassen; Politikerinnen und Politikern, denen er auf Facebook entgegentritt, mit einem aufgewiegelten, mittelalterlichen Mob im Rücken, der die Opfer öffentlich an den Pranger stellt.

Während ich überrascht in Robins sorgenvolle Miene schaue, weiß ich plötzlich, wovor ich Angst habe. Vor dem Balrog – er ist die vielgesichtige, dunkle, anonyme Öffentlichkeit im Netz, von der ich jederzeit nur einen Klick entfernt bin. Der ich mich stellen muss im gleichen Moment, in dem ich mit meiner Geschichte an die Öffentlichkeit gehe.

Das Erschreckende ist, dass er kein einzelnes, gemeines Individuum ist. Er ist ein Schwarmgeschöpf. Man kann ihm nie in die Augen schauen. Sobald man versucht, ihn zu fixieren, löst er sich in seine vielen Einzelteile auf und verteilt sich in den Weiten des Internets. Er ist kein fairer Gegner. Gegen den Balrog kann man nie einen ehrlichen Kampf schlagen. Der Balrog, das sind alle – und keiner.

Wir verabschieden uns und versprechen, in Kontakt zu bleiben. Ich schaue Robin nach, während er im Getümmel der ausklingenden Konferenz verschwindet, Tausend Fragen in meinem Kopf.

Wie kann es sein, dass uns die noch relativ junge Internet-Technologie den Zugang zu unendlichem Wissen in unser aller Hosentasche beschert, uns aber zugleich auf dem direkten Weg zurück in die finsteren, abergläubischen Zeiten des Mittelalters führt? Was genau am Netz ist es, das dieses abgrundtief Böse hervorbringt, das anscheinend im Menschen schlummert? Was hat den Balrog geweckt?

Langsam gehe ich zum Ufer zurück und halte Ausschau nach meinen Freunden. Ich blicke mich um: überall Grüppchen von Menschen, die beisammensitzen; sie lachen, schwatzen und lassen es sich gut gehen. Schwer vorstellbar, dass der Balrog hier unter uns sein soll. Und doch steckt er in uns. Er ist so uralt wie die Menschheit selbst.

Die Begegnung und das Gespräch mit Robin haben mir klargemacht: Ich bin nicht alleine mit meiner Angst.

GEISTESVERWANDTE

Warum haben es neues Wissen und neue Ideen so schwer, gehört zu werden? Heute schütteln wir unsere aufgeklärten Köpfe darüber, dass große Philosophen der Antike und Astronomen des Mittelalters für ihr Gedankengut zum Stillschweigen gebracht und wegen Gottlosigkeit verurteilt wurden. Aber im Grunde genommen hat sich an diesen Mechanismen bis heute nichts geändert: Immer gibt es irgendwelche restriktiven, reaktionären und konservativen Kräfte, die aus unterschiedlichen Gründen ein Interesse daran haben, Wissen zu unterdrücken und dessen Austausch zu verhindern. Warum?

Worin besteht das Geheimnis dieses wertvollen Rohstoffs, dass ihm
so viel Aufmerksamkeit zu Teil wird? Dieser Stoff ist so omnipräsent
und elementar, dass wir einen blinden Fleck für ihn entwickelt haben.
Dabei steckt er in jeder Szene dieses Buchs!

Eine davon in Schwäbisch Gmünd, 1996: eine Gruppe von Studenten
und Professoren, die eng beieinanderstehen, im Zwischengeschoss
der Hochschule. Drei von ihnen präsentieren gerade aufgeregt etwas,
eine *Entdeckung*, die sie gemacht haben. Ihre Augen leuchten, ebenso
wie die der jungen Zuhörerschaft, auch ich bin mit im Bild und höre
ganz gebannt zu. Das ist die Handlung in der äußeren Welt – aber
unter der Oberfläche geht etwas ganz anderes vor sich: Hier wird *neues
Wissen* ausgetauscht! Die Szene ist energiegeladen, die Köpfe aller
Beteiligten laufen heiß. Hier wird das Wissen der Welt *weitergedacht*,
es macht in diesem Augenblick einen *Quantensprung*, befeuert von
Kreativität, Neugier und Forschergeist.

 In einer anderen Szene dieses Buchs sitzen an die zwanzig
Leute – Engländer, Franzosen, Koreaner – in einem Meeting in
Birmingham, 2017, auch ich bin mit am Tisch. Keiner redet, alle
tippen auf ihren Smartphones und Laptops herum. Keiner stellt eine
Frage. Offiziell geht es um die »digitale Neuerfindung des Automobils«, aber eigentlich weiß keiner so genau, warum er da ist und was
der Sinn des Meetings sein soll. Der Grund, warum diese Szene so
einen leblosen Eindruck macht, ist: Es gibt keine Verbindung zwischen den Menschen, keine gemeinsame Mission. Hier findet kein
Wissenstransfer statt, das Wissen *fließt nicht*. Stattdessen ist es in den
Strukturen erstarrt wie dunkelblaues Gletschereis. Warum? Was
unterscheidet diese Szene von der ersten?

 Die letzte Szene spielt sich im selben Raum ab, in dem ich
gerade sitze: in meinem Arbeitszimmer, aber vier Jahre zuvor,
ebenfalls 2017. Gerade habe ich die graue Pappkiste mit meinen alten
Tagebüchern geöffnet, auf dem Schreibtisch vor mir liegen aufgereiht
die intelligenten Produkte. Durch diese kursiert ebenfalls ein Stoff:
Diesmal sind es Daten. Aber irgendetwas stimmt hier nicht. Ich folge

|

dem sich beschleunigenden Strom mit meinem Blick. Auch hier scheint der Fluss gestört – aber anders als beim Beispiel zuvor genau ins Gegenteil verkehrt: So schnell und unkontrolliert geht der Stoff verloren, dass man ihm kaum mit den Augen folgen kann.

Was bedeutet das? Die Stoffe in den beiden letzten Bildern scheinen total unterschiedlich zu sein, und sie verhalten sich völlig unterschiedlich – und doch gibt es einen Zusammenhang. Der eine Stoff, das *Wissen*, zirkuliert durch die Adern der Unternehmen, es ist ihr kostbarstes Kapital. Der andere Stoff, *die Daten*, ist der Stoff des Digitalzeitalters – der, der das Öl als wertvollsten aller Rohstoffe abgelöst hat.

Wissen und *Daten*, sie sind einander so ähnlich. Sie sind nicht nur Geistesverwandte, sondern mehr: Sie sind *ein und derselbe Stoff*, nur in unterschiedlichen Aggregatzuständen, mit jeweils anderen Fließgeschwindigkeiten. In der traurigen Meetingszene fließt er zu langsam und erstarrt sogar vollends. In den intelligenten Produkten fließt er zu schnell und leakt unkontrolliert. Beide Szenen haben eines gemeinsam: Es gibt keinen gesunden *Flow*.

Dass Wissen und Daten so eng miteinander verwandt sind, um diesen Zusammenhang wussten wir schon einmal – immerhin beschrieben wir in den 1990ern die nächste Evolutionsstufe des Menschen als Informations- oder *Wissenszeitalter*. Es war eine kleine Renaissance für mich, als ich in meinen Recherchen den Begriff der *Wissensgesellschaft* wiederentdeckte: Er stellt den Rohstoff »Wissen« ins Zentrum; die Digitalisierung kommt gar nicht darin vor, obwohl damals erst die digitale Speicherung und Übertragung mit Lichtgeschwindigkeit auf der neu entstandenen »Datenautobahn« dem Rohstoff des Wissens zu seinem endgültigen Durchbruch verhalf.

Aber irgendwie haben wir diese Rollenverteilung – was Mittel ist und was der Zweck – aus den Augen verloren. Dabei ist sie immens wichtig: *Wissen* ist der Zweck. *Wissensgesellschaft*, das trägt einen idealistischen Auftrag in sich, den Stoff, um den es bei all der Veränderung überhaupt geht: das *Wissen* – neues Denken, neue Ideen und deren Austausch. *Daten und Digitalisierung* sind nur das Mittel. Und dennoch hat dieser technoide, utilitaristische Begriff in den letzten Jahren die Oberhand im Sprachgebrauch gewonnen.

Der Begriff *Digitalisierung* hat uns den ursprünglichen *Purpose*, das Wissen, vergessen lassen und stattdessen die Technologie als Selbstzweck in den Mittelpunkt gerückt. Das hat uns den Blick verstellt für weitere wichtige Zusammenhänge. Lange habe ich mich gefragt, was die Erklärung ist für die Parallelität der Ereignisse: Wie kann es sein, dass die Digitalisierung der Treiber für die großen, soziologischen Verschiebungen in Unternehmen sein soll, *Diversity* und *New Work*? Die Antwort ist: Sie ist nicht der Treiber! Sie war und ist immer nur das Mittel. Die eigentliche Ursache für den gewaltigen Paradigmenwechsel hin zu Öffnung von Monokulturen, heterogenem Denken, bottom-up und agilem Arbeiten ist viel größer: Es ist die *veränderte Anwendung des Wissens*, die hier zu umwälzenden Veränderungen führt.

Digitalisierung beschreibt, wie alle Wörter mit dem Suffix »-ierung« (z. B. »Isolierung« oder »Registrierung«) den Vorgang, dass etwas von einer äußeren Instanz in einen neuen Zustand versetzt wird. Dieser Vorgang ist unter Umständen gewaltsam, etwas kann dabei kaputtgehen oder sogar *zerreißen*. *Digitale Transformation, Disruption,* »*Move fast and break things*« – die martialische Sprache der Digitalisierung impliziert das Trauma des letzten Jahrzehnts. Ein Jahrzehnt, in dem tatsächlich ganze Industrien über Nacht durch technologische Lösungen hinweggefegt wurden – einen Algorithmus oder eine App.

Sprache formt unsere Sicht auf die Welt. Ungefähr zehn Jahre hatte der Begriff *Digitalisierung* schon Zeit, uns auf die falsche Fährte zu locken und uns zu einer monokausalen Sichtweise der Welt zu verführen: dass die *technologische Entwicklung* der Zweck ist, der die Mittel heiligt. Dass Technologie die Antwort ist. So oft hört man in Unternehmen und Institutionen: »Wir müssen digitaler werden!« Aber was soll das eigentlich heißen? Neulich hat mir jemand, der in einem deutschen Automobilkonzern arbeitet, erklärt, Digitalisierung bedeute, dass sie jetzt alle Papierunterlagen einscannen. Ein anderer aktionistischer Versuch ist, einen »Digitalbeauftragten« zu ernennen, der sich dann um »alles Digitale« zu kümmern hat. Aber was soll das sein? Social Media, Umzug in die Cloud, eine neue Website oder gar ein Shop? Ebenso reflexartig rufen alle, wenn von Digitalisierung der Schule die Rede ist, nach Tablets im Unterricht. Als wäre ein technisches Gerät die Lösung aller Probleme. Höchste Zeit, dass wir uns an den Purpose, das *Wissen*, erinnern. Denn er definiert so viel besser, um was es gehen sollte: um eine neue Denkweise, um neues Wissen, neue Formen des Wissenstransfers und der Wissensvermittlung. Der Weg der Veränderung ist viel anstrengender, als dass es mit der Anschaffung technologischer Tools getan wäre: Er führt tief in die Strukturen – bis hinunter in die Baupläne.

Egal ob als Ideen oder als Daten – es ist die *Fließeigenschaft des Wissens*, die entscheidend ist. Wenn es frei fließen und zirkulieren kann, ist es pure Energie. Wenn es aber stockt oder unkontrolliert fließt, kann es zu einem toxischen Stoff werden. Dieser Zustand gestörter Wissens- und Kommunikationskreisläufe, in denen sich unterschiedliche Konsistenzen und Viskositäten gegenseitig abstoßen wie Essig und Öl, beschreibt genau das Problem in vielen Organisationsstrukturen unserer Zeit: totaler Kommunikationsoverflow – und dennoch kein Wissenstransfer. Exponentielle Beschleunigung in der technologischen Entwicklung – aber alle digitalen Kanäle verstopft. Leakende Datenströme – bei gleichzeitiger systematischer Verhinderung von innovativem Denken.

Wodurch aber wird die Fließgeschwindigkeit des Wissens bestimmt? Es ist der *Bauplan*: die Zahnräder und großen Bewegungsrichtungen, die hinter den Dingen liegen; die Rohrleitungen, in denen der Wissenskreislauf fließt. Um zu verstehen, wie Kreativität, neues Wissen und konstruktive Zusammenarbeit im Wissenszeitalter funktionieren können, müssen wir einen Schritt zurücktreten und einen Blick auf die großen Mechanismen unserer Zeit werfen. Wir müssen verstehen, *wie* die Welt konstruiert ist – und *warum*.

DER ALTE BAUPLAN

Warum brauchen neues Wissen und neue Sichtweisen so lange, um sich durchzusetzen? Und, was noch viel bedenklicher ist: Warum vergessen wir, was wir schon einmal wussten?

In der zweiten Hälfte des 20. Jahrhunderts haben einige Vordenker erkannt, dass wir an der Schwelle einer Zeitenwende stehen – sie waren es, die den Begriff der Wissensgesellschaft prägten. Zum Beispiel der Physikochemiker, Soziologe und Philosoph Michael Polanyi, der die Überzeugung vertrat, Fundament allen Forschens sei die Kraft unabhängigen Denkens und der Wahrheitssuche. In seinem Buch »The Tacit Dimension« von 1966 unterscheidet er erstmals zwischen implizitem und explizitem Wissen. Zeit seines Lebens hat ihn dieses Rätsel umgetrieben, »dass wir mehr wissen, als wir zu sagen wissen«. Dass es so etwas wie tiefes, intuitives Wissen gibt – schweigendes Wissen.

Einer, der sich über die Folgen der Wissensgesellschaft Gedanken machte, ist Jeremy Rifkin. Sein Buch »Das Ende der Arbeit« erschien 1995 – zur selben Zeit, als wir Designstudenten die ersten DTP-Anwendungen erlernten, nicht wissend, dass diese gerade dabei waren, das alte Setzerhandwerk zu zerstören; eine Folge, die Rifkin in seinem Weltbestseller damals schon beschrieb: dass im Informations- und Wissenszeitalter die menschliche Arbeit überflüssig werden würde – mit drastischen gesellschaftlichen Folgen.

Neil Postman suchte 1999 in seinem Buch »Die zweite Aufklärung: Vom 18. ins 21. Jahrhundert« eine Einordnung des rasanten Fortschritts des Wissenszeitalters in einen größeren, philosophischen und historischen Kontext.

Ich vermisse solche Denker, Philosophen und Essayisten wie Michael Polanyi, Neil Postman und andere wie Susan Sontag oder

Vilém Flusser. Der Menschenschlag der »Denker« ist, so kommt es mir manchmal vor, zusammen mit den Designikonen ausgestorben – stattdessen schwappt permanent eine Welle aus schwarmgenerierten Meinungen um den Globus: Chats, Posts, Tweets, Hashtags, Shitstorms. Es ist keiner mehr da, der uns eine größere Richtung vorgibt. Der humanistische und kritische Diskurs über Technologie, ihre Auswirkungen auf den Menschen und unsere Gesellschaft, ist irgendwie im Sande verlaufen. Ist das Schnelle-Antworten-Internet daran schuld? Das Smartphone, das wir rund um die Uhr in der Hand haben? Social Media, das alle Messages nach dem Kriterium »likeable« gleichmacht? Liegt es an der Monokultur der Tech-Branche, in die kaum ein Geisteswissenschaftler je einen Fuß setzt, oder daran, dass der Schwarm nur noch sampelt und keinen originären, neuen Gedanken mehr hervorbringt? Wer kann sie jetzt beantworten, unsere tieferen Fragen nach dem Sinn, wie wir unsere Zeit, das Digitalzeitalter, einzuordnen haben, in einem größeren soziologischen, moralischen und philosophischen Zusammenhang?

Kaum jemand hat das 20. Jahrhundert mit seinen Büchern so umfassend reflektiert und in Kontext mit Unternehmertum und Managementlehre gesetzt wie der Ökonom und Vordenker Peter F. Drucker. In seinem Buch »Post-Capitalist Society« von 1993 fand ich endlich eine Erklärung, warum sich die Unternehmensstrukturen so schwer tun mit neuem Wissen. Sie liegt im *Bauplan* der alten Unternehmen begründet.

Wie wenden wir unser Wissen im Unternehmen an? In den alten Unternehmen des Industriezeitalters lautet die eindeutige Antwort: auf die Herstellung von Produkten – *knowledge applied to products*. Der Bauplan dieser alten Unternehmen folgt bis heute dem Tayloristischen System des »Scientific Management«: Jeder einzelne Arbeitsschritt wird von einer kleinen Führungsebene genau analysiert, in einer Blaupause minutiös festgelegt und organisiert – von da an kann er tausendfach reproduziert und von jedem Mitarbeiter ausgeführt werden – *knowledge applied to work*.

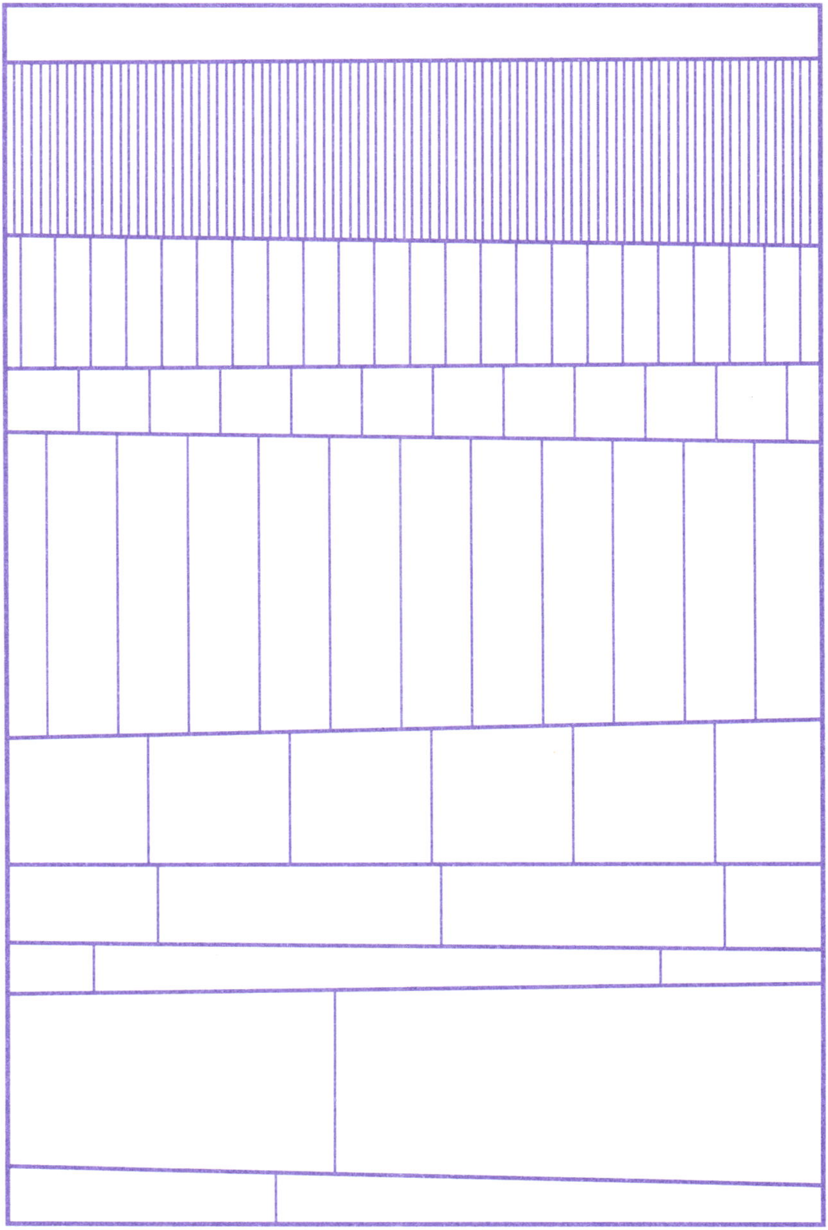

Der *Weg des Wissens* in diesen Strukturen läuft in Kaskaden durch das Org-Chart, es kennt nur eine Richtung: von oben nach unten. Oben, da ist das Wissen. Unten, da wird es auf die Arbeit angewandt. Von außen betrachtet ist das Unternehmen ein geschlossener Korpus, aus dessen verborgener Maschinerie am Ende ein immer gleiches Produkt herausploppt. Das ist der Daseinszweck der Organisation.

Der mächtige Paradigmenwechsel der wirtschaftlichen Welt, den wir ungefähr seit dem Ende des Zweiten Weltkriegs bis heute erleben, ergibt sich durch eine *veränderte Anwendung des Wissens*. Die Antwort auf die Frage »Wie wenden wir unser Wissen im Unternehmen an?« lautet nicht mehr, »auf Produkte« oder »die Arbeit«. Sondern Wissen wird heute nur mehr auf *das Wissen selbst* angewandt sowie auf die Hervorbringung neuen Wissens und systematische Innovation – *knowledge applied to knowledge*. Die Produktionsmittel in Peter Druckers Wissensgesellschaft, das sind nicht mehr Kapital, Boden oder Arbeit. Das Produktionsmittel ist und wird sein – das Wissen selbst.

Wie sieht so ein Unternehmen aus, in dem das Wissen frei fließt? Es ist schwieriger zu fassen, denn es ist nicht so scharf konturiert wie die Stahlstrukturen der alten Unternehmen. Eher gleicht es einer Amöbe, mit *semipermeabler Membran*, wie wir es im Biologieunterricht gelernt haben. Der Weg des Wissens verläuft hier nicht von oben nach unten, er hat nicht mal einen Anfang und ein Ende. Es ist ein Kreislauf! Wissen und Ideen zirkulieren frei, in alle Richtungen; und obendrein auch noch zwischen Innenwelt und Außenwelt. Immer wieder wird neues Wissen eingespeist und dann durch die Kreisläufe im organischen System verteilt. Das ist die Lebensaufgabe dieses pulsierenden Organismus.

Die *Anwendung des Wissens* macht den ganzen Unterschied, die jedoch gewaltige Auswirkungen auf die Mechanismen und Strömungen des Wissens hat.

Die Amöbe findet in der Umgebung des Wissenszeitalters ihr ideales Ökosystem, und sie wiederum ist das ideale Ökosystem für *knowledge applied to knowledge*. Aber stattdessen durchdringt immer noch die Stahlstruktur der alten Tayloristischen Idee die gesamte wirtschaftliche Welt. Sie steckt noch so vielen Unternehmen in den Knochen! Man könnte es auch so sagen: Wir recken unsere Köpfe hoch in die Wolken des Wissenszeitalters – aber mit den Füßen stecken wir fest im betonschweren Boden des Industriezeitalters. Das ist die Herausforderung der Wirtschaft unserer Zeit; ein eigenartiges und zerrissenes Zeitgefühl.

Im Tayloristischen Bauplan liegt, ganz sachlich, die Ursache dafür, dass in dieser Struktur keine neue Idee überleben kann. Denn die *Grundvoraussetzung* für die Effizienz dieser alten Strukturen ist, dass keiner vom Kurs abweicht! Das wirkt sich auf die Verhaltensweisen im Unternehmen aus: Menschen innerhalb dieser Strukturen achten mit Argusaugen darauf, dass keiner aus dem vorgesehenen Schema ausschert, dass keine Idee als Querschläger dazwischenkommt. Nur so können die Blaupause eingehalten, die Struktur und ihr Bauplan aufrechterhalten werden. Nur so kann das Unternehmen arbeiten.

Deshalb ist das Destruktive, das »Gegen-neue-Ideen-Sein«, das ich in so vielen Unternehmen beobachtet und erlebt habe, eigentlich nicht bösartig. Es sind einfach die naturgemäßen Kräfte, die in alten Unternehmen auf neue Ideen wirken – weil der *Bauplan* nie dafür gemacht war.

MENSCHENFEIND

Nicht nur in den alten Unternehmensstrukturen, auch in den Weiten des Internets, in jenem Raum, der uns so viele neue Chancen bietet, ist der freie Wissenskreislauf gestört. Neununddreißig Prozent aller Internetnutzer berichten über Bullying, Hass und Einschüchterung im Netz, vor allem Frauen, People of Colour und Mitglieder der LGBT-Community. Hier sind nur innerhalb eines Jahrzehnts

Strukturen entstanden, die der Kreativität und dem konstruktiven Austausch miteinander überhaupt nicht wohl gesonnen sind – die im Gegenteil davon profitieren, wenn sich die Menschen entzweien. Wie konnte es so weit kommen? Waren nicht die Internetkinder die direkten Nachfolger der Blumenkinder von einstmals? Diejenigen, die ebenfalls in Kalifornien einen Lebensentwurf von »*Peace and Love*« ausriefen?

Dringt man durch die Zuckerschicht des Likens, Folgens, Teilens und fröhlicher Emojis, enthüllen Google (mit der Tochter YouTube) und Facebook (mit WhatsApp und Instagram) sehr schnell, was sie wirklich sind: Geschäftsmodelle, deren Haupteinnahmequelle die Datenernte ist. Wir, die Nutzer, sind nur die Marionetten in dem ganzen Spiel. Oder, wie eines der ungeschriebenen Gesetze des Digital-Business lautet, das *Produkt*: *If you are not paying for the product, you are the product.*

Ist so nicht ironischerweise ausgerechnet die idealistische Ur-Idee des Internets als ein sozialer und kooperativer Raum, in dem Wissen frei fließen und nichts kosten sollte, nach hinten losgegangen?

Auch hier verhilft der klare Röntgenblick auf den *Bauplan des Internets* zu einer Antwort. Auch diesmal habe ich den entscheidenden Hinweis, die Aufschlüsselung dieses Bauplans, in einem Buch gefunden: »Ten Arguments For Deleting Your Social Media Accounts Right Now«, vom Internetpionier und Künstler Jaron Lanier.

Das Geschäftsmodell der großen Internet- und Social-Media-Plattformen ist das, was früher *Werbung* genannt wurde, heute aber nichts anderes ist als *Manipulation* – in einer gewaltigen Größenordnung. Herzstück dieses Modells ist ein statistischer, lernender Algorithmus, den Jaron Lanier als *BUMMER Machine* bezeichnet: »Behaviours of Users Modified, and Made into an Empire for Rent«; auf Deutsch übersetzt »Manipulierbares Nutzerverhalten, in dessen Beherrschung man sich einkaufen kann«. Die potenzielle Allmacht, so Entscheidungen zu beeinflussen, Wahlergebnisse zu manipulieren,

Demokratie zu zersetzen oder ganze Gesellschaften zu spalten, hat allerlei verborgene Kräfte auf den Plan gerufen, die genau daran ein Interesse haben. Da sind Werbekunden, deren Anzeigen uns überall im Netz verfolgen, noch die harmlosen.

Die BUMMER *Machine* besteht laut Lanier aus sechs beweglichen Teilen. Es ist komplex, aber es lohnt sich, ausführlich zu sein; kommt es doch in diesen Zeiten darauf an, das Muster im Detail zu durchschauen.

Erstens: Der Aufmerksamkeitstrigger. Die wichtigste Online-Währung in der digitalen Öffentlichkeit ist Aufmerksamkeit. Und wie es so ist, kann man sich hier mit lautem, auffallendem und negativem Verhalten am besten profilieren: Empörung und Wut mobilisieren die Massen und sind somit Traffic-Garanten. Die Maschine verstärkt deshalb wo immer möglich die Hässlichkeit: Sie setzt auf die menschliche Grundtendenz, online den Balrog rauszulassen.

Zweitens: Der Datensammler. Die Maschine sammelt immer so viele Daten wie möglich: alle Unterhaltungen, Interessen, Bewegungen, Kontakte mit anderen, Lesegewohnheiten, emotionale Reaktionen, Gesichtsausdrücke, Einkäufe. Mit diesen Daten wird ein sich ständig optimierendes generisches Persönlichkeitsprofil erstellt, bei dem vor allem die statistische *Vorhersehbarkeit* des Users interessant ist – um sein Verhalten in die gewünschte Richtung manipulieren zu können.

Drittens: Die Empfehlungsmaschine. Der Algorithmus entscheidet, was jeder User erlebt. Diese Komponente bedeutet, dass jeder etwas anderes zu sehen bekommt und jeder seine individuelle Gehirnwäsche erhält. Das macht es anders herum schwer zu verstehen, wo der andere gerade steht. Im großen Stil bedeutet das, dass uns als Gesellschaft das Empfinden einer gemeinsamen Realität genauso abhanden kommt wie unsere Empathie füreinander.

Viertens: Der Manipulator. Alle vorherigen Komponenten werden durch einen Algorithmus verknüpft, um den User abhängig zu machen und ihn subtil zu steuern. Es ist wissenschaftlich erwiesen, dass hierbei negative Gefühle am besten funktionieren: Posts zum

Beispiel, die gezielt traurig, wütend oder zynisch machen. Das perfide hierbei ist, dass der User gar nicht merkt, dass er manipuliert wird. Er fühlt sich vielleicht einfach nur ein bisschen traurig und weiß gar nicht warum. Der Effekt ist subtil, aber er summiert sich, je mehr Zeit der User auf der Plattform verbringt. Dafür sorgen die UX Patterns, die abhängig machen.

Fünftens: Das Mietmodell. In diese Manipulationsmaschine können sich nun Kunden gegen Geld einkaufen: Unternehmen, Parteien, Lobbys, aber auch Interessensgruppen, deren Ziel es ist, Angst zu schüren oder ganze Gesellschaften zu zersetzen. Der Erfolg dieses Modells hat weitreichende Konsequenzen für andere, meinungsbildende Organe, beispielsweise den Journalismus. Sie müssen sich sozusagen an »BUMMER-Standards« anpassen, um nicht in der Bedeutungslosigkeit zu versinken.

Sechstens: Der Fake-Faktor. Eine Komponente, die sich erst im Laufe der Zeit herausgebildet hat. Seither verstärken Bots, KI, Fake Reviewer, Fake Follower und Fake Friends die großen Strömungen und den sozialen Druck und sorgen dafür, dass die Wahrheit im Netz weiter erodiert.

Ob ein Unternehmen eine BUMMER Machine im Kern seines Business-Modells trägt, lässt sich von außen schnell erkennen: Wenn es »kostenlose Dienste« anbietet, ergo werbefinanziert ist und keine nennenswerten Umsätze aus anderen Einnahmequellen generiert, sollte man misstrauisch sein und diese Dienste gegebenenfalls boykottieren.

Solange die BUMMER-Komponenten nicht beseitigt sind, werden die Zersetzung der Gesellschaft, die Hysterie und der Hass weiter voranschreiten. Vor diesem Hintergrund versteht man besser, was Chamath Palihapitiya meinte, als er sich vor einiger Zeit öffentlich äußerte. Der ehemalige Vice President for User Growth bei Facebook sagte: »I feel tremendous guilt about the company I helped make. I think we have created tools that are ripping apart the social fabric of how society works« – er empfinde unglaubliche Schuld, dass er geholfen habe, ein Unternehmen aufzubauen, das den Stoff zersetzt, der unsere Gesellschaft zusammenhält. Jaron Lanier, Chamath Palihapitiya und andere Aufklärer wie Tristan Harris sind mir in der Netflix-Doku »The Social Dilemma« wiederbegegnet – es ist wichtig, dass dieses Thema nun sichtbar wird und ins breitere Wissen und Bewusstsein der Bevölkerung übergeht.

Der Bauplan des Tayloristischen Systems, *knowledge applied to work*, war bahnbrechend: Jeden Arbeitsschritt genauestens zu vermessen und festzulegen, sodass er tausendfach reproduzierbar wurde. In unserer Zeit jedoch stößt diese alte Idee, die immer noch im Kern vieler Unternehmen steckt, an ihre Grenzen. Denn sie verhindert Innovation, neues Denken und einen gesunden Wissenskreislauf. Nicht bösartig, eher als systemimmanenter Nebeneffekt – weil sie eben ursprünglich für etwas ganz anderes entwickelt wurde.

Im Gegensatz dazu ist der Bauplan eines BUMMER-Algorithmus *eigens dafür entworfen*, den Kreislauf des selbstbestimmten Denkens und der Kreativität zu unterbrechen. Er zerhackt natürliche, menschliche, lineare Handlungsabläufe, unterwirft sie seiner eigenen, unmenschlichen Logik und baut sie zu neuen, manipulierten Handlungsabläufen zusammen – und ist damit verrückterweise der Idee des Taylorismus nicht unähnlich.

Beide Baupläne, so unterschiedlich sie auch sein mögen, teilen diese Gemeinsamkeit: Beide zerstören zusammenhängende Kreativitätsprozesse und einen frei zirkulierenden Wissenskreislauf – jeder auf seine eigene Weise. Beide können nicht erfüllen, wonach sich kreative Menschen sehnen: ihre eigenen Ideen zu entwickeln und in die Tat umzusetzen, neues Wissen zu entdecken und Innovation voranzubringen.

Es gibt jedoch einen grundlegenden Unterschied: Frederick Winslow Taylor war ein *Menschenfreund*. Zeit seines Lebens stand er für seine Überzeugung ein, dass vor allem die Arbeiter von der Produktivitätsrevolution profitieren sollten: Steigende Gehälter führten weltweit zu einer stabilen Mittelschicht.

243

Ein BUMMER-Algorithmus dagegen agiert als *Menschenfeind*: Er *hackt* die Persönlichkeit, er fragmentiert das menschliche Denken, manipuliert Verhaltensweisen und stülpt jeder Handlung seine brutale, seelenlose Machine-Learning-Logik über – allein zu seinem Vorteil.

Ein freiheitsliebender Mensch mit einem gesunden Flow muss also nicht unbedingt Jaron Laniers Empfehlung folgen, alle Social Media Accounts zu löschen und Google den Rücken zu kehren. Aber er muss jederzeit wachsam sein, sich hüten, unter den Einfluss der Algorithmen zu geraten und sich von ihnen steuern zu lassen.

Das passiert schneller als du denkst: Auf einmal kaufst du die Dinge, die deine Shopping-App dir vorschlägt, gehst die Schritte, die dein Schrittzähler dir vorschreibt, isst die Lebensmittel aus der Ernährungs-App – oder greifst in genau den Intervallen zum Handy, die der Rhythmus deiner Likes und deines Serotoninbedarfs dir diktiert. Denk dran: Deine Freiheit kann dir keiner nehmen.

Am Ende liegt genau im Bauplan die Wahrheit. Im Bauplan liegt die Entscheidung – welche Art von Unternehmen und virtuellen Räumen wir kreieren, aber auch, welche Art von Leben wir führen wollen.

Dieser Weg steht nicht nur jedem Einzelnen offen. Sondern auch jeder Organisation, jeder Institution und jedem Unternehmen. Wenn du die Welt zu einem besseren Ort machen willst, muss der *Bauplan dafür entworfen* sein. Wenn du etwas verändern willst, musst du den *Bauplan verändern*. Sonst kratzt du nur an der Oberfläche.

Wir haben heute mehr Möglichkeiten denn je, unseren frei fließenden Wissens- und Kreativprozess selbst zu gestalten. Denn die wichtigsten Produktionswerkzeuge sind nicht mehr Kapital, Werkhallen, Maschinenparks und Produktionsstraßen. Das Produktionswerkzeug des Wissenszeitalters ist *neues Wissen*. Und das bedeutet: Wir müssen aus den linearen Förderbändern des Industriezeitalters einen Kreislauf machen.

RENAISSANCE DES WISSENS

Dann war alles nur ein Irrtum – dass wir Form und Inhalt vertauscht haben? Dass wir den Zusammenhang zwischen diesen beiden Stoffen – Daten und Wissen, die einander so ähnlich sind, dass sie sogar aus ein und derselben Materie bestehen – vergessen haben? Dass wir Mittel und Zweck verwechselt haben?

Was für ein anderes Licht wirft das auf unsere Zeit! Vielleicht können wir uns im Wissenszeitalter endlich den Denkraum für unsere Gedankenwelt, unsere Ideen, unseren Intellekt zurückerobern – eben weil Wissen und Daten Geistesverwandte sind. Weil Daten nichts anderes als Wissensträger sind.

Für die Wiederentdeckung des Wissens ist eines jedoch lebenswichtig: dass wir begreifen – in den Unternehmen, in unserem eigenen Leben und auch als Gesellschaft –, dass Technologie nicht die Lösung, sondern Mittel zum Zweck ist. Dass wir uns vielmehr entscheiden müssen, wie wir leben wollen. Wenn wir das weiterhin verwechseln, dann werden die dunklen Mächte die Kontrolle übernehmen, dann wird die digitale, menschenfeindliche Dystopie Wirklichkeit.

Wenn wir aber die Chance nutzen, dann muss unsere Zeit kein Höllenritt auf der Exponentialkurve der digitalen Transformation sein – wer will das schon? Vielmehr können wir sie dann als das Zeitalter sehen, in dem sich der *Wissenskreislauf schließt*. Vielleicht ist unsere Zeit ja gar keine lineare Achse in die unausweichliche, technoide Zukunft der Singularität – sondern eine Heimkehr. Eine Renaissance.

◊

ABSCHIED VOM ENDE

9. Kapitel

DIARY
München, 9. Juli 2018

Wir, die Generation, die gerade am Hebel ist, haben so lange in den Strukturen der »alten Wirtschaft« gedacht, dass wir gar nicht mehr wissen, wie frei denken überhaupt geht. Die industrialisierten Strukturen sind nicht nur in den Unternehmen stark – sondern auch in unseren Köpfen. Es ist so schwer, in unseren vertikalen Denkmustern den frei fließenden Flow zuzulassen.

Wir müssen uns vom Diktat der alten Unternehmensstrukturen befreien und einen neuen Weg finden. Den Dingen Raum geben, sich entwickeln zu können. Den Flow zulassen und sehen, wo er uns hinführt – ohne das Ziel vorher bestimmt zu haben. Nur so kann etwas wahrhaft Neues entstehen.

Trust the process.

HAPPY END

Was ich an Hollywood-Skripten noch nie verstanden habe, ist das Konzept des *Happy Ends* – besonders, wenn dieses Happy End, wie im Genre der Beziehungskomödien, eine Hochzeit ist. Als wäre die Geschichte zu Ende, wenn die Protagonisten in den Hafen der Ehe einlaufen! Dabei *beginnt* das Abenteuer doch erst an diesem Punkt: mit der Herausforderung, Irrsinnigkeit und Unplanbarkeit eines Lebens zu zweit.

Wie hätte ich meine Geschichte erzählt, wenn sie ein Hollywood-Drehbuch wäre? Die Heldin, unglücklich in den restriktiven Strukturen, beginnt eines Tages, dagegen zu kämpfen. Der Höhepunkt des Films: eine spannende Szene, in der ihr Finger in einer Nahaufnahme über dem »Send«-Icon ihres E-Mail-Programms verharrt, in der sie ihre Kündigung vorbereitet hat. Schließlich, nach langem Hin und Her, endlich der erlösende Klick – und der Befreiungsschlag. In der Schlussszene sieht man die Heldin am Ziel ihrer Träume, an ihrem Schreibtisch, in ihrem neuen Leben als Denkerin. Happy End.

Wie sehr unsere Erklärungen der Welt durch diese Narrative geprägt sind, habe ich an den Reaktionen meiner Mitmenschen gesehen, nachdem ich damals gekündigt habe. Ständig wurde ich gefragt, ob ich jetzt *glücklich* bin.

Aber die Wirklichkeit funktioniert eben anders als ein Drehbuch. Meine Kündigung war nicht das Ende. Sie war der Anfang. Sie war der Anfang einer echten Auseinandersetzung mit einem selbstbestimmten Leben, der Anfang meiner Rückkehr zum selbstbestimmten Denken, der erste Schritt einer langen Reise zurück zu mir selbst.

»Ende«, das ist ein Konzept, das der Mensch sich ausgedacht hat. Ein Gedankenmodell, das es ihm ermöglicht, an der auf ihn einprasselnden Unübersichtlichkeit des Lebens nicht verrückt zu werden. Angesichts der Unendlichkeit nicht völlig haltlos im Raum zu schweben.

Die Wahrheit ist: Es gibt kein Ende. Es hat nie eines gegeben. »Ende« ist eine Illusion, *Finishibility* – die Fähigkeit, Dinge zu Ende zu bringen – eine Erfindung des Menschen. Das ist in gewisser Weise auch eine Befreiung von der Last (und dem Irrglauben), jemals einen *perfekten* Zustand erreichen zu können. Irgendwann endlich *glücklich* sein zu können. Und dabei zu übersehen, dass wir es die ganze Zeit gewesen sind.

FEED THE BEAST

Nachdem ich aus Berlin zurückgekehrt bin, von meiner denkwürdigen Begegnung mit Robin und dem Balrog, merke ich, dass ein Knoten geplatzt ist. Ich habe mir mein Denken zurückerobert. Ich habe meine Identität gefunden: Ich bin die Chronistin des Digitalzeitalters, das diary of the digital age. Ich bin eine Denkerin. Mein Wissen zirkuliert, ich bin im Flow.

Ich starte ein Experiment: meinen Tagesablauf nach dem Wissenskreislauf zu gestalten. In diesem Kreislauf schrauben sich Kreativität, Ideen und Wissen ständig helixförmig um sich selbst, immer weiter voran, in kreisenden Bewegungen. Der Gedanke oszilliert dabei kontinuierlich im inspirierenden Wechselspiel zwischen Privacy und Publicity, zwischen konzentrierter Entwicklungsarbeit und offenem Austausch.

Mein kreatives Schaffenszentrum ist der Morgen; da gilt Privacy – door closed. Statt wie früher meinen Tag mit dem Blick in die E-Mail Inbox zu beginnen, gehört der ganze Vormittag, ein Block von idealerweise vier Stunden, dem neuen Wissen und der Kreation. Ich denke, schreibe, lese und recherchiere, arbeite am eigenen Unternehmen oder an meinem Blog. Alles, was ich in dieser Zeit erschaffe, bleibt bei mir. Denn es zahlt auf mein Wissen und geistiges Kapital ein. Alles ist in dieser Phase erlaubt – solange es den Gedankenstrom weitertreibt. Alles ist verboten, das zu viel Öffentlichkeit und somit Störsignale mit sich bringt, die vom Flow ablenken: News, Telefonate, Mails und Social Media. Ich arbeite nach einer einfachen Maxime, die John Updike in einem Interview einmal so beschrieben hat: »I try to put the creative project first.« Und das bedeutet eben nicht, dass am eigenen Wissen gearbeitet wird, wenn alles andere erledigt ist. Sondern immer zuerst.

*Die Wende zu mehr Publicity – door open – ist der Mittag. Nach dem
Mittagessen wende ich mich den unterschiedlichen Verwertungsfor-
maten meines Wissens zu – und damit der Öffentlichkeit. Ich arbeite
an Vorträgen, Artikeln und Workshops. Ich telefoniere, schreibe
Mails, bin unterwegs zu Terminen und treffe Leute. Diese Arbeit ist
ebenfalls kreativ, sie hängt eng zusammen mit der Denkarbeit des
Vormittags; aber sie bringt das Wissen in Austausch mit der Welt.
Hierbei entsteht neues Wissen, das ich in meinen konzentrierten
Morgenrunden wieder in den Kreislauf einspeise, um mein Wissen
weiterzuentwickeln. So schließt sich der Kreis.*

*Das Muster des Kreislaufs lässt sich auch in größerem Maßstab auf
Unternehmen übertragen – und die sind es auch, die dies am dring-
endsten brauchen. Die Tatsache, dass ich die industrialisierten
Strukturen hinter mir gelassen habe, scheint mich für genau jene
interessant zu machen: Es kommen Unternehmen auf mich zu, die
über meinen Blog, einen Artikel oder Vortrag auf mich aufmerksam
geworden sind – ich habe ein paar neue Kunden!*

   *Sie haben das Gefühl, in ihrer Denkweise festzustecken, und sich
nicht selbst daraus befreien zu können. Sie sind auf der Suche nach
jemandem, der außerhalb der herkömmlichen Bahnen neu und
kreativ denkt. Sie suchen jemanden, der ihnen hilft, ihren Purpose
und ihren Innovationspfad im Digitalzeitalter zu finden.*

   *Nach einem besonders intensiven Telefonat mit einem Gründer
und Geschäftsführer lege ich auf und schaue aus dem Fenster. »Ich
habe das Gefühl, in einem Korsett zu stecken!«, hat er fast verzwei-
felt ausgerufen. Damit benennt er eine Erfahrung, die ich selbst nur
zu gut kenne: Wie leicht das System dazu neigt, die ursprüngliche
Idee, die ihm zugrunde liegt, zu vergessen. Wie sehr uns die Ergeb-
nisorientiertheit des wirtschaftlichen Handelns daran hindert, frei
und innovativ zu denken. Wie schnell die Unternehmensstruktur zur
aufgeblähten Maschinerie wird, die tagein, tagaus bedient werden
will. »Feeding the beast«, hat der Pixar-Chef Ed Catmull diese Falle
genannt – es ist nicht nur schwer, als erfolgreiches Unternehmen*

kreativ zu sein – sondern vor allem, kreativ zu bleiben. Ist es möglich, Organisationen zu errichten, die nicht mehr länger auf festen Strukturen beruhen, sondern die im Gegenteil die permanente Veränderung unserer Zeit umarmen? Die das Denken nicht verhindern, sondern innerhalb derer die Menschen weiterdenken und sich mit echter Problemlösung und Innovation beschäftigen können?

Besteht nicht genau darin die größte Herausforderung unserer Zeit? Werden wir in der Lage sein, innerhalb der existierenden, institutionalisierten Organisationsformen in Wirtschaft, Wissenschaft, Bildung und Politik wahrhaft neu zu denken und die Probleme der Menschheit anzugehen?

SUPERIDEE

2018

Am nächsten Tag laufe ich in aller Frühe durch die große Halle des Münchner Hauptbahnhofs. Ich bin auf dem Weg nach Stuttgart, um mich mit ein paar Leuten eines Innovation Labs zu treffen. Dieses Lab ist zwar in die Struktur eines Konzerns eingebettet, jedoch – so hat mir Benedikt am Telefon erzählt – trotzdem total eigenständig: das moovel Lab. Das Team denkt in seinen Projekten über die Zukunft der Mobilität nach. Ich bin neugierig.

Mit dem hallenden Echo der Lautsprecheransage im Ohr schlängle ich mich durch den Strom von Menschen, die in unterschiedliche Richtungen hasten, und besteige mit der Laptop-Tasche in der Hand den ICE nach Stuttgart. Sobald ich den Zug betreten habe, umhüllt mich diese anheimelnde Atmosphäre, die es nur in Zügen gibt: gedämpfte Wattebausch-Akustik, Teppiche und Sitzpolster filtern alle scharfen Töne heraus. Endlich erreiche ich meinen Sitzplatz, verstaue mein Gepäck und lasse mich in den taubengraublauen Sitz der Deutschen Bahn fallen. Als sich später

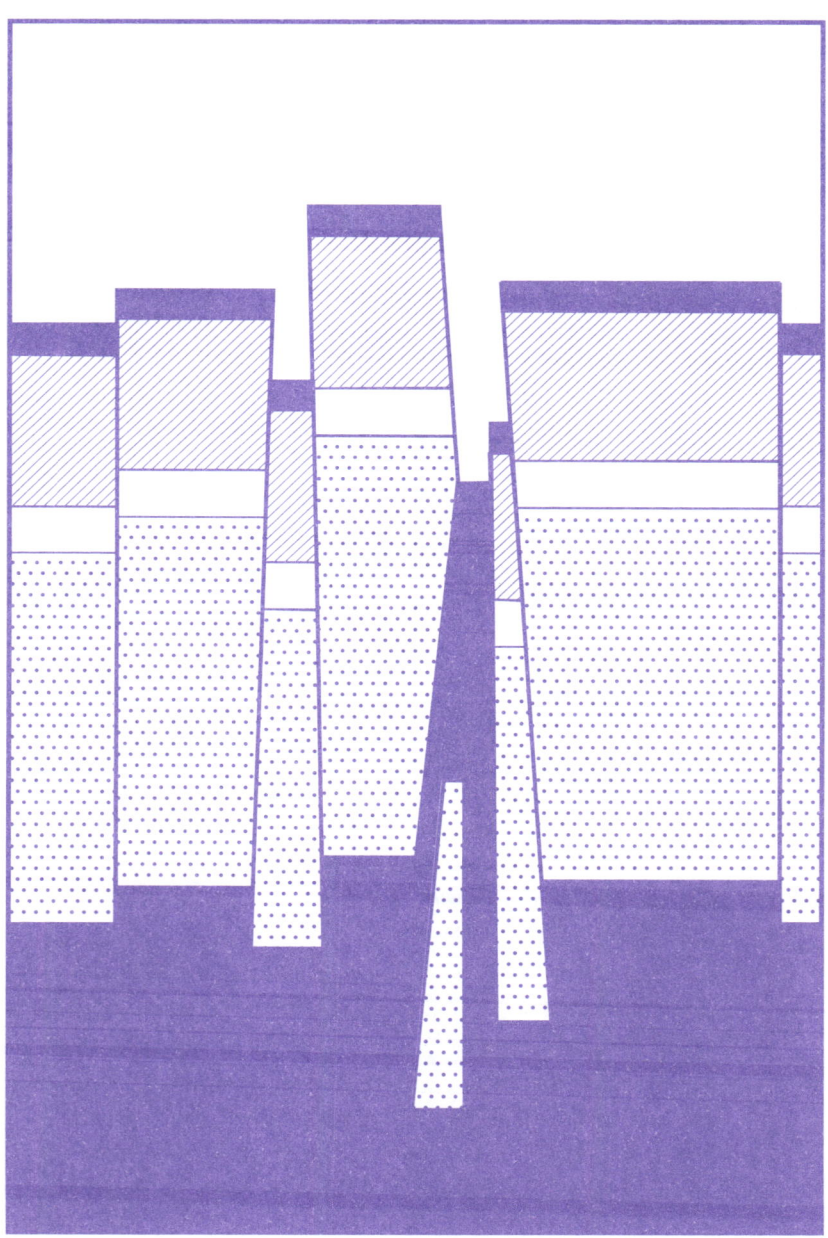

die Türen mit einem Piepsgeräusch schließen und sich der Zug surrend in Bewegung setzt, denke ich flüchtig darüber nach, dass eine Reise mit der Bahn vor allem eine akustische Reise ist – viel mehr als eine Reise mit dem Flugzeug.

Der Zug folgt dem Gleisgewirr, das die Stadt in der Mitte durchschneidet, unterquert erst die schwarze Stahlstruktur der Hackerbrücke, dann den Betonkoloss der Donnersberger Brücke und passiert die wenig spektakuläre Kulisse Pasings. Kaum hat er die westliche Stadtgrenze hinter sich gelassen, als das Grau und Einerlei der Vorstädte und Industriegebiete langsam in Äcker, Felder und Wiesen übergehen.

Ich habe kein Auge für die Landschaft, sondern horche, in meinem samtigen ICE-Ohrensessel, in den Sound des Großraumabteils hinein: Den durchgehenden Rhythmus leise tickernder Laptop-Tastaturen, gehighlightet durch das Pingen der Smartphones und unterlegt mit dem Murmeln heruntergefadeter Stimmen, die sich irgendwo remote im Call befinden. Das ist der Sound des 21. Jahrhunderts – Zeit und Raum halten uns nicht mehr zurück, wir können immer und überall arbeiten. Immer und überall effizient sein. Wir sind ein riesiges Großraumbüro, das wie ein silberner Pfeil mit dreihundert Stundenkilometern der Zukunft entgegenrast.

Die einzige Konstante, die uns alle unser Erwachsenen- und Erwerbsleben hindurch begleitet, ist die Veränderung – eine hektische Grundaufgeregtheit, ein Gefühl des Umbruchs, das in der Luft liegt, seit wir denken können. Unser Normalzustand ist der Hype.

Wir haben sie alle am eigenen Leib miterlebt: Drei technologische Revolutionen – der Personal Computer in den 1980er-, das Internet in den 90er- und das Smartphone in den 00er-Jahren – haben eine ganze Generation von Jahrgängen auf der Welle des Erfolgs nach oben gespült. Apple, Microsoft, Facebook, Google und Amazon wurden innerhalb nur weniger Jahre zu den wertvollsten Unternehmen der Welt. Unsere Superhelden sind die Superreichen.

Sie heißen Steve Jobs, Bill Gates, Mark Zuckerberg, Jeff Bezos und Elon Musk. Alle kennen die Gründungsmythen vom Start-up in der Garage, das zum Multi-Milliarden-Dollar-Konzern wurde – sie sind in die mündliche Überlieferung und in die Geschichten eingegangen, die in den Coffeeshops, Sushi Bars und veganen Lunch Places der Creative Class erzählt werden. Sie sind verfilmt worden, sie haben unsere Weltsicht geprimed wie das Hollywood Happy End: Am Ende ist Hochzeit. Am Ende steht der Milliarden-Deal.

Gleichzeitig deprimieren uns die negativen Superlative, unser Normalzustand ist die Katastrophe: der voranschreitende Klimawandel, die Schere zwischen Arm und Reich, der erstarkende Rassismus – und jetzt auch noch eine Pandemie. Die Tragik unserer Generation ist, dass die Probleme alle systemisch geworden sind: Superprobleme eben. Dass es für den Einzelnen scheinbar unmöglich geworden ist, aus seinem kleinen Leben heraus daran irgendetwas zu ändern. Dass es für den Einzelnen sogar unmöglich geworden ist, einfach nur ein »guter Mensch« zu sein. Nichts können wir mehr richtig machen: Essen wir kein Fleisch, sondern nur noch Avocados, um den Planeten und die Tiere zu verschonen, sind wir mitschuldig an der Abholzung des Regenwalds und vielen Tonnen CO_2, die beim Transport in die Atmosphäre geblasen werden.

Die Superprobleme und die Superhelden schweben wie ein Damoklesschwert über allem, was wir anpacken. Der Fluch unserer Generation liegt sowohl in den vielen, übermächtigen Erfolgsstorys, die das Digitalzeitalter schreibt, als auch in den vielen, übermächtigen Problemen, die wir zu lösen haben. Beides setzt uns immens unter Druck: der Gipfel des Erfolgs genauso wie der drohende Untergang. Alles Superlative, die man als Einzelner in einem Leben niemals erreichen kann. Sie machen es uns so unglaublich schwer, einfach in kleinen, unspektakulären Schritten unseren Weg zu gehen.

Der Fluch unserer Generation ist, dass jede Idee, die wir heute haben, sofort exponentiell skalieren muss – nichts weniger als eine Superidee! Dass, wenn wir einen globalisierten Markt erobern oder

die Welt retten wollen, wir das Pflänzchen unserer kleinen, feinen
Idee sofort als Business-Plan aus dem Boden stampfen und innerhalb kürzester Zeit, von null auf hundert, »on a global scale« hieven
müssen, mit allen Mitteln, einem PR-Hype, tonnenweise Venture
Capital und unmenschlicher Geschwindigkeit – wenn wir Impact
haben wollen. »Das skaliert nicht«, ist zu einem geflügelten Wort
in der geschäftlichen Welt geworden – es kommt einem Todesurteil
gleich. Die exponentielle Skalierungskurve ist der Herzinfarkt-Takt
des Silicon Valley, der auf uns alle abstrahlt: Er macht es uns so
unglaublich schwer, eine Idee organisch wachsen zu lassen.

Die Superhelden, die Superprobleme, der Ritt auf der Exponentialkurve – sie alle legen die Messlatte unendlich hoch. Wir alle haben
diesen Reflex in unserem Denken: den Ergebniszwang. Alles, aber
auch alles, denken wir vom Ergebnis her. Der Mensch des 21. Jahrhunderts handelt nie nur einfach gradheraus; alles, was er tut,
ist rückwärts von einem imaginären Ergebnis abgeleitet, reverse
engineered, sozusagen. Das sind unsere industrialisierten Denkstrukturen der »Productization«: Jede meiner Handlungen mündet
automatisch in ein Produkt, ein Projekt, einen Plan, eine Lösung,
ein Format, eine Anwendung, einen Proof of Concept, einen
Business Case – und selbstverständlich immer in eine Erfolgsgeschichte. Wir können nicht anders. Wir haben als Generation
die Unschuld verloren, einfach mal zu machen.

Was wir dabei aus den Augen verlieren, ist der Zwischenraum,
der zwischen dem ersten Schritt und dem Ergebnis liegt. Das
stinknormale Leben. Die vielen Zweifel, die Irrtümer, den langen,
von Misserfolgen und Rückschlägen geprägten Weg. Die zehntausend einsamen Arbeitsstunden, die man laut Malcolm Gladwell
investieren muss, um irgendwo hinzukommen oder in irgendetwas
Meisterschaft zu erringen, egal ob es Geige spielen ist oder
programmieren.

Was wir nicht sehen, ist das schmutzige und unspektakuläre
Geschäft der kleinen Schritte, des Machens – das verstecken

wir in unserer medialen Inszenierung der Wirklichkeit lieber hinter verschlossenen Türen; es hat einfach zu wenig Glam und gibt kein gutes Bildmaterial ab.

Der Glaube an das Ziel, das Ergebnis – nicht der lange Weg dorthin –, steckt tief in unserem Weltbild, denn von Kindesbeinen an sind wir dahingehend geprägt worden. Wofür wir Lob und Anerkennung (oder manchmal Schelte) erhielten, sind meist sichtbare Ergebnisse: das selbst gemalte Bild vom Haus auf der Wiese mit der Sonne oben rechts in der Ecke. Die Schulnoten, mit Rotstift geschrieben auf Prüfungen oder gedruckt auf Zeugnissen. Die Abschlüsse und Job Title, die sich als illustre Stationen auf unserem Lebenslauf aneinanderreihen.

Aber findet das wahre Leben – der Weg, die Entwicklung, der Prozess, die Experience – nicht genau zwischen diesen dürren Ergebnissen auf Zeugnissen und Lebensläufen statt? Kommt es beim Zeichnen, wie bei allen anderen elementaren Ausdrucksformen, nicht darauf an, sich immer und immer wieder hinzusetzen, um sich Fähigkeiten und ein Repertoire zu erarbeiten? Beruhen unsere prägendsten Erinnerungen an die Schule nicht genau auf unserem langen und schwierigen Weg, den wir zurückgelegt haben? Sind es nicht genau die Zwischenräume in unserem Lebenslauf, wo sich die wahren Wendepunkte, Umbrüche und schwierigen Entscheidungen verbergen?

Aber all das bleibt unsichtbar. Davon wird nichts erzählt, darüber wird selten berichtet, wir haben im lauten Erfolgs- und Katastrophenreigen der Superlative keinen Platz für diese leisen Geschichten. Kein Wunder, dass wir so sehr auf Ergebnisse fixiert sind. Das Einzige, was in unserer Kultur zählt, ist das Produkt. Nicht der Prozess.

TOWER OF BABEL

Ich erreiche Stuttgart, laufe durch endlose Tunnel einer endlosen Bahnhofsbaustelle und nehme mir ein Taxi zur Hauptstätter Straße. Der Fahrer fährt dreimal um den verkehrsreichen Platz, bevor er die richtige Hausnummer findet – die Hauptstätter Straße ist eine der Arterien der Stadt und verbindet eine Bundesstraße, mehrere Bus- und eine Stadtbahnlinie sowie das Zahnradbahn-Depot – »der richtige Ort, um an der Mobilität der Zukunft zu arbeiten«, denke ich bei mir.

Ich klingle an der Eingangstür, die etwas versteckt neben einem Drogeriemarkt liegt, und werde wenig später von zwei sympa-thischen Typen abgeholt: Raphael, ein blonder, junger Mann mit Schnauzer, dem der Schalk aus den blauen Augen blitzt – »Geograf und Stadt-Nerd«, stellt er sich vor. Der andere, Benedikt – Vollbart, Brille, gelbes Schlabber-T-Shirt –, wirkt etwas verschlossener und dadurch irgendwie von einer geheimnisvollen Aura umgeben. Er ist außerdem, und da schließt sich für mich ein uralter Kreis, Professor für Strategic und Interaction Design an meiner alten Hochschule: der Hochschule für Gestaltung Schwäbisch Gmünd.

Wir fahren in den 8. Stock und laufen kurze Zeit später durch die Arbeitsräume des Labs. Neugierig schaue ich mich um. Hinter einem elektronischen Türschild klemmt ein großes, klingonisches Plastik-schwert. Auf einem Tisch liegen unterschiedlichste Arbeitsmateria-lien: eine Platine, in der ein Gewirr aus bunten Kabeln steckt, die mit Lötverbindungen an einem kleinen Chip befestigt sind. Der Lötkol-ben liegt noch daneben, des Weiteren mehrere Rollen blauer, roter und grüner Drähte, ein schneckenförmig aufgeplatztes Flachband-kabel und eine kleine Pappschachtel, auf der steht: Key to Mobility.

Als wir um die nächste Ecke biegen, finde ich mich unvermittelt vor einer Apparatur stehend, die in etwa die Ausmaße einer Tischtennisplatte und die gleiche technische Basteloptik wie der »Key to Mobility« hat, nur noch viel sperriger und vor allem – rätselhafter.

Auf dem Tisch ist ein Stadtplan zu sehen. Darüber bewegt sich ein in zwei Richtungen fahrbarer Arm, an dem mehrere Düsen befestigt sind, die eine bunte Masse absondern. Ich gehe näher an die Spritzkonstruktion heran und erkenne, was es ist, das aus den Düsen quillt: flüssiges Wachs. Auf einmal begreife ich die ganze Konstruktion und was sie tut: Die Wachsdüsen zeichnen in unterschiedlichen Farben Spuren in die Stadt. Anscheinend läuft die Apparatur schon eine ganze Weile, denn es haben sich bereits hohe Wachsgrate gebildet, wie stalaktitartige Tropfbilder. Der höchste Punkt hat sich im Herzen der Stadt gebildet: am Hauptbahnhof.

»Was ist das?«, frage ich verwundert. Raphael lacht: »Das ist Trajectories, eines meiner Lieblingsprojekte.« Und erzählt gleich im Anschluss eine schöne Geschichte, die das Team unter anderem zu dem Projekt inspiriert hat: eine Novelle der »New York Trilogie« von Paul Auster. Diese handelt von einem Detektiv, der einen Mann verfolgt. Jeden Tag geht er ihm nach, anfangs kommen ihm die Wege des Mannes sinnlos vor; aber dann bemerkt er, dass die rätselhafte Spur, die der Mann in der Stadt hinterlässt, riesige Buchstaben formt. Begierig, die Botschaft zu entschlüsseln, verfolgt er ihn weiter, bis er das Lösungswort erkennt: THE TOWER OF BABEL.

Eine ähnlich poetische Ausdrucksform hat auch der Wachstisch. Jedoch ist seine Botschaft eine ganz andere: Er druckt, wie Raphael mir erklärt, die Wachsspuren auf Basis der gesammelten Daten der Mobility App des Konzerns. Es sind die Wege, die Menschen durch die Stadt zurücklegen, ihre Suchanfragen von A nach B – mit öffentlichem Nahverkehr, Shared Mobility oder per Taxi. Und obwohl ein Datensatz die Grundlage bildet, kommt das Bild, das hierbei entsteht, einem Kunstwerk gleich. Eine ganze Weile stehe ich gebannt davor.

Später sitzen Raphael, Benedikt und ich zusammen in der Küche, in einer Art Holzbox, mit einer Tasse Tee in der Hand. Wir unterhalten uns. Ab und zu kommt jemand in die Küche geschlurft, um sich im Hintergrund an der Siebträgermaschine zu schaffen zu machen.

Raphael erzählt von den Reaktionen, die Trajectories hervorgerufen hat. Das Projekt hat viel Aufmerksamkeit erhalten, ist auf der Frankfurter Buchmesse ausgestellt worden und auf der Daimler-Hauptversammlung. »Der Tisch erregte allein aufgrund seiner Machart Aufmerksamkeit, einfach, weil er so anders ist als das, was im Kontext der Automobilindustrie und Mobilität erwartet wird«, sinniert er. »Die Leute standen reihenweise davor, haben nichts gesagt, nur den Druckroboter angestarrt, wie hypnotisiert.«

»Das ist sozusagen das Dauerexperiment in unseren Projekten«, sagt Benedikt nachdenklich, »wir wollen ganz bewusst Seh- und Denkgewohnheiten brechen und dann beobachten, wie die Leute darauf reagieren.«

Ich nehme einen Schluck aus meiner Tasse und denke noch mal an Paul Auster und den mit Kabeln und Lötkolben vollgeladenen Tisch. Und frage: »Und wie geht ihr an ein solches Projekt heran? Verwendet Ihr das Instrumentarium der Business-Welt? Briefing? Planung? Strategie?«

»Nein, ganz anders«, sagt Benedikt, und nimmt einen Schluck Tee, »Planung basiert ja immer auf Annahmen, die von vornherein bekannt sind. Wenn man etwas gänzlich Neues erschaffen will, lässt sich das nicht planen.« Ich muss sofort wieder an das Albert-Einstein-Zitat denken, dass Probleme niemals mit derselben Denkweise gelöst werden können, durch die sie entstanden sind. Aber Benedikt fährt gleich fort: »Unser Weg folgt anderen Prämissen: Inspiration. Zufall. Oder das Verknüpfen mehrerer scheinbar unzusammenhängender Komponenten. Das ganze Geheimnis ist: Wir lassen uns auf ihn ein. Wir folgen ihm, ohne Angst. Wir machen einfach.«

*Ich bin fasziniert, und habe das Gefühl, dass ich hier eine Ant-
wort finden kann, auf das Rätsel von Produkt und Prozess, das
ich ständig vor meinem inneren Auge hin und her wende wie ein
Himmel- und Hölle-Papierfaltspiel. Sie sind beide ein und dasselbe –
und doch diametral verschieden. Ich kann den Gedanken schon
fast greifen, aber immer wieder entgleitet er mir. Deshalb frage
ich: »Und warum? Zu welchem Zweck? Warum macht ihr das?«*

*Benedikt wendet unversehens seinen Kopf und schaut hinaus,
in den Talkessel der Stadt, auf den von Verkehrsströmen umwogten
Platz acht Stockwerke unter uns, und schweigt eine Weile. »Weil wir
nur etwas an unserer Welt ändern können, wenn wir unsere
Denk- und Sichtweise verändern«, sagt er schließlich.*

THINK PROCESS, NOT PRODUCT

*Ich besteige den ICE in letzter Sekunde, hinter mir schließen sich die
hydraulischen Türen und er setzt sich sofort in Bewegung. Ich suche
meinen Platz im Großraumabteil des fahrenden Zuges. Während
draußen die Baukräne der monumentalen Baustelle Stuttgart 21
vorbeiziehen, denke ich, »Es gibt zwei Arten von Mindsets: den
einen, der das fertige Gebäude als den wahren Seinszustand
ansieht. Und der, für den die Baustelle der wahre Seinszustand ist.«
Mit beiden kann man die Welt erklären, aber das jeweilige Weltbild
unterscheidet sich gewaltig. Woher kommen diese unterschiedlichen Denkweisen?*

*Ich klappe den kleinen Tisch herunter, der an der Rücklehne des
Vordersitzes befestigt ist, hole mein MacBook aus der Tasche und
öffne es. Auf einmal halte ich inne. Ich schaue noch mal auf den
Laptop – und komme ins Grübeln ...*

Die Welt, in der wir groß geworden sind, und die uns bis heute umgibt, besteht aus: Hardware. *Aus Orten. Aus Dingen. Aus Produkten. Jedes Produkt stellt allein aufgrund seiner physischen Eigenschaften – Material, Oberfläche, Außenhaut, Verpackung – immer auch eine in sich abgeschlossene, kleine Hemisphäre dar; aber auch in gewisser Weise eine Sackgasse. Einen Endpunkt. Ein Produkt ist das Ergebnis – hier endet die lineare Wertschöpfungskette des Industriezeitalters. Wenn das Gebäude gebaut ist oder der Konsument das Produkt gekauft hat, ist der Job erledigt.* Finished.

In unserer Zeit jedoch bricht dieses alte Produkt auf. Es hat seine Grenzen erreicht: Die Märkte sind gesättigt, und die drängenden Fragen nach Recycling und nachwachsenden Rohstoffen werden angesichts der Erderwärmung immer lauter. Unsere Zeit jedoch, das Digitalzeitalter, hat eine ganz neue Logik, eine ganz neue, körperlose Anwendung von Wissen hervorgebracht: Software.

Software ist nicht an physische Gesetze gebunden. Sie besteht aus flüssigem Wissen, das sich als Daten in Kreisläufen weiterentwickelt. Vielleicht aufgrund dieser Eigenschaften ist sie niemals fertig. Und weil sie niemals fertig ist, ergibt sich dadurch eine ganz neue Taktung, ein neuer Rhythmus, der die alte Idee von Anfang und Ende ablöst. Und dieser Rhythmus, in dem das Herz der Software schlägt, heißt: continuous improvement. *Das bedeutet: Software wird durch Updates weiterentwickelt, wie ein niemals enden wollender Strom werden stetig Leistung, Funktion, Kompabilität und Umfang verbessert. Dieser Strom ist so stark, die Logik von Software durchdringt immer mehr Bereiche der Welt, die uns umgibt, dass sie begonnen hat, auf unsere Denkweise überzugehen. Oder ist es nicht so, dass sie viel mehr unserem menschlichen Denken entspricht? Ein Gedanke ist schließlich auch niemals »fertig«.*

Jedoch ist die alte Seite, die Hardware-Logik, ebenfalls noch stark in unseren Köpfen. Und so prallen diese zwei gegensätzlichen Denkweisen und Weltbilder oft in einem Konflikt aufeinander:

Ein Gehirn, das noch in der alten Weltordnung von Hardware funktioniert, denkt in den festen Kategorien des alten, industriellen Produkts. Es denkt linear und geht von einem Anfang und einem Ende, von einem unveränderlichen Seinszustand aus, der idealerweise nahe an die Perfektion reicht. Ein Gehirn, das in der alten Weltordnung von Hardware denkt, geht aber auch, was das ganze Leben betrifft, von ewig gültigen Prinzipien, von einer Finishibility aus, die Dinge unter allen Umständen zu Ende bringen zu müssen: Ein Buch muss fertig gelesen, ein Teller leer gegessen und eine Aufgabe vollständig erledigt werden.

Ein Gehirn wiederum, das in der neuen Logik von Software funktioniert, denkt hingegen in den Kategorien des Prozesses: Seine Maxime ist das continuous improvement – nichts ist jemals fertig, die Beta-Version ist der Normalzustand. Ein Gehirn, das in continuous improvement denkt, nimmt sozusagen Veränderung und Imperfektion als die einzige Konstante wahr – ansonsten gibt es keine unveränderlichen Parameter in seiner Berechnung der Welt. Es plant nicht weit im Voraus, denn es glaubt nicht daran, dass die Welt mittels langfristiger strategischer Planung in den Griff zu kriegen sei – dafür ändert sich alles viel zu schnell. Es entscheidet permanent auf Sicht, on the fly und im Trial & Error Modus, probiert durch Prototyping Dinge aus, verfolgt sie weiter – oder verwirft sie.

Das continuous improvement eröffnet eine ganz neue Art, mit der Welt umzugehen: Viele Tausend winzige Schritte, statt ein alles überschattendes, ultimatives Ziel, das man niemals erreichen kann. Viele kleine, schnelle Richtungsänderungen, statt einer gewichtigen, lebensverändernden Entscheidung. Dies ist eine Befreiung von vielen alten Bürden, die noch durch unsere Elterngeneration auf unseren Schultern lasten: die Bürde, Entscheidungen um jeden Preis aufrechterhalten zu müssen. Die Bürde, Dinge zu Ende bringen zu müssen. Und die Bürde des Perfektionismus, der uns so oft wie ein bleischwerer Anker am spielerischen Experiment, am schnellen Ausprobieren und Testen

hindert! Denn im Digitalzeitalter gilt ein neues Mantra:
NOW is better than perfect.

*Es ist von weitreichender Bedeutung, diese beiden Handlungs-
und Entscheidungsmodelle auseinanderhalten und in Worte fassen
zu können: Product und Process, Hardware und Software,* Finishibility *und* continuous improvement, *beschreiben zwei diametral
unterschiedliche Positionen in der wichtigsten, alltagsphilosophi-
schen Frage des Digitalzeitalters: Wie sollen wir handeln?*

*Natürlich ist es schmerzhaft, sich vom alten, vertikalen Weltmodell
der* Finishibility *zu lösen – es hat immer Sicherheit und Stabilität
suggeriert, und es war tröstlich zu glauben, dass sich manche
Dinge niemals ändern würden. Stattdessen müssen wir die Augen
schließen und uns in den luftleeren Raum fallen lassen – vom
Absoluten ins Relative. Mitten hinein in den Schwebezustand.*

DIARY
München, 10. Juli 2018

*Ich habe eine Entscheidung getroffen: Ich will alle Skripte in
meinem Kopf löschen, die von einem unveränderlichen Seinszustand, von Perfektion, vom kategorischen Denken ausgehen –
und in meiner Denk- und Arbeitsweise das gegenteilige Paradigma
installieren: dass alles in der Schwebe ist. Dass nichts mehr auf
festen Parametern beruht; keine Strategie, kein Geschäftsmodell,
keine Arbeit, kein Plan, keine Meinung, kein Ergebnis; sondern
dass alles nur noch im Flow ist und die Erkenntnis ständig wächst.
Dass alles, was entsteht, beim Machen, in der Bewegung und kontinuierlich entsteht.*
  Was für ein Denken dabei wohl herauskommt?
  Was für ein Leben?

DER ALTE ABSOLUTISMUS

Die Welt ist ein feindlicher Ort. Ständig gilt es, Entscheidungen zu treffen, die das Überleben sichern. Nobelpreisträger Daniel Kahneman hat das menschliche Gehirn und seine beiden unterschiedlichen Denkarten in seinem Klassiker »Thinking, fast and slow« in zwei Systeme zerlegt. Den Hauptdarsteller nennt er *System 1*: das schnelle Denken, die Intuition. System 1 stemmt den Löwenanteil des Denk-Tagesgeschäfts: Blitzschnell ordnet es die Sinneswahrnehmung, die permanent auf uns einstürzt, einer Kategorie zu und trifft Entscheidungen, die System 2, das langsame, kognitive Denken, nur noch abnickt: Giftig oder essbar? Freund oder Feind? Angriff oder Flucht? Mit diesen kategorischen Denkstrukturen lässt sich auch die moderne Welt schnell und einfach navigieren, in der System-1-kompatiblen Einteilung »Gut« oder Böse«, »Mann« oder »Frau«, »Schwarz« oder »Weiß«.

Aber genau in dieser schnellen, intuitiven Denkweise liegt auch die Krux: System 1 macht Fehler. Es neigt dazu, das als wahr zu erachten, was es oft genug gehört hat. Es hat die Tendenz, nur die Informationen zurate zu ziehen, die es bildhaft vor Augen hat und vernachlässigt solche, die nicht zur Verfügung stehen. Was diese Denkfehler verschärft, ist die Tatsache, dass System 1 noch dazu blind ist für seine eigene Blindheit, sondern im Gegenteil von seiner Weltwahrnehmung als die unumstößlich richtige überzeugt ist. Es versucht alles, was es wahrnimmt, um jeden Preis in einen sinnvollen Gesamtzusammenhang zu bringen. Seine *Job Description* ist sozusagen, permanent eine schlüssige Erklärung der Welt abzuliefern. Und ordnet der Kohärenz und Kategorisierung alles andere unter – Hauptsache die *Story*, die es System 2 serviert, ist gut! Hollywoodlike, sozusagen. Deshalb neigt System 1 dazu, voreilige Schlüsse zu ziehen:

Diskriminierende Denkmuster und rassistische Vorurteile passieren genau hier, nicht etwa im aufgeklärten, reflektierten Denken von System 2.

Wenn man sich diese Funktionsweise des menschlichen Denkens vor Augen führt, ist es nicht verwunderlich, dass unser gesamtes Weltbild genau aus diesen einfachen Kategorien besteht – allem Intellekt, allem Glauben an die Rationalität und der Komplexität der Welt zum Trotz. Unser Weltbild besteht aus unendlichen Reihen an Archivschränken mit unzähligen, fein säuberlich beschrifteten Schubladen. Jedes Ding muss in eine solche Schublade – sonst weiß die Welt es nicht einzuordnen.

Diese festen Kategorien sind der Grund, warum es so schwer ist für neue Ideen, sich durchzusetzen. Warum es so schwer ist, Sichtweisen zu verändern: Es erfordert einen Umbau im kollektiven Archiv – in diesen endlosen Regalreihen mit Millionen von Schubladen, die wir alle in unseren Köpfen eingebaut haben. In unserem Denken.

Das menschliche Denken teilt die Welt in ein gigantisches Schubladenarchiv ein; wer in einer Welt fester Kategorien lebt, *denkt* wiederum naturgemäß in festen Kategorien. Der denkt *kategorisch*.

Trotz der Aufbruchstimmung unserer Zeit und angesichts der globalen Probleme, die wir zu lösen haben, scheinen wir nicht nur in alten, starren Unternehmensstrukturen, sondern auch in alten, kategorischen Denkstrukturen gefangen zu sein.

Glauben wir doch bis heute, dass eine einmal gefällte Entscheidung unter allen Umständen aufrechterhalten werden muss, ein einmal gefasster Plan in die Tat umgesetzt, ein einmal gegebenes Versprechen eingelöst, ein geschlossener Vertrag, eine getroffene Vereinbarung eingehalten werden müssen.

In einer Welt, die Tausend Möglichkeiten bietet, trägt dieser Alte Absolutismus jedoch ausgerechnet im Umgang mit Entscheidungen ein eingebautes Dilemma in sich. Denn in seiner fest vorgegebenen Reihenfolge kommt immer erst die Entscheidung – auf Basis theoretischer Vorgaben – und dann die Umsetzung in die Praxis. Der Haken ist: Wie soll ich herausfinden, was das Richtige ist, wenn ich es nicht *versucht* habe? Wenn ich einfach mal so getan habe, *als ob*. Erst, wenn ich mehr Daten gesammelt habe und mehr Erfahrung zur Beurteilung zur Verfügung stehen, kann ich doch eine Entscheidung fällen, gegebenenfalls eine Einhundertachtzig-Grad-Wende vollziehen und meine Meinung *ändern* – eine Verhaltensweise, die im Alten Absolutismus undenkbar ist; schließlich steht er kategorisch zu seinen Entscheidungen. Wer in unserer Kultur seine Meinung ändert, gilt schnell als Wendehals, wankelmütig und schwach.

Wir leiden am Alten Absolutismus. Zwar gibt er uns glasklare Kategorien vor, wie wir das Leben und die Welt einzuordnen haben, und dadurch vermeintliche Sicherheit. Aber wir stecken darin fest. Die starren, vertikalen Schubladenstrukturen stehen dem frei strömenden Flow entgegen. Sie verhindern, dass Wissen fließen kann. Sie machen es unmöglich, etwas auszuprobieren, und auch mal den Kurs zu ändern. Wir leiden unter einer riesigen Angst, Fehler zu machen – weil wir die alten, absoluten Kategorien im Kopf haben: richtig oder falsch? Der Alte Absolutismus hindert uns daran, frei und neu zu denken. Uns als Gesellschaft weiterzuentwickeln und zu verändern.

Wo aber kommt er her? Warum sind wir so?

Wenn man genau hinsieht, zieht sich die absolute Denkstruktur wie ein roter Faden durch die Sedimentschichten unserer Kultur. Angefangen beim Taylorismus und der traditionellen Idee von Unternehmensführung. Prozesse in den alten Unternehmen laufen nach genau demselben Muster streng hierarchisch ab. Erst die Strategie, dann die Umsetzung. Man tut sich schwer damit, einfach mal etwas auszuprobieren und nach dem Trial & Error Prinzip vorzugehen. Aber der Alte Absolutismus greift weit über die Business-Welt hinaus, er sitzt viel tiefer in unseren Denk- und Handlungs-modellen.

Vielleicht ist in unserem *kategorischen* Denken bis heute Immanuel Kant mit seinem *kategorischen* Imperativ wirksam?

»Handle stets so, dass die Maxime deines Willens jederzeit zugleich als Prinzip eines allgemeinen Gesetzes gelten könnte.« Nicht der moralische Auftrag ist hier relevant. Sondern die Tatsache, dass er uns damit verpflichtet hat, alles, was wir tun, jeden kleinen, dummen Handschlag und jedes unüberlegte Wort, in eine größere, *übergeordnete* Kategorie einordnen zu müssen. Das ist sicher eine der Voraussetzungen, dass wir in einer Gesellschaft wie der unseren zusammenleben können. Aber für den Einzelnen macht dieser »Kant'sche Algorithmus« aus einem unschuldigen, spontanen und spielerischen *bottom-up* sofort ein gnadenloses, schweres *top-down*, bei dem jegliche Leichtigkeit verloren geht.

Oder liefert uns die Zeit des Absolutismus als Herrschaftsform – das preußische Zeitalter – einen Hinweis, woher unser Alter Absolutismus stammt?

Der preußische Staat gab in seiner wechselvollen Geschichte ein halbes Jahrtausend die einflussreichste gedankliche Ordnung in unserem Kulturkreis vor: streng konservativ und absolutistisch, und in ihren Grundfesten militaristisch. Es waren die Preußen, die vor dreihundert Jahren die allgemeine Schulpflicht einführten – und diese aus der militaristischen Ordnung des Staates heraus dachten. Und steckt die preußische Denkweise nicht bis heute in unseren Unternehmensstrukturen? Das Rheinland, das damalige Zentrum der Industrialisierung, war preußische Provinz. Hier entstanden die ersten industriellen deutschen Vorzeigeunternehmen wie die Krupp-Werke.

Schule, Militär und Industrie bildeten dieselben streng hierarchischen und straff organisierten Strukturen aus – unter preußischen Paradigmen. Zusammen bildeten sie einen effizienten Produktionsprozess, der auf geeignetes »Menschenmaterial« für die spätere Verwertung abzielte. Ein Zeitgenosse lästerte entsprechend: »Der dressierende Schulmeister und der drillende Unteroffizier sind die beiden Hauptpfeiler unseres Staates.«

Bis heute werden preußische Tugenden mit deutschen Tugenden assoziiert: Pflichtbewusstsein, Pünktlichkeit, Ordnung und

Disziplin. Genauso, wie in der alten preußischen Junkerarmee ein einmal erteilter Befehl unter allen Umständen ausgeführt werden musste, so spiegelt sich der »preußische Algorithmus« bis heute in unseren Denkstrukturen wider: durch die Erziehung, die die Eltern unserer Eltern genossen haben, durch die Schule, die wir besucht haben, und durch die Industrieunternehmen, in denen wir arbeiten.

Wie hängen nun all diese Denkmuster zusammen? Der Taylorismus, das kategorische Denken, der Alte Absolutismus, Kant und die Preußen, der Perfektionismus und die Finishibility des Industriezeitalters? Was ist der gemeinsame Nenner?

Es ist die Annahme, dass unsere Ordnung auf absoluten und ewig gültigen Prinzipien basiert. Der Kant'sche und der preußische Algorithmus sind nur ein Beispiel neben anderen – wir hängen in unserem gesamten Denk- und Handlungsmodell einem tief sitzenden Alten Absolutismus an, der aus vergangenen Zeiten stammt: Die Maxime, dass die Ordnung unbedingt in ihrer Struktur bestehen bleiben muss. Diese Maxime ist *absolut*: Sie ist wichtiger als die Frage, ob die Kategorien überhaupt die richtigen sind, und ob man sie ändern sollte. Das ist vielleicht das größte Problem: Die Botschaft des Alten Absolutismus ist, dass die Welt sich *niemals verändern wird*. Dass man sie nicht verändern *kann* – schließlich beruht sie auf ewigen Prinzipien.

Vielleicht sollten wir mit einem frischen Blick mal wieder die alten griechischen Philosophen lesen. Vielleicht finden wir dort Antworten. Denn sie ist eine uralte Streitfrage, jene zwischen *absolut* und *relativ*. Schon kluge Köpfe waren sich darüber uneins: Heraklit sagte »Panta rhei« – alles fließt und befindet sich im Zustand steter Veränderung. Die Sophisten sagten, jeder erlebe die Welt anders; es gäbe demnach keine absoluten Gewissheiten. Platon hingegen war dieser Relativismus ein Greuel – immer war er auf der Suche nach einer höheren Ebene der Wahrheit, nach einer universellen Formel für eine schlüssige Weltordnung – ein echter Absolutist!

Die Frage ist: Welches Denkmodell ist das richtige für seine jeweilige Zeit? Für unsere Zeit?

Also sind wir wieder beim Denken angekommen. Passend dazu forscht die Psychologin und Harvard-Professorin Dr. Carol S. Dweck seit vielen Jahren zu Persönlichkeitsentwicklung und Motivation. In »Mindset« entwirft sie zwei grundsätzlich unterschiedliche Typen, die sich diametral durch ihre Einstellung unterscheiden, was die Ursachen für ihre Fähigkeiten und ihren Erfolg sind: *fixed mindset* und *growth mindset*.

Anhänger des *fixed mindset* gehen davon aus, dass der Charakter eine angeborene Ausstattung von unveränderlichen Eigenschaften und Talenten ist – sozusagen der Stoff, aus dem Superhelden gemacht sind: einmal super, immer super. Alles, was sie tun, tun sie vor allem, um ihre Brillanz unter Beweis zu stellen. Sie scheuen und verachten allzu arge Bemühungen – schließlich muss nur hart arbeiten, wer nicht von Natur aus Talent besitzt. Misserfolge stürzen sie in eine tiefe Krise; sie finden Tausend Ausreden für ihr Scheitern und suchen die Schuld bei allen anderen – nur nicht bei sich selbst. Sonst müssten sie sich ja eingestehen, dass sie Versager sind. Ihr Weltbild verhindert, dass sie an sich selbst arbeiten – schließlich gehen sie von einem festen, unveränderlichen Charakter aus.

Anhänger des *growth mindset* haben ein völlig anderes Weltbild: eines, das an Wachstum, Veränderung und Potenzial glaubt. Jederzeit besteht für sie die Chance, sich zu entwickeln und besser zu werden. Sie glauben, dass man sich alles erarbeiten kann – wenn man fleißig und beharrlich ist. Sie suchen deshalb Herausforderungen, an denen sie wachsen können. Für sie gibt es keine Fehler und kein Versagen – nur Erfahrungen und Chancen.

Hier liegt die Parallele: Im *growth mindset* kann ich das Pendant zu *continuous improvement* und »*think process, not product*« erkennen – das richtige Denk- und Handlungsmodell für das Digitalzeitalter. Der Alte Absolutismus jedoch gerät in unserer Zeit immer mehr ins Wanken. Denn er ist nicht kompatibel mit einer Welt im Schwebezustand.

Wenn das Leben mit den Strömungen des Digitalzeitalters fließt, fühlt es sich leicht an – nicht mehr das Gefühl des ständigen

|

Kraftakts, mit alten, vertikalen Verhaltensweisen gegen den Strom zu schwimmen. Dieses Leben im Flow verliert definitiv an Kontur und Struktur – es wird verwirrender und unverbindlicher, was Entscheidungen, Beziehungen und Lebenswege betrifft. Aber es wird auch flexibler, experimentierfreudiger und spielerischer.

Was für ein hoffnungsvolles Weltbild darin steckt: zu wissen, dass wir unsere Richtung ändern können. Dass wir überhaupt etwas ändern können. Dass wir etwas verbessern können. Dass wir weiterdenken können, statt auf der Stelle stehen zu bleiben.

Abschied vom Alten Absolutismus heißt: sich reinlegen in den Schwebezustand. Abschied vom Alten Absolutismus heißt: sich verabschieden von dem Gedanken, dass irgendetwas für immer besteht. Dass irgendetwas jemals zu Ende ist. Und die Geschichte ein Happy End braucht.

◊

WIR INTERNETKINDER ODER: DIE SCHWEBENDE GENERATION

München, 2021

Gibt es eine Wissenschaft, die Denk- und Handlungsmodelle verschiedener Zeitsedimente systematisch analysiert, kartografiert und veröffentlicht? Wenn ja, warum findet dieses Expertenwissen nicht den Weg in unser Alltagswissen? Wir könnten es nämlich gut gebrauchen: für eine Art angewandte Soziologie oder Philosophie des Digitalzeitalters. Ich glaube allerdings eher, dass dieses Wissen implizites Wissen ist, das unter der Oberfläche, in unsichtbaren Codes, im Bauchgefühl der Kultur, gespeichert ist und ebenso intuitiv von einer an die nächste Generation weitergegeben wird.

Im Grunde genommen ist es egal, ob schriftlich, mündlich, über gute Vorbilder oder implizites Wissen – solange die Übergabe von einer an die nächste Generation funktioniert, handelt es sich hierbei um einen *natürlichen Zyklus* von Wissenstransfer und somit ein in sich stimmiges Weltbild. Die nachkommende Generation kann mit diesem auf sie übergehenden Wissen anfangen, was sie will; sie kann es respekt-

voll übernehmen oder damit brechen. Das läuft nicht immer reibungs-
los ab. Manchmal kommt es zwischen den Generationen zu Verwerfun-
gen oder gar kollektivem Aufbegehren, wie damals, als sich die 1968er
gegen ihre Elterngeneration wandten, weil sie deren Werte nicht übernehmen wollten. Wahrscheinlich gehört es zum Reifeprozess einer
jeden Generation, sich von der Elternzeitschicht irgendwann zu eman-
zipieren. Sie muss den ernsten, sorgenvollen Mienen der Eltern sozusagen ihren frechen Pop mitten ins Gesicht blasen, Ghettoblaster auf-
drehen, die Haare lang wachsen lassen, Körperteile piercen und irgendwelche Dinge kaputtmachen: Gitarren auf Bühnen zertrümmern, Poli-
tiker-Handys hacken oder Züge beschmieren. Diese Kräfte sind so
gesehen immer noch *konstruktiv*.

Aber: Es gibt eine andere Kraft, die massiv auf diesen natürlichen
Übergabeprozess von der einen auf die nächste Generation einwirkt.
Und diese ist *zerstörerisch*. Verrückterweise ist auch sie ein Zeitphäno-
men: Es ist die Beschleunigung – die Geschwindigkeitsänderung pro
Zeitintervall. Jahrtausendelang folgte die Logik der Zeitsedimente dem
alten newtonschen Gesetz der *Konstanz*. Die Abfolge der Generationen
gab sozusagen den Takt vor, wie sich neues Wissen verbreiten konnte.
Und dann, irgendwann in der zweiten Hälfte des 20. Jahrhunderts, nahmen die technologische Entwicklung und die daraus resultierenden
Veränderungen ein solch beschleunigtes Tempo auf, dass sich innerhalb weniger Jahrzehnte so viel veränderte wie in Jahrtausenden zuvor.
Wir haben es am eigenen Leib erlebt, mit einer Kindheit im analogen
und dem Erwachsenenleben im Digitalzeitalter. Seit dem Millennium
ging es Schlag auf Schlag: Die Entdeckung des virtuellen Raums, Internet, Mobilfunk, mobiles Internet und weiter mit Internet of Things,
Augmented Reality, Virtual Reality, Cloud Services, Künstliche Intelligenz – vor lauter Hektik haben wir nie Zeit gehabt, wirklich darüber
nachzudenken, was das für uns bedeutet. Zu viel für eine Generation,
um zu begreifen, zu viel für ein Menschenleben, um es zu lernen.

Es ist das Tempo, das den natürlichen Rhythmus der Übergabe
von einer Generation zur nächsten überholt hat, die natürliche Abfolge
der Generationen, den Rhythmus, der so lange funktioniert hat. Diese

exponentielle Beschleunigung hat die Rahmenbedingungen des Wissenstransfers komplett aus den Angeln gehoben.

Der Schockmoment ist riesig. In etwa so, wie es damals gewesen sein muss, als auf einmal Einsteins allgemeine Relativitätstheorie ein völlig neues Welterklärungsmodell entwarf: Es sprengte jegliche Vorstellungskraft.

Wie fühlt sich das für uns Menschen an? Als hätte jemand einen riesigen Schalter umgelegt und die Schwerkraft ausgeschaltet. Als würden wir, nachdem wir ein Leben lang durch die Gravitation am Boden gehalten wurden, auf einmal genau diesen Boden unter den Füßen verlieren, in der Schwerelosigkeit schweben und unbeholfen versuchen, mit unseren gewohnten Bewegungsmustern die Situation unter Kontrolle zu bringen. Man kennt ja diese Bilder von Menschen an Bord eines Parabelflugs oder einer Raumstation: Nichts ist wie auf der Erde. Haare stehen zu Berge, statt herunterzuhängen; ein Schluck Wasser aus der Flasche oder andere Flüssigkeiten wabern in schillernden Tropfen durch die Luft, statt zu Boden zu platschen. Astronauten binden sich an, um nicht haltlos im Raum umherzutorkeln.

Die Erfahrungen, auf die wir in den Zeitsedimenten noch von unseren Eltern zurückgreifen, gelten nicht mehr. Selbst die Erfahrungen, die wir in der ersten Hälfte unseres Lebens gemacht haben, helfen uns nicht mehr. Im digitalen Raum gelten andere Gesetze.

Das *Wissen*, das wir uns aneignen, hat eine immer kürzere Halbwertszeit – wo früher eine Ausbildung ein Leben lang die Basis für ein berufliches Auskommen bildete, so kann man heute dem eigenen Wissen förmlich dabei zusehen, wie es veraltet. Wer als Mutter drei Jahre Auszeit nimmt, hat es schon schwer, nicht komplett den Anschluss zu verpassen – in drei Jahren passiert so viel beschleunigter Fortschritt wie früher in dreißig.

Erleben wir dadurch ein Trauma? Leiden wir unter dem Gefühl, dass wir den Boden unter unseren Füßen verlieren? Oder schwingt da nicht auch eine Befreiung mit? Denn, hey, wir sind die erste Generation, die mit einem Bein in der analogen und mit dem anderen in der digitalen Welt aufgewachsen ist; die erste Generation, die sich aufmachte, die digitale Seite zu erkunden. Das alte Killerargument der Boomer und Besitzstandswahrer, dass man Dinge so zu machen hat, weil man sie immer schon so gemacht hat, haben wir mit jugendlicher Begeisterung und Forschergeist hinweggefegt. Der Vorstoß in den virtuellen Raum und das Wissenszeitalter haben allen alten, endgültigen Gewissheiten einen Strich durch die Rechnung gemacht.

Insgeheim hatten wir unsere diebische Freude daran, die Erwachsenenwelt wanken zu sehen. Wir waren es ja, die in den letzten Jahren die Disruption vieler verkrusteter Branchen und Geschäftsmodelle initiiert und vorangetrieben haben. Arrogante, alte Machtstrukturen, deren Stellvertreter sich niemals haben träumen lassen, dass jemand ihnen ihre Vormachtstellung streitig machen würde. Gatekeeper, die immer darüber entschieden haben, was in die Welt hinaus durfte: Die Banken – bevor Kickstarter kam. Die Musikindustrie – bevor Spotify kam. Das Fernsehen – bevor YouTube kam. Die Verlage – bevor das Internet kam. Der Handel – bevor E-Commerce kam. Die Presse – bevor Social Media kam.

So eint meine Generation, die wir – aus westdeutscher Sicht – noch in einer überschaubaren Welt mit Zwanzig-Uhr-Tagesschau, Löwenzahn mit Peter Lustig, einem Konto bei der Sparkasse und der Süddeutschen Zeitung auf dem elterlichen Wohnzimmertisch groß geworden sind, ein seltsam zerrissenes Grundgefühl: dass die Welt und alle dazugehörigen Gesetze der Schwerkraft, mit denen wir aufgewachsen sind, sich aufzulösen scheinen; und wir uns bei aller Verwirrung und Angst trotzdem darüber freuen – weil es ein Neuanfang ist, der die alte Piefigkeit des letzten Jahrhunderts hinwegfegt. Weil es eine aufregende Zeit ist, in der so vieles die Chance hat, sich zu verändern.

Wir sind die schwebende Generation. Es ist unser Schicksal – und unsere große Freiheit – haltlos im Raum zu hängen, ohne oben und ohne unten. Ohne Anfang und ohne Ende. Für uns ist der Schwebezustand der Normalzustand. Wir können uns an die Schwerelosigkeit als neuen, permanenten Seinszustand gewöhnen. *In der Schwebe* leben und agieren, ohne an ihr irre zu werden, ohne das Gleichgewicht oder überhaupt jeglichen Halt zu verlieren. Sie als Befreiung und Leichtigkeit empfinden.

Das ist der Weg.

ONE MORE
THING

• • •

Besteht die Welt aus Atomen oder aus Geschichten? Ich hänge Letzterem an: Ich glaube an die großen, universellen Stoffe, aus denen Geschichten gemacht sind. Sie enthalten eine tiefere Wahrheit über die Menschen und das Leben. Sie machen das Leben groß. Sie werden immer wieder aufs Neue erzählt, und immer wieder blitzen sie durch, die elementaren Themen, in den alten genauso wie in den neuen Mythen. Deshalb liebe ich antike Geschichtssammlungen und alte Volkssagen ebenso wie Star Wars, Avengers, Harry Potter, Herr der Ringe oder Game of Thrones. Ich finde es fantastisch, dass immer noch solch große Stoffe zu unserem kollektiven Schatz an Geschichten hinzukommen. Dass die Geschichten noch nicht zu Ende erzählt sind. Die Menschheit spinnt ihre kollektive Realität, und demzufolge ist jede Geschichte, die erzählt wird, eine Art *self-fulfilling prophecy*. Der Mensch konstruiert sich seine Welt, und glaubt sie sich auch. Die Frage ist: Woran glaubst du?

Eines Abends im April 2020 saß ich draußen auf der Terrasse und telefonierte mit einem alten Weggefährten und Zeitgenossen des Digitalzeitalters; unser beider Geschichten hatten sich in den 1990er- und 00er-Jahren gekreuzt und wieder voneinander entfernt; nur um im zweiten Jahrzehnt des Millenniums wieder aufeinanderzutreffen.

Während der für die Jahreszeit laue Abend in die Nacht überging und langsam doch empfindlich kalt wurde, führten wir dieses denkwür-

277

dige Gespräch, das mir seither nicht mehr aus dem Kopf geht. Denn an diesem Abend realisierte ich: Das hier ist großer Stoff. Das ist die Frage, die hinter diesem Buch steht. Hier also eine ungefähre Wiedergabe unserer Unterhaltung.

Ich: »Ich habe viel nachgedacht. Seit wir an der Schwelle zum Digitalzeitalter stehen, herrscht das gleiche Grundgefühl auf der Welt: dass uns der technologische Fortschritt unaufhaltsam in unsere Zukunft katapultiert. Aber weißt du was? Ich habe angefangen, zu zweifeln, ob das stimmt.«

Er: »Es ist doch nicht von der Hand zu weisen, dass wir auf der Exponentialkurve der technologischen Entwicklung surfen. Allein durch die Rechnerleistung – die verdoppelt sich alle zwei Jahre! Neunzig Prozent aller Computerdaten sind in den letzten drei Jahren generiert worden!«

Ich: »Aber der Glaube an den exponentiellen, unaufhaltsamen Fortschritt ist relativ jung. In früheren Zeiten haben die Menschen andere Dinge geglaubt: dass die Zeit in Zyklen verläuft, zum Beispiel. Deswegen haben die Maya Menschenopfer dargebracht: nur um das Rad der Zeit am Laufen zu halten.«

Er: »Es ist doch naiv zu glauben, dass Technologie nicht das Schicksal der Menschheit entscheidet. In den letzten fünfzig Jahren gab es so viel Fortschritt wie zuvor in Tausenden von Jahren Menschheitsgeschichte!«

Ich: »Vielleicht bist du ja der, der naiv ist. Vielleicht bist du einfach schon viel zu lang in deiner Tech-Branchen-Blase. Was ist, wenn die ganze Idee mit der Exponentialkurve auch nur ein menschengemachtes Weltbild ist? So, wie dass die Erde eine Scheibe ist? Das haben die Menschen ja auch lange geglaubt.«

Er: »Du spinnst.«

Ich: »Oder du?«

Hier haben wir nun eine fast *Dürrenmatt'sche* Situation. Wie in seinem Drama »Die Physiker« ist die Frage, wer hier eigentlich verrückt ist: die

Insassen der Irrenanstalt? Oder die Welt draußen? Wem sollen wir glauben? Welches Narrativ ist das richtige? Sind wir auf dem Weg in eine unausweichliche, technoide Zukunft, in der irgendwann Künstliche Intelligenz das Ruder übernimmt? Auf einem Höllenritt auf der Exponentialkurve? Oder sind die Geschehnisse weit weniger bedeutsam, als uns heute erscheinen mag?

Auch für stressgeplagte Digital-Evangelisten ist es ab und zu ganz heilsam, einen Historiker zu lesen. Diese haben gewöhnlich eine Perspektive über mehrere Hundert, wenn nicht gar Tausend Jahre. Der britische Historiker Ian Mortimer nimmt in seinem Buch »Zeiten der Erkenntnis« eine Bewertung historischer Ereignisse der letzten Tausend Jahre vor, und führt den Nachweis, welche davon sich wirklich und wahrhaftig bis heute auf den Verlauf der Welt auswirken. Er stichelt dabei gegen die Betriebsblindheit unserer Generation, den technologischen Fortschritt überzubewerten: Er führt als Beispiel an, wer meint, das Mobiltelefon gehöre zu den bedeutsamen Veränderungen der Menschheitsgeschichte, solle sich doch mal überlegen, in welchem Land er lieber wohnen würde: in einem Land, in dem Gesetz und Ordnung, eine Errungenschaft des 12. Jahrhunderts, zusammenbrechen? Oder in einem Land, in dem das Mobilfunknetz zusammenbricht?

Das Problem ist: Wir werden es erst in ein paar Jahrzehnten oder Jahrhunderten wissen, wie diese unsere Zeit, das Digitalzeitalter, wirklich zu bewerten ist. Erst in der Rückschau, aus einer Meta-Perspektive, werden kluge Historiker oder Universalwissenschaftler (oder ein intelligenter Algorithmus) in der Lage sein, mehrere Jahrhunderte zu analysieren und zu erklären, wie unsere Zeit wirklich gewesen ist. Werden sie es so interpretieren, dass der Mensch gegen Ende des zweiten Jahrtausends nach Christi Geburt eine neue Evolutionsstufe erklomm? Oder eben genau anders herum, dass diese Zeit im Nachhinein keine besonderen Spuren hinterließ, weil etwas Anderes, Größeres, das wir heute noch gar nicht erkennen können, sich auf den weiteren Verlauf der Welt auswirkte? Wir stecken zu tief drin in unserer eigenen gefühlten Zeit, als dass wir es jetzt schon sehen könnten. Dazu leiden wir, wie alle

Generationen seit Menschengedenken vor uns, unter einer Art »Gegen-wartseitelkeit«, wie sie der Zukunftsforscher Matthias Horx nennt: Die »Illusion, in einer *ganz besonderen Zeit* zu leben, einer exklusiven Epoche, die sich von allen anderen Zeitaltern radikal unterscheidet und in der *endgültig* die Weichen für die Zukunft gestellt werden.«

Auserwählte Zeit oder nicht – Fakt ist: Es gibt keine unaufhaltsame Zukunft, der wir hoffnungslos ausgeliefert sind. Denn wir sind es, die sie schreiben! Die einzige Voraussetzung ist, dass wir ab und zu unseren Geist öffnen und unsere eigenen Echokammern erkennen, in denen wir stecken: die Sichtweise unserer Generation. Die Sichtweise unserer Zeit. Ab und zu ist es heilsam, uns unserer eigenen Blindheit bewusst zu werden. Und zu erkennen, dass wir nicht auf alles eine Antwort haben. Dass wir die wirklich wichtigen Antworten nicht von Google bekommen. Sondern dass es darum geht, die richtigen Fragen zu stellen.

◊

MEINE KURZE GESCHICHTE DES DIGITALZEITALTERS

Eine ganz und gar subjektive Auswahl und Gegenüberstellung
von Ereignissen, die in dieser Geschichte des Digitalzeitalters eine
Rolle spielen – direkt oder indirekt,
ohne jeglichen Anspruch auf Vollständigkeit oder
wissenschaftliche Belastbarkeit.

PERSÖNLICHE EREIGNISSE UND MEILENSTEINE DER DESIGNGESCHICHTE	◇	ZEITGESCHICHTLICHE EREIGNISSE
	1973	
/ Mitten in der ersten Ölkrise, als das Barrel des damals kostbarsten Rohstoffs auf über fünf US-Dollar steigt, komme ich zur Welt. Gleichzeitig entstehen noch zwei weitere Keimzellen: der Personal Computer und das ARPANET. Das Netz, der PC und ich, wir sind praktisch gleich alt – unsere Geschichte verläuft von jetzt an parallel.		Alan Kay entwickelt in Xerox PARC mit dem »Alto« einen der ersten Personal Computer. In seinem Manifest nennt er ihn einen Computer für Kinder – jeden Alters: »simple, friendly, and intuitive to use.«
	1975	
/ Mitte der Siebziger veröffentlicht Dieter Rams seine »10 Thesen für gutes Design«.		
	1977	
		/ Steve Jobs und Steve Wozniak präsentieren den Apple II auf der West Coast Computer Faire.
	1979	
/ Erik Spiekermann gründet zusammen mit seinen Partnern MetaDesign mit einer guten Geschäftsidee: Corporate Design für die global expandierenden Unternehmen der Deutschland AG.		/ Die Musik wird mobil: Sony bringt den Walkman auf den Markt. / Steve Jobs sieht bei Xerox PARC ein grafisches User Interface. Was dann folgt ist einer der größten Industriespionage-Coups aller Zeiten.

1981

/ Meine Schwester und ich schauen Löwenzahn. Heute können die internetsüchtigen Kinder von damals nur müde darüber lächeln, dass Peter Lustig am Ende der Sendung immer erinnerte: »Abschalten!«

1982

/ Der dystopische Science-Fiction-Klassiker *Bladerunner* des Regisseurs Ridley Scott läuft in den Kinos.
/ Historischer Zusammenschluss: das ARPANET, das Militärnetz und das CSNET, das Wissenschaftsnetz, werden verbunden.

1984

/ Steve Jobs und die Piraten der Texaco Towers machen aus einem vor sich hindümpelnden Nebenprojekt den Apple Macintosh, der in diesem Jahr auf den Markt kommt. Und irgendwie fühlen sich die Kreativen ja bis heute ein bisschen so: wie Piraten. Think different eben.

/ Die erste E-Mail erreicht Deutschland: Sie wird am 2. August in Cambridge, Massachusetts, abgeschickt und erreicht einen Tag später das Rechenzentrum der Universität Karlsruhe.
/ In White Plains, New York, bringt Karen Zuckerberg ihr zweites Kind auf die Welt, sein Name: Mark.
/ Die südafrikanische Zeitschrift *PC and Office Technology* veröffentlicht den Programmcode für ein Videospiel namens Blastar – entwickelt hat es ein dreizehnjähriger Geek namens Elon Musk.

1985

/ Ab Mitte der 1980er kommen die Programme auf den Markt, die die visuellen Darstellungsmöglichkeiten aller Designdisziplinen revolutionieren: 1985 PageMaker 1.0, 1987 QuarkXPress 1.0, 1988 Macromedia Director.

Meine kurze Geschichte des Digitalzeitalters

1986

/ Am 27. Oktober ist BIG BANG DAY in London und mein dreizehnter Geburtstag. Während ich von meiner Mutter ein Tagebuch geschenkt bekomme, liberalisiert Margaret Thatcher den Londoner Finanzmarkt. Es kursieren Zahlen, die besagen, dass der BIG BANG DAY 1.500 Millionäre schuf.

1987

/ Andy Warhol stirbt in Manhattan. Sein berühmter Satz »In the future, everyone will be world-famous for 15 minutes« zeigt sich im Nachhinein visionär – er ahnt quasi Social Media voraus.

1989

/ Am Abend des 9. November verkündet die ARD-Tagesschau die Öffnung der Grenze. Tausende Berliner strömen daraufhin an die Mauer und überbringen den überforderten Grenzbeamten die News – woraufhin diese die Leute passieren lassen. Ein Beispiel dafür, dass die Realität der Story folgt.
/ Nur ein Jahr später erfolgt dann die »Wende im Netz«: Mit der Abschaltung des alten ARPANET beginnt die kommerzielle Nutzung des Internets.

1990

/ Adobe Photoshop 1.0 erscheint – und erhält seinen ehrenvollen Platz in dieser Geschichte als das Tool, das die Bilder digitalisierte und damit eine Second Reality erschuf.

/ Ab Anfang der 1990er verbreitet sich die E-Mail weltweit. Zwanzig Jahre später ist der Kanal voll: 2010 werden ca. 107 Billionen E-Mails verschickt, mit einem Spam-Anteil von fast 90 Prozent (Gott sei Dank ist diese Zahl seither wieder rückläufig).

285

Meine kurze Geschichte des Digitalzeitalters

1991

/ *Ich kaufe meine erste CD,*
»Nevermind« von Nirvana.
Die Compact Disc, kurz CD, ist seit
ihrem Marktlaunch 1982 bis Ende der
1990er, als Filesharing explodiert
und CD-Verkäufe rapide sinken,
unser Begleiter. Aber seien wir mal
ehrlich: Geliebt haben wir sie nie.

1992

/ Die Digitalisierung nimmt an
Fahrt auf, doch jede Bewegung
erzeugt eine Gegenbewegung:
In Wien gründet sich eine Gruppe
rund um eine alte, schlecht
funktionierende Ost-Kamera:
die Lomographic Society
International.

/ Mit dem Vertrag von Maastricht
wird die Europäische Union
gegründet. Dieses Ereignis und
die Wiedervereinigung ziehen
gigantische Überarbeitungen der
numerischen Systeme nach sich:
z. B. das fünfstellige PLZ-System,
die EU-Kennzeichen und den Euro.

1993

/ Das Internet beinhaltet
ca. ein Prozent der Informations-
flüsse weltweit.
/ Die Techno-Bewegung rauscht
durch die Industriehallen,
Abrisskeller und alten Bank-Tresore
in Ost-Berlin.

1994

/ *Ich beginne mein Studium*
»Kommunikationsdesign« an
der Hochschule für Gestaltung
Schwäbisch Gmünd –
eingehüllt in eine Zeitblase.
Doch schon im 2. Semester steht
ein brandneuer Computer auf
meinem Schreibtisch:
ein Apple Mac Performa 630.

/ Drei einschneidende Ereignisse
der Kinogeschichte:
Quentin Tarantino begeistert mit
Pulp Fiction eine ganze Generation
mit extrem langatmigen Dialogen
über Cheeseburger.
Forrest Gump stolpert zufällig in
sämtliche historische Ereignisse
der zweiten Jahrhunderthälfte.
Der aalglatte Pierce Brosnan wird
James Bond 007 – als Symbolfigur
der 1990er.

1995

/ Wir programmieren interaktive Systeme, an meiner Hochschule entstehen die ersten Internet-projekte. Die neuen Parameter im virtuellen Raum und der Forscher-geist der jungen Studenten und Dozenten führen dazu, dass die alte, wohlgehütete Blase der Hochschule platzt.

/ Die MTV-Kampagne *Miststück* bringt das damalige Lebensgefühl, jemanden darzustellen, auf den Punkt – und findet deshalb überall ihren Weg von Plakatflächen in WG-Zimmer.
/ Im Kino begeistert uns *12 Monkeys* – die prophetische Geschichte einer globalen Pandemie.
/ Jeremy Rifkins Buch *Das Ende der Arbeit* löst weltweit eine Debatte über die Zukunft der Arbeit aus.

1996

/ Sony bringt die Canon IXUS und das APS-Filmformat auf den Markt – das letzte Aufbäumen der Kleinbildformate vor der endgültigen Digitalisierung der Fotografie.
/ In den Kinos lieben wir die nihilistische, krude und brutale Ästhetik der britischen black comedy *Trainspotting*.

1997

/ London Calling: Nach der Erkundung des digitalen Raums will ich die echte Welt entdecken, ziehe für ein Auslands-semester nach London und arbeite kurze Zeit später in meinem ersten Job an einem Corporate Design-Projekt für eine der großen Fusionen der Jahrtausendwende, die sich in den nächsten Jahren aneinanderreihen.

287

1998

/ *Über eine schäbige Ladentheke in London wandern zwei Geräte, die ich alsdann zu meiner Urban-Jungle-Ausstattung zähle: eine Canon IXUS. Und ein Nokia 3210.*

/ Auf der Weltbühne schreiten die Konzentrationsprozesse voran, in Europa werden die EU-Kennzeichen, auf dem Massenmarkt MP3-Player eingeführt.
/ Der Mobilfunk in Deutschland knackt die Marke von 10 Millionen Teilnehmern.
/ Zwei Studenten der Standford University namens Sergey Brin und Larry Page entwickeln einen Algorithmus namens *PageRank*. Im selben Jahr wird daraus ein Unternehmen: Google.
/ Eine merkwürdige Ahnung, dass gerade etwas Großes geschieht, veranlasst Gabriele Fischer, *Econy* und ein Jahr später *Brand Eins* zu gründen.
Eine ebenso merkwürdige Ahnung, in einer simulierten Realität zu leben, streift uns im Kino: in *The Truman Show*.

1999

/ Die Vorfreude auf das Millennium ist durch glänzenden Optimismus geprägt: Die Telekommunikation rüstet sich für ein Jahrzehnt der Superlative.
/ An der Frankfurter Börse wird erstmals der Nemax 50 notiert. Aber es mischen sich auch leise Zweifel in die Aufbruchstimmung: Die Angst vor dem Millennium Bug geht um, und mit *Matrix* und *Fight Club* kommen zwei dunkle Filme in die Kinos, die das seltsame Grundgefühl einer sich aufspaltenden Realität auf den Punkt bringen.

—— MILLENNIUM —— 2000 —— MILLENNIUM ——

/ In der Jahrtausendnacht feiere ich eine große Party und ziehe wenig später nach Berlin. Dort erlebe ich jenes unsichtbare, metaphysische Ereignis, das die Wirklichkeiten vertauscht: In der Nacht der E-Popstars vollzieht sich der Digital Switch.

/ Erstmals läuft mehr als die Hälfte des weltweiten Informationsaustauschs über das Internet. Innerhalb nur eines Jahres erleben wir den Aufstieg und Fall des Neuen Markts: Kurz nachdem AOL und Time Warner den damals größten Merger aller Zeiten bekannt geben, platzt die Dotcom-Blase. Alle Indizes stürzen ab, der Crash vernichtet 200 Milliarden US-Dollar Börsenwert, viele Unternehmen gehen pleite.

DIGITAL   SWITCH

2001

/ Das Jahr, dessen Ereignisse gleich mehrere Dellen ins Universum schlagen: Die Attentate vom 11. September; aber auf eine ganz andere Art auch der Start von Apple iPod und iTunes, die die endgültige Digitalisierung der Musik bedeuten.

2002

/ Ich hole mir ein Euro-Starterkit bei der Bank – es enthält Münzen zu einem Abgabepreis von 20 DM und einem Nominalwert von 10,23 Euro.

/ Richard Florida beschreibt in seinem Bestseller *The Rise of the Creative Class* das Phänomen der neuen kreativen Bohème.

2003

/ Als ich *Lost in Translation* sehe, habe ich ein starkes Déjà-vu: Sophia Coppola bringt mit diesem Film das Lebensgefühl einer ganzen Generation auf den Punkt – am richtigen Ort, in einer glitzernden Stadt, aber total alleine zu sein.

/ Der Internetpionier Clay Shirky warnt erstmals vor dem Phänomen, dass sich Online-Gruppen durch die »Many-to-many«-Kommunikation innerhalb kürzester Zeit in einen Mob verwandeln können. Er bietet erste Lösungsvorschläge – aber ist Prophet im eigenen Lande. / Elon Musk gründet Tesla.

2004

/ Im Nachhinein kommen mir diese Jahre vor wie die Ruhe vor dem Sturm, der sich bereits zusammenbraut. Ich verhökere meine Vinylplattensammlung für ein paar lausige Scheine auf einem Berliner Flohmarkt, kaufe mir meinen ersten iPod und höre in dieser merkwürdigen kurzen Phase des Übergangs auf, Tagebuch zu schreiben.

/ Ein blasser, autistisch veranlagter Harvard-Student namens Mark Zuckerberg klaut eine Idee und ein paar Studentenverzeichnisse, schreibt einen Networking-Algorithmus und gründet *Facebook*.

2005

/ Chad Hurley, Steve Chen und Jawed Karim gründen YouTube. Google geht mit Google Maps an den Start. / Peter F. Drucker stirbt in Kalifornien. Ein Jahr zuvor ist Susan Sontag, zwei Jahre zuvor Neil Postman gestorben. Langsam sterben die alten, kritischen Denker und Ikonen aus. Wer tritt an ihre Stelle?

Meine kurze Geschichte des Digitalzeitalters

/ Mit der Geburt unseres ersten Sohnes lege ich mir einen Facebook-Account zu und poste ein paar Babyfotos – nur um ihn bald danach mit einem komischen Bauchgefühl wieder zu löschen. Die Daten? Hat Facebook bis heute – das Schicksal der »Digital Natives«.

/ Google übernimmt YouTube für 1,6 Milliarden US-Dollar. Im gleichen Jahr werden Twitter und Spotify gegründet.

2007

/ Das Apple iPhone 2G kommt auf den Markt. Tausende Menschen kampieren tagelang vor den Apple Stores, das Gerät ist innerhalb weniger Stunden ausverkauft.

/ Aus einer lustigen Luftmatratzen-Übernachtungsplattform gründen Brian Chesky, Joe Gebbia und Nathan Blecharczykin den heute größten Hospitality-Anbieter Airbnb – ohne ein einziges Hotel zu bauen.
/ Das Internet dominiert 97 Prozent des weltweiten Informationsaustauschs. Der Start einer neuen Plattform, die in diesem Jahr gegründet wird, macht die Fluidität von Daten sichtbar: WikiLeaks.

2008

/ Geburt unseres zweiten »Digital Natives«. Mit meinem ersten iPhone jage ich Tausende Fotos meiner Kinder in die Cloud – während meine eigene Kindheit mit einer Handvoll vergilbter Aufnahmen in einem Fotoalbum mit knisternden Trennseiten dokumentiert ist.

/ Dieses Jahr markiert eine unsichtbare Zäsur: Erstmals in der Menschheitsgeschichte leben mehr Menschen in Städten als auf dem Land.
/ Eine ebenfalls unsichtbare, systemische Krise erschüttert die Finanzstrukturen: Die Pleite der Lehman Brothers in New York zieht endemische Kreise und führt zur weltweiten Finanzkrise. Auf der Suche nach den Ursachen rückt ein Ereignis in den Blickpunkt, das über zwanzig Jahre zurückliegt: Der BIG BANG DAY und die Deregulierung des Londoner Finanzmarkts 1986.

2009

/ Die Liste der Gründungen,
die ihr Geschäftsmodell auf dem
Sammeln von Daten basieren,
geht weiter:
In diesem Jahr sind es Uber
und WhatsApp.
/ Ernest Cline schreibt *Ready
Player One*. Sein Protagonist
hat zwei Identitäten:
In der physischen Welt
ist er ein Waisenjunge namens
Wade Watts; in der virtuellen Welt ein
Avatar namens Parzival.
Frage ist: Welche von beiden
ist die reale Welt?
Das Buch wird 2018 von
Steven Spielberg verfilmt.

2010

*/ Wir führen im Unternehmen
eine digitale Kalenderlösung ein.
Sie übernimmt zunehmend
die Herrschaft über meine Zeit –
und meine Beziehungen.*

/ Steigende Trafficzahlen und
Datenmengen benötigen schnellere
Infrastruktur:
Telekom Deutschland nimmt die
erste Bodenstation der vierten
Generation (LTE) in Deutschland
in Betrieb.
/ Im gleichen Jahr wird Instagram
gegründet.

2011

/ Das Jahr ist geprägt von
den Ereignissen des Arabischen
Frühlings. Die Proteste und
Aufstände gegen das autoritäre
Regime und die politischen und
sozialen Strukturen organisieren
sich vor allem in den sozialen
Medien.
/ Die Galionsfigur der neuen Zeit
tritt vor ihrer Zeit ab:
Steve Jobs stirbt mit 56 Jahren
an Krebs.

2012

/ *Im Rückblick kommt es mir vor, als ob dieses Jahr das Jahr ist, in dem das Tempo merklich anzieht: Dabei ist es nur der sanfte erste Anstieg der Exponentialkurve.*

/ Im zweiten Jahrzehnt des neuen Jahrtausends macht sich der Wettlauf um den kostbarsten Rohstoff des Digitalzeitalters deutlich bemerkbar – Userdaten. Es wird das Jahrzehnt der großen Datenskandale:
2010 wird bekannt, dass Google Street View nebst Straßenzügen auch private WLANs mitsamt Daten aufgezeichnet hat.
2011 räumt Facebook ein, über die API-Schnittstelle Userdaten Dritten frei zugänglich gemacht zu haben. Im gleichen Jahr kommen Sony nach Hackerangriffen über die PlayStation 100 Millionen Kundendaten abhanden.
/ Facebook kauft Instagram für eine Milliarde US-Dollar. Das boomende Social Network macht zwar keinen Umsatz und keinen Gewinn, verfügt jedoch über eine andere harte Währung: 30 Millionen User.

2013

/ *In meinem Umfeld beobachte ich eine eigenartige Veränderung: Immer mehr Menschen halten ihr Smartphone in die Luft und fotografieren sich selbst. Das Oxford English Dictionary erklärt »Selfie« zum Wort des Jahres.*

/ In Deutschland wird die AfD, in New York City ein britisches Unternehmen namens Cambridge Analytica gegründet.

2014

/ Facebook übernimmt WhatsApp für fast 20 Milliarden US-Dollar. Der Messenger verfügt über 450 Millionen Nutzer.

293

2015

/ Mit *Alexa* bringt Amazon
ein neues digitales Tool in die Herzen
unserer Familie: ins Wohnzimmer.
/ Bill Gates warnt in seinem TED-Talk
vor der Möglichkeit einer
globalen Pandemie.

2016

/ *In meiner subjektiven
Warnehmung nimmt die Realität
zunehmend surreale Züge an:
Nach den Attentaten 2015 in Paris
erreicht der Terror dieses Jahr
Brüssel, Nizza, München und Berlin;
Donald Trump wird Präsident der
Vereinigten Staaten von Amerika;
im gleichen Jahr voten die Briten
im Referendum für den Brexit.*

2017

/ *Ich finde mich unversehens
mitten in einer Digitalsinnkrise
wieder. Ich verstehe die Welt
und die Zeit, in der ich lebe,
nicht mehr. Nach vielen Monaten
des Nachdenkens beschließe ich,
anders zu leben und zu arbeiten –
und kündige.*

/ 39 Prozent aller Internetnutzer
berichten über Bullying, Hass und
Einschüchterung im Netz, vor allem
Frauen, People of Colour und
Mitglieder der LGBT-Community.

2018

/ *Ich beginne »Wir Internetkinder«,
an dem ich für die nächsten
drei Jahre arbeite.*

/ Die EU-Datenschutzgrund-
verordnung tritt in Kraft.
/ Cambridge Analytica meldet im
Zuge des Facebook–Datenskandals
Insolvenz an.
/ Ein Jahr später erscheint die
Dokumentation *The Great Hack*:
Darin geht es um Wahl-Manipulation
im Vorfeld der US-Präsidentschafts-
wahl und der Brexit-Abstimmung.
/ Der Internetpionier Jaron Lanier
veröffentlicht *Ten Arguments for
Deleting Your Social Media
Accounts Right Now.*

Meine kurze Geschichte des Digitalzeitalters

2019

/ *Meine Kids interessieren sich nicht für Social Media, stattdessen spielen sie Fortnite. In diesem Jahr verzeichnet der meistgespielte Battle Royal Shooter der Welt erstmals 250 Millionen registrierte User.*
/ *Die Fortnite-Map ist zunehmend auch Austragungsort für Live-Events: Beim Online-Konzert des Musikers Marshmello sind 10 Millionen Menschen dabei.*

/ Viele Pioniere des Silicon Valley, die in diesem Buch zitiert sind, kommen in der Netflix-Doku *The Social Dilemma* zu Wort. Die Jahre des gesetzlosen »Wilden Westens« und des unregulierten Datenschürfens scheinen vorüber.

2020

/ Anfang des Jahres verbreitet sich das neuartige Virus Sars-Cov-2 innerhalb weniger Wochen um die Welt. Die erste Pandemie der Neuzeit hat viel mit dem Digitalzeitalter zu tun, und zeigt obendrein ähnliche Muster wie ein Netzwerk: mit Knotenpunkten, Verbindungslinien und exponentiellen Verbreitungsgeschwindigkeiten.

2021

/ Die Pandemie zwingt die Gesellschaft weiter in den Lockdown, die Digitalisierung erlebt dadurch eine immense Schubkraft: Homeoffice, Homeschooling, Shopping, Gaming, Binge Watching. Doch gleichzeitig wird uns eines umso klarer: Wie sehr wir die Zusammenkünfte in der echten Welt als Menschen brauchen.

*Change is neither good nor bad.
It simply is.*

Don Draper

LITERATUR ZUM WEITERLESEN

Karim Amer / Erin Barnett / Pedro Kos:
The Great Hack
Diese Netflix-Doku von 2019 befasst sich mit den Machenschaften der Beratungs- firma Cambridge Analytica und ihre Verwicklung in den US-Wahlkampf 2016. Eine der Grundthesen: dass Daten das Öl als wertvollsten aller Rohstoffe abgelöst haben.

Paul Auster: *New York Trilogie*
Drei Novellen mit seltsam anmutender Grundstimmung, in der die Figuren sich in der endlosen, steinernen Stadtland- schaft verlieren und ebenso wenig Halt finden wie der Leser.

Peter L. Berger / Thomas Luckmann:
Die gesellschaftliche Konstruktion der Wirklichkeit
In diesem Klassiker, der die Wissens- soziologie der 1960er-Jahre auf den Kopf gestellt hat, gehen die Autoren der Frage nach, wie Gesellschaften ihre kollektiv empfundene Wirklichkeit erschaffen.

Ed Catmull: *Creativity, Inc.*
Wie müssen Unternehmen heute aufgebaut sein, um Veränderung, Kreativität und eigenständiges Denken nicht nur zuzulassen, sondern zu schützen und sogar herauszufordern? Interessante Einblicke von Ed Catmull, Chef von Pixar-Animation und Disney- Animation.

Literatur

Ernest Cline: *Ready Player One*
Die Handlung dieses Romans spielt zwar an der Bruchkante zwischen der echten und der virtuellen Welt, aber dafür vereint sie Generationen: Der Film zum Buch ist einer der wenigen, den Teenager bereit sind, mit ihren Boomer-Eltern anzuschauen.

Mason Currey: *Daily Rituals*
Künstler- und Denkerporträts mit radikal neuer Sichtweise: Nicht das berühmte Werk steht im Vordergrund, sondern der unsichtbare Prozess des Entstehens. Ebenfalls lesenswert:
die Fortsetzung »Women at Work«.

Felix Denk / Sven von Thülen:
Der Klang der Familie –
Berlin, Techno und die Wende
Ein Stimmungsbild des Berlins vor und nach der Wende, ausschließlich anhand von Interviews mit Zeitzeugen. Und eine Geschichte über ewige Kreisläufe: wie eine neue Bewegung entsteht, alte Hohlräume der Stadt vereinnahmt und sich schließlich wieder im Mainstream verliert.

Peter F. Drucker:
Post-Capitalist Society
Der Grund, warum Peter Drucker so lesenswert ist, ist seine Universalität: Bei ihm ist Managementlehre verknüpft mit Philosophie, Historie, Soziologie und Kultur. Eine mehrdimensionale Sichtweise, die der Business-Welt auch ab und zu gut täte.

Friedrich Dürrenmatt: *Die Physiker*
Ein Klassiker, dessen elementares Grundmotiv sich jederzeit auf die Business-, ja, die gesamte Erwachsenen-Welt anwenden lässt: Wer ist hier verrückt? Man selbst? Oder die anderen?

Dr. Carol Dweck: *Mindset*
Dr. Carol Dweck forscht seit vielen Jahren zu Persönlichkeitsentwicklung und Motivation. Ihrer Arbeit zu *fixed mindsets* und *growth mindsets* liegt eine Frage zugrunde, über die sich schon die griechischen Philosophen gestritten haben: Die Frage, ob es absolute Wahrheiten gibt – oder alles relativ ist.

Richard Florida:
The Rise of the Creative Class
Richard Florida zufolge ist das Dilemma unserer Zeit, dass wir mit der Creative Class ein gewaltiges, kreatives Potenzial besitzen – aber es bislang an den sozialen und wirtschaftlichen Strukturen mangelt, dieses auf die Straße zu bringen.

Ernst H. Gombrich:
Eine kurze Weltgeschichte
für junge Leser
In wunderbarer Sprache und Leserorientierung erzählt Ernst Gombrich die Geschichte der Welt für junge Leser. Auch in der Hörbuchfassung, gelesen von Christoph Waltz, absolut hörenswert – für lange Autofahrten von A nach B.

Literatur

Yuval Noah Harari:
Eine kurze Geschichte
der Menschheit
Entstanden aus seiner Vorlesungsreihe an der Hebrew University in Jerusalem begeistert der Universalwissenschaftler mit diesem Buch die ganze Welt mit einem Rundumschlag über einhunderttausend Jahre Menschheitsgeschichte – wenn das mal kein »Big Picture« ist!

James Hawes:
Die kürzeste Geschichte Deutschlands
Zweitausend Jahre deutsche Geschichte, geschrieben aus der unkonventionellen, unbefangenen Sicht eines britischen Historikers. Hier begegnen uns auch die Preußen wieder – eine der unsichtbaren Zeitsedimentschichten, die uns bis heute prägen.

Tom Hodgkinson:
Anleitung zum Müßiggang
In britischen Humor leichtfüßig verpackt serviert Tom Hodgkinson in diesem Buch durchaus Anarchisches. Gespickt mit vielen Details (wie dem Unterschied zwischen Tee- und Kaffeetrinkern) hinterfragt er alle Strukturen, die uns umfassen wie ein Korsett: das Stadtleben, unsere Jobs, unser Leben.

Matthias Horx:
15 1/2 Regeln für die Zukunft
Horx sagt: Jeder Trend erzeugt einen Gegentrend. So gesehen können wir der technologischen Entwicklung gar nicht unausweichlich ausgeliefert sein – es gibt ja die Gegenbewegung als Korrektiv.

Walter Isaacson: *The Innovators*
Die lange Vorgeschichte, die das Digitalzeitalter erst möglich machte – bevor wir die Welle reiten konnten: eine Hommage an die Erfinder von 0 und 1, Computern, Mikrochips, Coding, Internet, Software und Video Games.

Daniel Kahneman:
Thinking, fast and slow
Ein Buch, das Daniel Kahnemans Forschungsarbeit mehrerer Dekaden über das menschliche Gehirn und das Denken umfasst und dabei die Grenzen unserer Intuition entlarvt: unsere Denkfehler, Vorurteile und Voreingenommenheiten.

Stephen King:
On Writing – A Memoir of the Craft
Ist es nicht fantastisch, dass man mit einem einzigen Buch vierzig Jahre Erfahrung und Weisheit eines abgebrühten und mit allen Wassern gewaschenen Erfolgsautoren inhalieren kann?
Die passende Lektüre für alle, die lernen wollen, wie man richtig gute Geschichten erzählt.

Martin Korte: *Wir sind Gedächtnis*
Der bekannte Neurobiologe beschäftigt sich in diesem Buch mit der menschlichsten aller Tätigkeiten: der Konstruktion von Erinnerungen. Am faszinierendsten daran ist für mich die Erkenntnis, wie eng Raum und Zeit in unserem Gehirn miteinander verwoben sind – wir erinnern uns besser an Dinge, wenn sie mit Orten verbunden sind.

Ray Kurzweil: *The Singularity is near*
Die Bibel der Digital-Evangelisten: In diesem Buch entwirft Kurzweil Ende der 1990er-Jahre das Weltbild der technologischen Exponentialkurve, die unweigerlich auf einen Punkt hinsteuert – die Verschmelzung des menschlichen Denkens mit Künstlicher Intelligenz.

Jaron Lanier:
Ten Arguments For Deleting Your Social Media Accounts Right Now
Harter Tobak, aber leider unvermeidlich, wenn man den Bauplan des Internets verstehen und nicht mehr länger »Produkt« sein will.

Ian Mortimer: *Zeiten der Erkenntnis*
Der britische Historiker unternimmt in diesem Buch ein interessantes Gedankenexperiment. Er untersucht die letzten Eintausend Jahre nach ihren Errungenschaften und folgt dabei der Frage: »Was hat wirklich einen bis heute fortwirkenden Einfluss gehabt?« Spoiler: Mobilfunk ist nicht dabei.

Jeff Orlowski / Davis Coombe / Vickie Curtis:
The Social Dilemma
Diese Netflix-Doku aus dem Jahr 2020 leistet wertvolle Aufklärungsarbeit – Voraussetzung dafür, dass in unserer Gesellschaft ein Bewusstsein für die Prinzipien digitaler Geschäftsmodelle und Meinungsmanipulation in sozialen Medien entsteht. Durchaus geeignet, mit heranwachsenden Kindern anzuschauen.

Michael Polanyi: *The Tacit Dimension*
Zeit seines Lebens hat Polanyi das Rätsel umgetrieben, »dass wir mehr wissen, als wir zu sagen wissen«. In diesem Wissenschaftsklassiker aus dem Jahr 1966 zieht er erstmals die Linie – zwischen implizitem und explizitem Wissen.

Richard David Precht:
Eine Geschichte der Philosophie
Die Philosophie kann uns Antworten und Handlungsanweisungen geben – auch im Digitalzeitalter. Denn die elementaren Fragen, die den Menschen umtreiben, sind relativ konstant: Wer sind wir? Und wie wollen wir leben? Wer nicht den harten Weg gehen und die Originalquellen lesen möchte, dem sei dieser mehrteilige Rundumschlag als süffig zu lesende Lektüre ans Herz gelegt – geht runter wie Öl.

Jeremy Rifkin: *Das Ende der Arbeit*
Schon im letzten Jahrhundert befassten sich kluge Menschen mit den Auswirkungen des Wissenszeitalters. Dieses Buch von 1995 war ein Weltbestseller und ist bis heute lesenswert, um die größeren Zusammenhänge der wirtschaftlichen und technologischen Entwicklung zu verstehen.

Ashlee Vance: *Elon Musk*
Meine These zu Elon Musks Erfolgsgeheimnis: Er hat erkannt, dass sich die alten Gesetze im Digitalzeitalter ins Gegenteil verkehrt haben. Die Realität folgt der Story. Nicht umgekehrt.

DANKE

Dieses Buch ist meinen Eltern gewidmet.
Für alles, was Ihr mir mitgegeben habt.

Mein Dank gilt den Internetkindern, E-Popstars, Weggefährten, Zeitgenossen des Digitalzeitalters, Freunden, Idealisten und Geistesverwandten, die in diesem Buch oder um dieses Buch herum tiefe bis verwischte Spuren hinterlassen haben: Karin und Bertram Schmidt-Friderichs und Katrin Schacke; Benoit Jacob, Gabriele Fischer und die Mitglieder des moovel Labs – Prof. Benedikt Groß, Dr. Eileen Mandir und Raphael Reimann; Michaela Berlinger, Ramon Bessel, Beatrice Braken-Gülke, Tim Fendley, Sarah-Joan Fuld, Prof. Michael Götte, Achim Gralke, Florian Gulden, Irmgard Hesse, Prof. Jürgen Huber, Annika Kaltenthaler, Michael Keller, Stefanie Kurz, Regina Moths, Robin Richmond, Prof. Mike Richter, Alexandra Schneiderhan, Prof. Brian Switzer, Dr. Peter Tigges und die Thamonas.

Meine Liebe und mein Dank gilt meinem Mann Marco und unseren Söhnen, Leo und Tino. Ersterem, weil er mir die feste Basis gibt, die ich brauche, um groß zu denken und keine gedankliche Kapriole auszulassen. Letzteren, weil sie mich mit ihrer Urgewalt und Präsenz, wie sie nur Heranwachsende haben können, immer wieder daran erinnern, wo das Leben spielt: in der echten Welt.

ÜBER DIE AUTORIN

Julia Peglow

... ist kein Digital Native. Sie gehört durch ihr Geburtsjahr 1973 der Generation an, die mit einem Bein im analogen und mit dem anderen im digitalen Zeitalter steht. Julia studierte Visuelle Gestaltung an der Hochschule für Gestaltung Schwäbisch Gmünd im ersten Studiengang mit Schwerpunkt »Neue Medien«, und am Ravensbourne College in London. Danach war sie zwanzig Jahre in der Kreativ- und Digitalbranche in London, Berlin und München als Strategische Beraterin und Geschäftsführerin für internationale Branding- und UX-Agenturen tätig.

2017 beschloss sie, anders zu arbeiten, um »wieder zum Denken zu kommen«. Heute berät sie Unternehmer, unterrichtet als Hochschuldozentin und schreibt als Autorin über das Leben im Digitalzeitalter, auch auf ihrem Blog »diary of the digital age«. Julia lebt in München, ist verheiratet und hat zwei Söhne.

Impressum

© 2021
Verlag Hermann Schmidt & bei der
Autorin

Gestaltung Katrin Schacke
Satz & Reinzeichnung Selina Günther,
Liesbeth Trinler
Lektorat KSF
Korrektorat Katja Kempin
Verwendete Schriften Lelo, Rosart
Papier 120g/m² Maxioffset 1,2 Vol (FSC)
Gesamtherstellung Eberl&Kösel,
Krugzell

verlag hermann schmidt

Gonsenheimer Straße 56
55126 Mainz
Tel. 06131/50 60 0
Fax 06131/50 60 80
info@verlag-hermann-schmidt.de
facebook: Verlag Hermann Schmidt
twitter/instagram: VerlagHSchmidt

ISBN 978-3-87439-946-3
Printed in Germany with Love.

Stay tuned!
Alle zwei bis vier Wochen versenden wir
Newsletter, in denen wir über aktuelle
Neuerscheinungen, Veranstaltungen
und Aktionen informieren.
Abonnieren auf
www.verlag-hermann-schmidt.de

Wir übernehmen Verantwortung.
Nicht nur für Inhalt und Gestaltung,
sondern auch für die Herstellung. Das
Papier für dieses Buch stammt aus
sozial, wirtschaftlich und ökologisch
nachhaltig bewirtschafteten Wäldern
und entspricht deshalb den Standards
der Kategorie »FSC Mix«.
Durch die Zertifizierung ist sicherge-
stellt, dass kein illegal geschlagenes
Holz aus dem Regenwald verwendet
wird, Wäldern nur so viel Holz entnom-
men wird, wie natürlich nachwächst,
und hierbei klare ökologische und soziale
Grundanforderungen eingehalten
werden.

*Die Zukunft sollte man nicht vorher-
sehen wollen, sondern möglich machen.*
Antoine de Saint-Exupéry

Bücher haben feste Preise!
In Deutschland hat der Gesetzgeber zum
Schutz der kulturellen Vielfalt und eines
flächendeckenden Buchhandelsangebo-
tes ein Gesetz zur Buchpreisbindung
erlassen. Damit haben Sie die Garantie,
dass Sie dieses und andere Bücher
überall zum selben Preis bekommen:
Bei Ihrem engagierten Buchhändler vor
Ort, im Internet, beim Verlag. Sie haben
die Wahl. Und die Sicherheit. Und ein
Buchhandelsangebot, um das uns viele
Länder beneiden.